亚洲股市

历史、运作与投资指南

[荷] 赫勒尔德·范德林德 著

张莉 译

ASIA'S STOCK MARKETS

FROM THE GROUND UP

Herald van der Linde

中国出版集团 东方出版中心

图书在版编目（CIP）数据

亚洲股市：历史、运作与投资指南 /（荷）赫勒尔
德·范德林德（Herald van der Linde）著；张莉译 .
上海：东方出版中心 , 2024.9. --ISBN 978-7-5473
-2500-1
　Ⅰ. F833.05
中国国家版本馆 CIP 数据核字第 2024U2R038 号

上海市版权局著作权合同登记：图字：09-2024-0655号

亚洲股市：历史、运作与投资指南

著　　者　［荷］赫勒尔德·范德林德
译　　者　张　莉
责任编辑　周心怡
装帧设计　余佳佳

出 版 人　陈义望
出版发行　东方出版中心
地　　址　上海市仙霞路345号
邮政编码　200336
电　　话　021-62417400
印 刷 者　上海盛通时代印刷有限公司

开　　本　890mm×1240mm　1/32
印　　张　8.25
字　　数　220千字
版　　次　2024年10月第1版
印　　次　2024年10月第1次印刷
定　　价　78.00元

Voor mij ouders, Hans en Fenna

'T weark is doan en wie könt 't der wa met doon. Kieken wat 't wordt.

献给我的父母，汉斯和芬娜

工作已经完成，我们尽了最大努力，让我们看看它将如何被接受。

亚洲股市的涨落：
摩根士丹利资本国际亚太指数
1995—2020 年间的变化

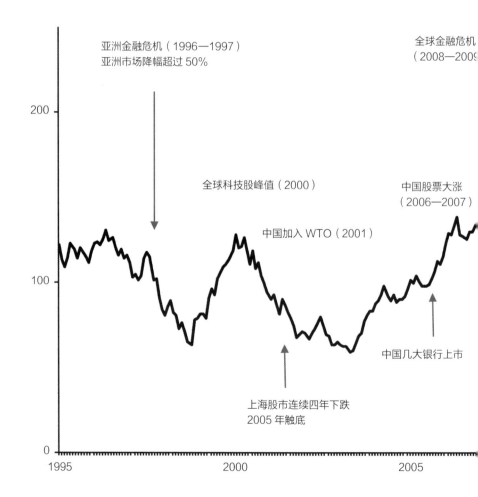

亚洲金融危机（1996—1997）
亚洲市场降幅超过 50%

全球金融危机
（2008—2009

全球科技股峰值（2000）

中国股票大涨
（2006—2007）

中国加入 WTO（2001）

200

100

中国几大银行上市

上海股市连续四年下跌
2005 年触底

0

1995　　　　　　　　　　2000　　　　　　　　　　2005

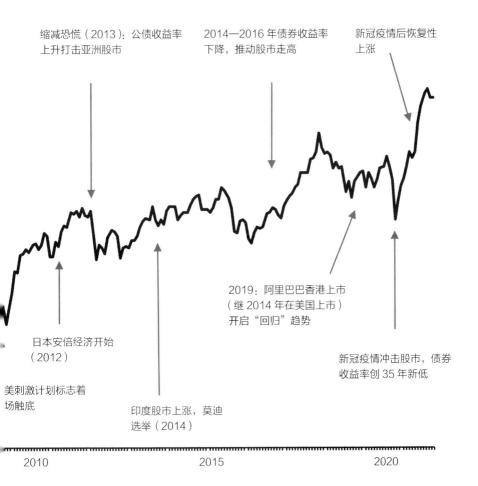

缩减恐慌（2013）：公债收益率
上升打击亚洲股市

2014—2016 年债券收益率
下降，推动股市走高

新冠疫情后恢复性
上涨

日本安倍经济开始
（2012）

美刺激计划标志着
场触底

2019：阿里巴巴香港上市
（继 2014 年在美国上市）
开启"回归"趋势

印度股市上涨，莫迪
选举（2014）

新冠疫情冲击股市，债券
收益率创 35 年新低

2010   2015   2020

目 录

亚洲股市的涨落：

摩根士丹利资本国际亚太指数 1995—2020 年间的变化

引　言

　　本书面向大众读者，对亚洲股市进行了简单介绍。对于那些对市场知之甚少，但出于种种原因想要增进了解的人，本书是非常好的选择。不管是对经验丰富的学者、其他专业人士、刚开始了解这个领域的新人，还是学生或即将进入金融业的年轻人来说，本书都能提供一定的帮助。

　　创作这本书的本意，是希望拨开复杂的行业术语的迷雾，让人们清楚地了解亚洲市场的历史、运行机制、各个市场之间的差异以及未来10年的驱动力。但这并非一本"理论至上"的枯燥的教科书，恰恰相反，本书讲述了鼓舞人心的成功故事、彻头彻尾的灾难事故，以及令人津津乐道的市场丑闻。我还讲述了我在亚洲投资界工作近30年的经验教训和个人逸事，正是这些经历造就了我本人，使我变得更睿智。

＊＊＊

　　伴随着一顿印尼晚餐和香港壮丽的海港景色，我萌生了创作本书的想法。当时，我正和安德鲁共进晚餐，他是一名空中客车机长，也是我多年的密友。安德鲁手里拿着一杯金汤力鸡尾酒，突然向我开口了，似乎还有些不好意思。我们的对话如下：

"股市是做什么的？"

我感到很惊讶，因为他爱好体育和电影，之前对金融没有丝毫兴趣。

"你想问什么？"我反问他，假装不明所以，而他心知肚明，我几乎每天都在关注股市。

"我们刚把公寓卖了，我不知道该怎么处理这笔钱。我不太懂这些东西。"

"哦，我并不是理财顾问，我通常只跟大型投资机构打交道。但根据我的经验，把你在未来10年或15年内不需要用的大部分积蓄投入股市，应该是没错的。"

"如果股价下跌怎么办？我会赔钱的。"

"你是长线投资者，不是日内交易者。你得考虑15年而不是一两周的回报。通常情况下，股价都是随着时间的推移而上涨的。"

"你觉得现在是买入的好时机吗？我在电视上看到一位经济学家说，经济将严重放缓。"

"有可能。但经济和股市是两回事。许多人认为股市的走势与经济走势一致，但事实往往并非如此，特别是在亚洲。"

"可我不知道该买什么股票，我对这些一无所知，感觉很复杂。"

"安德鲁，不是这样的。老实说，你不必购买单只股票，这对你这样的投资者来说太冒险。你可以选择更安全、更容易、更便宜的投资方式，比如购买ETF，就是交易所交易基金。别被这个名字吓到了，它只是听上去复杂而已。其实，ETF指的是投资一系列不同的股票，从而降低风险水平，投资共同基金其实也是差不多的道理。"

第二天早上，我的电话响了，是安德鲁。

"早上好，赫勒尔德，关于那个ETF……"

***

　　与安德鲁的对话引起了我的深思。世界上有各种类型的投资者，比如目光敏锐的对冲基金分析师，他们往往瞄准定价不当的股票；只买养老基金的谨慎型投资者，他们会牢牢地守住退休资金不放；大批专业资产经理、埋头苦干的日间交易员……类型如此之多，不胜枚举。

　　然而，世上也有许多像安德鲁这样的人，他们想要更多地了解一个至关重要的问题：如何让自己手里的钱流动起来。这本书就是为这类人群而写的。股价上涨和下跌的原因有很多，比如公司的业绩、市场份额或利润率的变化、新推出产品的成功或失败、最新发布的经济数据或政府新政策的出台等，都会对股价造成影响。大多数新手投资者都了解一些相关知识，这并不难。不过，这本书另外简单说明了其他一些会影响股市的因素，这些对外行人来说可能就较为陌生了，比如股票股息和债券收益率之间的拉锯战。

　　我最初进入亚洲金融业时，世界与今时今日截然不同。那时候，美国和欧洲的经济欣欣向荣，相比之下，亚洲市场显得微不足道。即使那时的亚洲市场也在快速发展，但对许多海外投资者来说，那也只是小打小闹，并不值得认真对待。然而30年后，情况大不相同，世界发生了翻天覆地的变化！而这一切，当然主要归功于中国这个超大规模经济体的崛起。

　　事实上，真正的变化比这更深远。例如，半导体（即推动数字行业运转的计算机芯片）近期出现了全球性短缺，从而突显了韩国和中国台湾的大型科技公司的重要性，因为这些公司主导着半导体市场。与此同时，这两个地区的养老金也在迅速增长，其中大部分资金正在涌入亚洲股市。

　　因此，让人们充分了解这些市场的运作原理尤为重要。我们得知道，亚洲各个地方的股票市场各不相同，有着自己的特性和特质，并且也在不同程度上受到一些全球性事件的影响，比如中美之间的地缘政治紧张局势以及老龄化等更长期的人口发展趋势等。

　　然而在现实中，股市仍然让许多人望而生畏。一些人求助于理财顾问，结果喜忧参半。理财顾问总会对着投资者夸夸其谈，嘴里蹦出一连串行话，投资者在这样的连番轰炸下头晕目眩。本书就是在这样的背景下诞生的，可以说它就是为像安德鲁这样的人而写的。如果你也希望涉足投资，但只想了解一些基础知识，并不想被复杂而晦涩的金融和股市术语弄得头昏脑涨，本书或许可以帮到你。

　　这本书的特色在于它描写了许多股市相关人物以及各类故事，其中有成功的，也有失败的，有市场崩盘的惨痛教训，也有令人难以置信的"巅峰"时刻。我们会在书中邂逅德克·范·奥斯（Dirck van Os），他于1602年在阿姆斯特丹成为世界上第一个股票投资者。我们有必要了解这一小段历史，因为尽管股市在后来的几个世纪里无数次经历危机，但股市的本质和投资者的心理都不曾真正改变过。

　　另外还有拉克什·金君瓦拉（Rakesh Jhunjhunwala），他无意中听到父亲和朋友因股价发生争吵，从而对股市产生了兴趣，后来他成了印度首屈一指的富翁。三星的董事长李健熙（Lee Kun-hee）曾在1993年号召员工"除了妻子和孩子，一切皆要改变"，由此带领公司进入一个"质量高于数量"的新时代。两年后，他下令焚烧大批有缺陷的三星产品，因为在他看来，三星只能售卖质量最好的产品，而现在的三星是全球科技界最知名的公司之一。

　　当然，也有不少丑闻。香港一家名为百富勤的投资银行的事业曾经相当辉煌，却在20世纪90年代中期一落千丈，原因是该公司将资金贷给了印尼计程车公司SS（Steady Safe），结果不幸投资失败。还有其他例子，就不一一列举了。

　　最后，在我们开始这次亚洲之旅之前，我要先声明一件事：本书并不会告诉你应该购买哪些股票，也不是投资宝典。图书馆里关于这方面的书不计其数，感兴趣可以去瞧瞧。本书提到了一些公司，但只是出于叙述的需要，不是投资建议。下面是本书的章节摘要：

第一章 故事始于 1602 年。这一年，第一个真正意义上的股票市场在阿姆斯特丹的一所房子里诞生了。两个半世纪后的 1875 年，亚洲第一个股票市场在孟买开市。稍稍回顾一下历史就可以看出，多年来股市的基本运行机制并没有发生太大变化。

第二章 我在亚洲金融界的职业生涯始于在雅加达做最初级的股票分析师。随着时间的推移，我意识到人们对"股市是什么"或者"应该是什么"有非常不同的看法。许多人将股市视为经济的晴雨表，而政客们则认为股市反映了他们的支持率——这两种观点其实都是错误的。本章还借助超市寿司解释了股息支付和债券收益率之间的拉锯战。

第三章 人类的心理错综复杂，而贪婪、恐惧和盲目自信是在任何股市都会反复出现的三种情绪。股价暴跌可能会导致恐慌，而股价飙升可能会带来严重的错失恐惧症，也就是一种担心错过良机的心理。进行长线投资的投资者应该远离外界喧嚣，点一杯金汤力鸡尾酒，放松一下。

第四章 1991 年，我第一次来到中国。在中国的第一天，我乘坐的第一架飞机滑出跑道降落在一片稻田里。当时的中国股市和中国一样，已经从金融界的一潭死水一跃成为全球巨人，并以惊人的速度大步前进。上海和深圳这两个主要市场大不相同，但它们都在快速向世界敞开大门。

第五章 中国香港和新加坡在金融界既是亲密的朋友，又是竞争激烈的对手。关士光（Stanley Kwan）依据笔业、纸业和打字机行业股票推出了恒生指数，香港市场从此一路向前。新加坡也从未停滞不前，如今吸引着中国的科技领军企业，与此同时，新加坡市场仍严重依赖传统银行和房地产公司。本章还简要介绍了澳门，这里有世界上最繁忙的赌场。

第六章 印度有亚洲历史最悠久的股票市场，其股票市场与这个国家本身一样多元化。掌握国际业务的大型制药和电信公司与当地零售商同台竞技，而这些零售商早已深谙如何与印度广袤腹地的无数村庄和小城镇数百万农村消费者打交道。鉴于印度在语言、品位和文化等方面的多样性，了解当地知识是成功的关键。

第七章 中国台湾和韩国有很多共同之处。这两个经济体都由大型科技公司主导，这些公司将产品出口到世界各地；与此同时，它们还面临着人口老龄化的挑战。不同的是，韩国拥有全球知名品牌，利润波动和文化出口量大；而中国台湾的多数公司倾向于按照合同订单代工产品，例外者寥寥。

第八章　在东南亚，无论是性感的爪哇传统舞舞者们，还是曼谷著名的亿万富翁出身的三明治销售商，都投身股市，并且为投资者们提供了重要的经验教训。这些规模较小且极其独特的市场按照自己的节奏运行，它们较少受到中国发布的经济数据影响，这为投资者提供了分散股票投资组合的机会。

第九章　亚洲之旅的终点是日本。如果你身在日本，在20世纪80年代末投身股市，并一直没有退出，那你一定赔了钱。日本是亚洲唯一一个如此的地方。我们回顾了日本股市那些非比寻常的繁荣期和萧条期及其深远影响，以及那些在精密工程领域处于世界领先地位的大大小小的日本公司，是如何为未来带来希望的。

第十章　不同的投资风格时而被追捧，时而被抛弃，但它们可以帮助我们更好地了解亚洲股市是如何运作的。例如，随着疫情的缓解，受益于新冠疫情的成长型股票（例如互联网）和生活恢复正常就能繁荣起来的价值型公司（例如传统的消费品运营商和旅游业）之间就产生了激烈的角逐。

第十一章　进行负责任的投资是当今投资界的热门话题。许多人希望为我们所处的世界作出积极的贡献，环境、社会和治理投资等概念已经从模糊的倡导绿色的善举快速演变为一套务实的投资规则和原则。在年轻一代的带领下，未来还会发生更多推动市场前进的事件。

第十二章　我们会在本书结尾看到十年后的亚洲股市可能会是什么样子。首先，我们回首过去，看看能学到什么，要知道，忘记历史的人容易重蹈覆辙。虽然未来充满了不确定性，但人口结构的变化和技术的进步在一定程度上有助于提供准确的预测。到2030年，老年人手中的钱和自动化都将成为亚洲一股强大的力量。

　　现在，我们整装待发。想象一下，你刚刚到达繁华的阿姆斯特丹市中心的中心火车站……

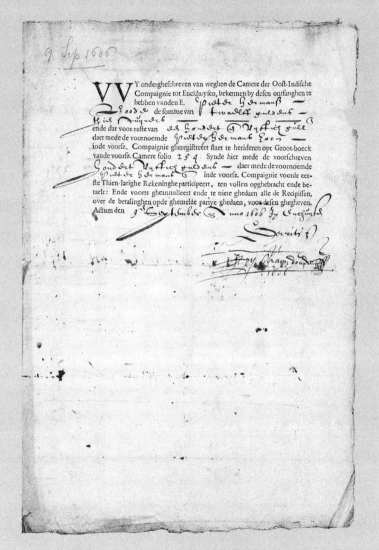

图 0-1　以前，投资荷兰东印度公司（VOC）股票的人会收到一张收据，这张收据就是进行股票交易的凭证。世界上最古老的股票交易凭证上的日期是 1606 年 9 月 9 日，该股票由彼得·哈蒙斯（Pieter Harmensz）持有，他在 1602 年向 VOC 投资了 150 荷兰盾。这是一笔不小的资本投资，大约相当于他当时一年的薪水。凭证的封面上有哈蒙斯的名字，内页记录了股息及支付日期。根据记录，哈蒙斯在 1612 年收到了第一笔股息，最后一次则是在 1650 年。这个凭证还表明，1635 年，VOC 以数袋丁香的形式支付了股息。

资料来源：Hoorn, Westfries Archief, Stadsarchief Enkhuizen, toegangsnummer 0120, bergnummer 1587a。

图 0-2

第一章　历史点滴

内斯，1602

旅客们抵达阿姆斯特丹后，穿过建于19世纪的熙熙攘攘的高顶火车站，就到了一个大型广场。在这里，成群结队的人在等待着自己的亲人、情人、生意伙伴出现；形形色色的人在有轨电车、出租车和不计其数的自行车之间来回穿梭。

广场通向一条开阔的街道，左边是宽阔的运河，这条街道和运河都被称为达姆拉克（The Damrak）。这里经常挤满了往来游客，英国单身汉们在此大声喧闹、寻欢作乐，还有骑着自行车在人群中穿行的当地人，他们行色匆匆，铃声叮当，神情倨傲。宽阔的人行道两旁陈列着烤肉店、比萨店和纪念品店，引导着刚到此地的人们进入五分钟步行距离以外的市中心。

达姆拉克广场通向宏伟的大坝广场，这里是阿姆斯特丹的心脏，中心位置是前市政厅，右边是一座大教堂，左边是热门旅游景点杜莎夫人蜡像馆。这里也是荷兰人的集会之地，人们曾经聚集在国家纪念碑前，庆祝第二次世界大战的结束，或者对他们心中所不满的任何事表示抗议，抑或只是驻足而立，享受那样的气氛和周围人的目光。在一条小街上，有一家我喜欢的店铺，店里有一位优雅的老酿酒师，名叫威南德·福京克

（Wynand Fockink），他擅长酿造金酒（荷兰人管它叫珍妮弗酒）。陈年的珍妮弗酒是一种被人遗忘良久，味道却妙不可言的烈酒，与戈登的伦敦金酒相比，它的味道与苏格兰麦芽威士忌更有异曲同工之妙。这家店自1679 年开张，存续至今。[①]

大坝广场的左边是罗金路（The Rokin），这条路通向一条宽阔的林荫大道，此处还有一个同名的大地铁站。大概几百米后，左转进入一条狭窄的街道，实际上这更像是一条小巷，小巷紧挨着 NRC 报业大楼，从这里可以进入一条与罗金路平行的更窄的小巷。这条窄巷被高楼大厦包围，幽深静谧。除了那些去小弗拉斯卡蒂（Frascati）剧院，或者在某家不起眼的餐厅订了位子的人之外，很少有游客来这里。

到这里，我们就抵达了股市起源的地方——内斯（Nes）。1602 年 4 月 1日晚，全球资本主义就在这条不起眼的小路上诞生了。也正是在这里，在阿姆斯特丹市中心的一所房子里，有了世界上第一批股票交易。房子的主人是一位身材高大、容貌英俊、留着卷曲小胡子的男人，名叫德克·范·奥斯[②]。

全球首次公开募股

故事要追溯到 1595 年 4 月 2 日，当时有四艘轮船，分别是毛里求斯号（Mauritius）、奥兰迪亚号（Hollandia）、阿姆斯特丹号（Amsterdam）以及较小的迪芬号（Duyfken），它们都配备了最新式的枪炮，启航前往爪哇岛上最重要的贸易中心万丹（Bantem）。[③] 船队由科内利斯·德·霍特

---

① 威南德·福京克于 1724 年收购了这家酿酒厂。除了陈年珍妮弗酒，它还出售荷兰利口酒。这种酒还有别的名字，比如完美极乐（Volmaakt Geluk）、新娘的眼泪（Bruidstranen），以及地窖里的杰克（Hansje In de Kelder）。

② 德克·范·奥斯是 VOC 最早的股东之一。但在英国冒险家亨利·哈德森一份日期为 1609 年 1 月 8 日的文件上，也出现了他的签名。哈德森受雇于 VOC，寻找一条从西方抵达印度的更短的航线。他没能发现这条路，但他在 1609 年沿着现在的哈德孙河逆流而上"发现"了曼哈顿。

③ 在这四艘船之前，另外两次试图经由北极通往亚洲的尝试均以失败告终。1596 年，阿姆斯特丹市提供了 25 000 荷兰盾的资金，赞助第三次穿越北极的项目。于是，两艘船出发了，一艘由詹·科利内斯·赖普（Jan Cornelisz Rijp）领导，另一艘由加克伯·范·西姆斯科克（Jacob van （转下页）

曼（Cornelis de Houtman）领导，他得到探险队资助者的指示，探索是否有可能一路航行去往亚洲，并寻找机会从遥远的亚洲地区购买胡椒、肉豆蔻和其他香料。这些船航行了一年多，最终于 1596 年 6 月 6 日到达目的地。

说到这里，就不得不谈谈 16 世纪欧洲的地缘政治了。当时，葡萄牙人和荷兰人在亚洲水火不容。葡萄牙勇猛的水手比荷兰人早一个世纪到达亚洲，并控制了马来半岛上具有重要战略意义的城市马六甲。为了避免与葡萄牙人发生冲突，荷兰人避开了马来半岛，航行到苏门答腊岛的南端，然后前往邻近的爪哇岛，他们计划在万丹和散布在北部海岸的其他几个小镇进行贸易。

荷兰在这第一次探险中付出了巨大的生命代价：从阿姆斯特丹出发的240 名船员，仅有 87 人生还。甚至船队尚未抵达爪哇时，问题就开始出现了。他们在马达加斯加西南海岸的小岛诺西·马尼萨（Nosy Manitsa）临时停泊时，感染了坏疽病。虽然关于此事的报道众说纷纭，但可以确定的是，的确有 20 到 30 名水手因此命丧黄泉。如今我们知道了，导致海上经济萧条的原因仅仅是缺乏维生素 C。代价如此沉重，以至于时至今日，这座小岛仍然被称为荷兰墓地。

尽管损失惨重，但这次探险还是作为巨大的成功之举被载入了史册。1597 年 8 月 14 日，在启航两年多后，四艘船中的三艘，毛里求斯号、奥兰迪亚号和迪芬号，回到了荷兰。阿姆斯特丹号则因漏水问题，最终只能被烧毁。当时，这种类型的货船（东印度公司的船只）非常珍贵，荷兰人绝不允许它落入敌人手中。[1] 从商业角度来说，这次探险可能失败了，因

（接上页）Heemskerck）领导，领航员兼制图师威廉姆·巴伦茨（Willem Barendsz）担任探险队队长。他们的目的是乘船前往华夏王国，也就是中国。不过他们没能成功，而是在北极（现在是挪威的一处地方）发现了熊岛（Bear Island）和斯皮茨卑尔根群岛（Spitsbergen）。西姆斯科克的船被困在新地岛（Nova Zembla）附近的冰层中，17 名船员被滞留在那里，在北极度过了一个漫长的冬天。巴伦支海（Barents Sea）就是以制图师巴伦茨的名字命名的。参见 de Veer，2010。

[1] 这艘船被毁并不是因为荷兰的船更好，或者荷兰人在造船方面有一些新技术，不想落入别人的手中。事实上，恰恰相反，从欧洲航行至亚洲时，荷兰船只似乎比其他船只更慢。参见 Bruijn，1984。尽管如此，船只还是被认为是宝贵的财产，不应该落入对手手中。

图 1-1　一切开始的地方：这是一幅关于内斯的画，作者为赫尔曼·P. 舒腾（Herman P. Schouten），创作于 1774 年。德克·范·奥斯的房子原本应该在右边街道尽头的拐弯处，但舒腾创作此画时它早已消失无影了。
资料来源：阿姆斯特丹市档案馆。

图 1-2　德克·范·奥斯的肖像，作者：科内利斯·德·维斯切（Cornelis de Visscher）。
资料来源：阿尔克马尔市立博物馆（借自 Hoogheemraadschap Hollands Noorderkwartier, Heerhugowaard, The Netherlands）。

为船员们几乎没能带回什么货物，但有一点得到了证实，那就是航行到亚洲是可行的。这次航行开启了 16 世纪末荷兰的海上探险时代，促使了 1602 年荷兰东印度公司的成立和荷兰黄金时代的开始。

那时候，危险重重但利润丰厚的亚洲之旅，往往是由富有的个人投资者出资赞助的。他们投入现金，支持某一次探险之旅。船只返回后，他们会收取股息作为回报，股息通常用船只带回来的成袋的胡椒、肉豆蔻或其他香料来支付。后来，亚洲之旅的利润越来越丰厚，探险的频率也随之上升。

另外，这些航行得到了某些公司的支持，这些公司有很多还是现在一些公司的前身，比如荷兰东印度公司。这些贸易公司在荷兰不同省份的支持下，在 1595 年至 1602 年总共向亚洲派遣了 65 艘船，船队带回的香料在欧洲各地进行销售，获得了可观的利润。阿姆斯特丹因此催生出了各种各样的企业——威南德·福京克的金酒生意在内斯蒸蒸日上，正是得益于此，当时这条小街可能要比现在要繁忙得多。然而，荷兰各省的探险队之间非但没有合作，反而相互竞争，使得葡萄牙人渔翁得利。之后，1602 年 3 月 29 日，新荷兰共和国政府在约翰·范·奥尔登巴内费尔特（Johan van Oldenbarnevelt）和普林斯·莫里茨（Prins Maurits）①的领导下，停止了这场内斗——他们想到了一个绝妙的计划。

这个计划就是将那些出资的公司合并为一家大公司，即荷兰东印度公司。该公司将在六个不同的城市运营，阿姆斯特丹是其中之一；来自这六个城市的代表成立了一个名为"十七绅士"（Heeren XVII）的董事会，管理 VOC。随着时间的推移，VOC 成了第一批真正的跨国公司之一，拥有自己的武装力量和涉外部门。它与另一家强大的跨国公司，成立于 1600 年的英国东印度公司（British East India Company, EIC）②相互竞争，后者

---

① 印度洋上一个岛屿的名字就是由普林斯·莫里茨的名字化用而来的，即毛里求斯岛。
② 又名不列颠东印度公司、约翰公司。

也参与了香料贸易。

于是，1602 年 4 月 1 日，星期六晚上不到 10 点的时候，一群人聚集在德克·范·奥斯位于内斯的家中，成立了 VOC 的阿姆斯特丹分会。与会的人里，就有 VOC 簿记员巴伦特·兰帕斯（Barent Lampers）。他的面前郑重地放着一本羊皮纸封面的登记册——记录第一批股东信息的正式登记册。

这一夜注定非同寻常。当第一批股票向总计 1 143 人发行时，人们既兴奋又期待，嘈杂声不绝于耳。这群人的身份包括律师、木匠、面包师、小店主、织布工，甚至还有七名女佣——他们都在排队投资这家新公司。首次公开募股（IPO，指一家私人公司通过向公众出售股票来上市的过程）筹集的总资金超过 360 万荷兰盾，这在当时算得上一笔巨款了。要知道在那个时代，几百荷兰盾就可以在阿姆斯特丹市中心买一栋小房子了。

VOC 与它的前身完全不同。首先，该公司并不会在每条船只返回阿姆斯特丹后都进行清算，瓜分战利品。[1]与如今的许多上市公司一样，这家合资企业看重长期成长。换言之，投资者有权获得 VOC 未来所有探险活动产生的股息。

这种新的商业模式不仅终结了荷兰各探险队之间的内斗，还带来了另一个巨大的好处。针对单次探险进行投资的风险极大，因为如果一艘船在风暴中沉没或被海盗劫持，投资者就会血本无归。而在这种长期投资的模式下，投资者可以指望下一次的远征满载而归，从而获利，这就意味着风险要低得多。尽管"风险管理"现在已经不足为奇了，但在当时，它还是一个新概念，它的提出标志着一场金融革命的开始。这个概念至今仍然是推动股市发展的一个基本原则。在接下来的章节中，我们将会多次重温这一概念以及现金流的思想。

于是，VOC 得以蓬勃发展。1611 年，荷兰人在爪哇北部海岸的一个

---

[1] 最初的计划是让 VOC 按从前的模式继续运作 21 年，但后来这一想法未被采纳。

名叫查雅加达（Jayakarta）的小镇上建立了仓库，并最终决定将总部设在现今的印度尼西亚庞大的群岛上。为了确保对该地区拥有完全的控制权，他们驱逐了英国人及其东印度公司，排挤当地的权力掮客，还烧毁了整个城镇。之后，他们在这里建起了一个新的城镇，巴达维亚（Batavia），几个世纪后，它演变成了现在的大都市雅加达。①

第一个专门的证券交易所

我们说回阿姆斯特丹，股东们从此开始了买卖股票的交易。VOC 股票分类账簿的第一页详细说明了他们是如何操作的：买家和卖家都必须去东印度之家②（从德克·范·奥斯位于内斯的家步行几分钟就到了），在得到两名董事的批准后，簿记员办理股份转移，并更新分类账。③

刚开始的时候，交易并不活跃，第一次股票交易是一年后才出现的。1603 年 3 月 3 日，詹·艾乐慈·陶特·伦敦（Jan Allertsz tot London）以 2 400 荷兰盾的价格将其持有的 VOC 股份出售给了玛丽亚·范·埃格蒙特（Maria van Egmont）。据猜测，他当时八成是缺钱，因为当天晚些时候，他又把价值 600 荷兰盾的股票卖给了黑帮的范·巴斯姆（van Barssum）夫人。④ 这些股票是有史以来第一批进行二次交易的股票（也就是在 IPO 之后再次进行交易），标志着二级市场交易的开始。如今，世界各地二级市场价值数十亿美元。

阿姆斯特丹火车站对面有一座小桥，有轨电车从达姆拉克大街右转驶向中央车站时，会发出刺耳的声音。穿过新桥（Nieuwe Brug），就是一条小

---

① 参见 van der Linde, 2020。
② 阿姆斯特丹 48 号火绳枪手防卫堤上的东印度公司大楼。
③ 参见 Petram, 2011，第 2 页，分类账簿中一笔正式交易涉及高达 2.8 荷兰盾的交易费：簿记员每笔交易收取 0.6 荷兰盾，转让契据的印花税为 2.2 荷兰盾。别忘了，当时在市中心买一栋小房子大约也只要 200 荷兰盾。参见 Petram, 2011，第 18 页。
④ 参见 Petram, 2014，第 16 页。

巷，通向阿姆斯特丹最古老的街道之一，瓦姆莫斯大街（Warmoesstraat）。再往后一些，无论过去还是现在，都是这个城市著名的红灯区。17 世纪初，想要买卖 VOC 股票的人都在这座不起眼的桥上会面。[①] 遇到雨天，交易员们会在瓦姆莫斯大街的商店门廊下避雨。[②] 一旦他们就价格达成一致，只需走一小段路就能到东印度之家，敲定股份转让事宜并更新账簿。

　　VOC 业务自此蒸蒸日上。1610 年 4 月，虽然股东们已经耐心等待了八年，才被告知来领取第一笔股息，但他们确实赚到了钱。交易所办事员和 VOC 本身都没有记录交易价格，所以我们无法获得准确信息，但从已有信息中仍然可以推测出，1610 年的股价是 1602 年设定的初始价格的两倍。[③] 股息不是按股票当天的市价来计算的，而是以 1602 年 4 月购买那天的股票初始价格，而且 75% 以肉豆蔻皮的形式发放。[④] 同年晚些时候，另有 50% 以胡椒的形式发放。事实证明，这样做是错误的，用香料作为股息的方式也给股东们上了一堂关于供需规律的课，尽管他们并非出于自愿。这种方式产生了意想不到的后果，那就是股东们纷纷将获得的实物股息变现，使得市场上突然出现大量胡椒，从而导致整个阿姆斯特丹的胡椒价格暴跌。[⑤] 从那以后，人们才决定以现金支付股息。[⑥]

　　当时爆发的股东维权运动登上了许多财经媒体的头条，事实上，这也并不是什么新鲜事。1613 年，一群股东对 VOC 阿姆斯特丹分会的董事们大失所望，他们声称，该公司太过专注于帝国建设和军事行动，而没有履

[①] 再往前一点，在瓦姆莫斯大街，大宗商品交易员每天都在这里聚集，他们同样是主导 VOC 股票交易的商人。
[②] 参见 Petram, 2011，第 19 页。
[③] VOC 股价参见 Petram, 2011，第 243 页。
[④] VOC 在 1610 年第一次分股息时，用的是肉豆蔻皮，是肉豆蔻种子外面的肉膜，在荷兰语中称为 Foelie。
[⑤] 参见 Petram, 2011，第 28—29 页。
[⑥] 从 1623 年开始，VOC 每两年支付一次股息，从 1635 年到 18 世纪末该公司破产，它每年或每半年支付一次，只有少数几次中断。但情况并不总是如此，在 17 世纪 30 年代和 17 世纪 40 年代，股息仍然经常以实物形式支付，现在主要是丁香的形式。

行它原本的职责，即通过香料贸易赚取巨额利润。[1] 他们的质疑可能是对的，但不知何故，维权运动后来平息了，但实际情况并没有什么太大的变化。这是股东们第一次尝试进行反抗。到 1622 年，另一场关于该公司管理问题的争论如火如荼地展开了，事实证明，这也不过是一个小小的插曲。在后面的章节中，我们将讨论近年来公司管理和负责任的投资如何在亚洲股市引起相当大的轰动。令人欣慰的是，在刚开始进行股票交易的时候，这也曾是一个被广泛关注的问题。

彼时，人们已经清楚地意识到，在寒风呼啸的桥上冒雨进行交易相当不方便。渐渐地，交易员们转移到咖啡店进行交易，他们把要出售的股票张贴在咖啡店的门上。但随着 VOC 股票和一系列其他大宗商品的交易越来越受欢迎，人们意识到需要有一个固定的交易场所。于是，市议会任命建筑师亨德里克·德·凯瑟（Hendrik de Keyser）在现在的罗金大街上设计和建造一座大楼，这里紧邻德克·范·奥斯的住所。后来，它成了世界上第一个专门建造的证券交易所。[2] 这栋令人印象深刻的建筑于 1611 年 8 月 1 日开放，由一个四面围起来的巨大的矩形庭院组成，中间是一条铺着石头的通道。商品在庭院中指定的地点进行交易，股票交易在交易所后面的一根柱子旁边进行。[3]

该交易所建在一条运河的上方，返回的船只可以直接从这座建筑下面通过，把香料运送到城市水路网络两旁的仓库，这个位置简直再合适不过。尽管交易所的地基出现了裂缝，一度让人们担心不已，但这座建筑一直完好地矗立在那里，直到 1836 年。之后，市场搬到了达姆拉克附近的柏尔斯·范·贝尔拉格（Beurs van Berlage），而这里直到今天仍是阿姆斯

---

[1] 参见 Petram, 2011, 第 32 页。
[2] 阿姆斯特丹证券交易所被认为是第一家证券交易所，尽管股票交易其实早就开始了，而且主要交易的是债务票据。在几千年前的罗马帝国时期，人们就在交易资产。或许把阿姆斯特丹证券交易所定义为世界上仍在运营的最古老的证券交易所更为准确。然而，它是第一个专门建造的、特殊的证券交易所。
[3] 参见 Petram, 2011, 第 31 页。交易只在特定的时间进行，即除星期日外，每天上午 11 点至中午 12 点，夏季（5 月至 8 月）是晚上 6 点 30 分至 7 点 30 分。

图 1-3 从艾湾（IJ）看过去的阿姆斯特丹的详细面貌，创作者为皮特·范·德基尔，创作于 1614 年至 1618 年。图片中间的显眼处就是股票交易员相遇的"新桥"，更靠后的一座建在证券交易所顶部之上的名为柏尔斯（Beurs）的塔楼清晰可见。名称里的字母"s"则因一个折痕被遮住了。

图 1-4 亨德里克·德·凯瑟建立的阿姆斯特丹证券交易所。不同的商品在交易所的不同角落进行交易。在这张图中可以看到，股票是在靠后的地方交易的。

特丹证券交易所的所在地。[①]

资本主义的火焰一经燃起便很快像野火一样蔓延到了整个城市。面包师、女佣、律师、银行家和金酒酿造商，每个人都想分一杯羹。1688 年，生于阿姆斯特丹的葡萄牙犹太人约瑟夫·德拉维加（Joseph de la Vega）写了第一本关于股市的畅销书，书中描述了 VOC 股票交易是如何控制阿姆斯特丹的[②]：

如果一个陌生人被带着穿过阿姆斯特丹的街道，当被问及他身处何处时，他会回答"身处投资者胜地"，因为这里谈论股票的人随处可见。

这本书用 17 世纪的语言写成，辞藻华丽，围绕三个讨论股票的人，一位哲学家、一位商人和一位股权持有者展开。但他也写道，人们对交易所的运作机制感到"困惑"，并提醒人们当心流氓交易员的不法勾当。同样，这本书的出版似乎也并没有激起什么变化。

流氓交易员的勾当之一叫作"做空"，就是预计价格会下跌时，先借入股票并售出，然后以较低的价格回购后归还股票，从中赚取差价。如今人们已经完全接受了这种做法。"做多"与"做空"恰好相反，它指的是在预计股价会升高时就先买入。第一个进行"做空"操作的投资者是艾萨克·勒梅尔（Isaac le Maire），他是 VOC 的一位较大的股东。据说，他猜测该公司的船只在海上失踪，从而做空该公司的股票，造成了非常恶劣的影响，以至于这种做法最终被禁止。[③]

早期，购买股票就像在市场上买苹果一样简单：双方协商好价格就可以达成交易。这就是现在所说的"场外交易"（OTC）市场。但买家需要

---

① 阿姆斯特丹证券交易所现在搬到了旁边的一座新大楼里。
② de la Vega, 1939, paragraph 249，其译文见 Petram, 2011，第 1 页。
③ 参见 Petram, 2011，第 60 页及其后面。从技术上讲，他进入了"裸卖空"状态，即他售出了并不属于自己的股票，并猜测自己会以更低的价格购回。

非常小心，因为如果有人伪造股票凭证，投资者就会血本无归。最终，管理者决定，股票最好通过代理人进行买卖，该代理人可以检查交易对方是否为股份的真正持有人，股票是否合法，以及是否已在分类账上进行了登记。这些人被称为"股票经纪人"。

融化的奶酪

证券交易所这一概念的传播之势宛如一块奶酪融化，虽进程缓慢却不可逆转。大约 50 年后，也就是 1657 年，英国东印度公司在伦敦的管理层效仿 VOC，从资助个别船只的探险活动，转变为支持络绎不绝的航海贸易。[①] 他们同样需要一个股票交易所来发行股票融资。

彼时，在伦敦乔纳森咖啡馆，金银交易已经上演，但严格意义上的股票交易所"新乔纳森"[②] 直到 1773 年才在斯威廷巷成立，也就是如今的针线街（Threadneedle Street，旧称 Sweeting's Alley），同时也是英格兰银行的所在地。[③] 伦敦证券市场迅速超越阿姆斯特丹证券市场，成为一个更具影响力的金融中心。

随着股票交易一片欣欣向荣，英国政府开始利用市场筹集贷款，债券市场随之形成。到 17 世纪末，各种各样的股票在伦敦进行交易；到了 1695 年，证券市场上已有 140 家上市公司。[④]

然而，伦敦和阿姆斯特丹遇到的情况一样，那就是流氓交易员屡见不

[①] 在此之前，EIC 多次发行新股，为其船队筹集资金，因此基本上可以算作一系列独立的同名公司。

[②] 1698 年，150 名被驱逐出皇家交易所的股票经纪人开始聚集在乔纳森咖啡馆进行交易。乔纳森咖啡馆在 1748 年经历了一场大火，直到 1761 年才得以重建并重新命名为"新乔纳森"。1773 年，新乔纳森更名为伦敦证券交易所。——译者注

[③] 英格兰银行位于针线街，在过去的 250 年里从未搬过家，因此，有些人称它为"针线街的老妇人"。不过，很少有人知道，英格兰银行于 1694 年成立后的头 40 年里没有办公大楼，员工最初在切普赛德的美世会堂办公，之后迁至杂货店会堂。

[④] 到 1824 年，这一数字增长到 156 人。见 Chapman, 1994，第 12—14 页。1695 年和 1824 年的市值分别为 450 万英镑和 4 790 万英镑。

鲜。最终，在 1697 年，英国政府决定出手整治，通过立法来"限制股票经纪人和做市商的不良行为"[1]。这意味着所有交易都要通过股票经纪人才能进行。首先，这些经纪人不得以个人名义进行交易，只能作为客户的代理；其次，他们必须进行注册，佩戴雕刻有皇家纹章的特殊银章，并且不得收取高于 5% 的佣金。对于违反这些规定的经纪人，一旦被抓到，就会处以为期三天的颈手枷刑。[2]

紧随其后的是美国人，他们也陷入了对股市的狂热。1792 年 5 月 17 日，24 名股票经纪人在纽约华尔街和百老汇大街拐角处的一棵梧桐树下会面，签署了闻名后世的《梧桐树协议》（Buttonwood Agreement）。他们决定将附近的唐廷咖啡馆作为总部。最初的交易以政府债券为主，25 年

图 1-5 被奴役之画。

---

[1] William III, 1697.

[2] 见 William III, 1697 和 Chapman, 1994，第 10 页。该法案写道："违法者要上缴 500 英镑罚款，还会在伦敦市内某些公共场所的刑台上被关押三日，每日上午一小时。"

后，1817 年 3 月 8 日，纽约证券交易所（NYSE）正式开业。

随后，亚洲各地的证券交易所如雨后春笋般出现。1875 年，第一家亚洲证券交易所在孟买成立。在此之前，大约在 1850 年，印度的股票经纪人按传统会在市政厅①前的榕树下会面，后来又在梅多斯大街②的交界处会面。但随着股票经纪人数量增多，街道上挤满了焦躁不安的交易员，他们这才迁到了达拉尔大街（Dalal Street），也称经纪人大街③，这个名字成了印度金融业的代名词（就像美国的华尔街一样闻名遐迩）。

大约在同一时期，日本的股票经纪人也汇聚一堂，成立了东京证券交易所。他们穿着独特的和服，在街上很容易被辨认出来。1878 年 5 月 15 日，东京证券交易所正式成立，两周后的 6 月 1 日，第一批日本股票成功交易。与此同时，日本在其他城市也设立了交易所，例如大阪证券交易所。1943 年，也就是二战中期，两家交易所合并为一个大型证券市场，名为日本证券交易所。二战末期，日本股市关闭，1949 年，日本证券交易所重新开放，并更名为东京证券交易所。

在东南亚，第一个冲出起跑线的城市是雅加达，当时它还是荷兰殖民地的一部分，沿用了巴达维亚这一旧称。这个交易所于 1912 年开市。几十年后，菲律宾相继成立了两家证券交易所：一家于 1927 年成立于马尼拉，另一家于 1963 年在附近的马卡蒂成立。由于这两个证券交易所交易的股票完全一样，它们最终于 1992 年合并成为菲律宾证券交易所。

1962 年 7 月，泰国第一家交易所在曼谷成立。起初，它并没有引起太多的关注，逐渐销声匿迹。但后来，泰国第二次成立了交易所。1975 年，泰国证券交易所（SET）开市。④ 而在此两年之前，新加坡就成了

---

① 在霍尼曼环岛目前所在的孟买。

② 现在被称为圣雄甘地路。

③ 那是在 1842 年。达拉尔在马拉提语里是"经纪人"的意思。孟买的达拉尔街是孟买证券交易所所在地。当孟买证券交易所搬到目前位于孟买萨玛查玛格大街（Samachar Marg）和哈曼大街（Hammam）交叉口的位置时，大楼旁边的街道被重新命名为达拉尔大街，它经常被用于指代整个印度的所有金融机构。

④ 1991 年 1 月 1 日更名为泰国证券交易所。

股市大军的一员。1953 年朝鲜战争结束后，韩国成立了韩国证券交易所（KSE）。1997 年，为了吸引新的科技公司和其他年轻企业，韩国成立了第二个交易所——科斯达克（KOSDAQ）。[1]众所周知，该交易所后来取得了巨大成功。[2]

这些新建立的亚洲证券交易所大多喧嚣忙碌，采用的是"公开喊价"的形式，即经纪人从客户那里收到写在纸条上的订单，然后向所谓的做市商，也就是一只股票库存的持有者喊话进行交易。有的时候周围噪音太大，喊话声淹没在人群里，他们就会使用手势。股票经纪人们为了在人群中"脱颖而出"，会穿着特殊颜色的夹克。例如，香港上海汇丰银行（HSBC）的交易员就穿着红白相间的条纹夹克。做市商靠着识别衣服进行交易，他们通过手势与经纪人沟通，然后在墙上或大黑板上记录股价和交易量。不过到了 20 世纪 90 年代，这种交易形式就被淘汰了，因为用计算机来交易要方便快捷得多。

中国入场

中国股票市场的历史更值得关注，也更复杂一些。1842 年，鸦片战争爆发，以英国为首的列强侵入中国。《南京条约》的签订使得各国在中国建立租界并进入中国市场。在此之后，外国人在上海和广州根据自己的法律进行橡胶、煤炭和其他商品的交易。股票交易当时也备受追捧，1866 年 6 月，上海海关大楼附近的墙上张贴了第一批交易的股票清单。

上海最终也实行了通过指定的股票经纪人进行交易的制度，以杜绝用一文不值的假票据来进行交易的现象。1891 年，上海证券经纪人协会召开第一次会议。最初，只有寥寥数家银行、航运公司、运河和码头公司在

---

[1] 在此之前，规模较小的新兴科技公司会去所谓的"场外"市场，在那里交易股票，没有经纪人，就像在水果市场买苹果或橙子一样。

[2] 参见 Shin, 2002。

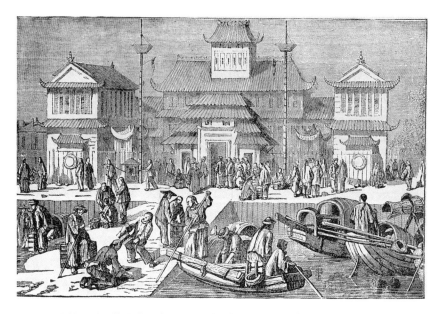

图 1-6　上海海关，摘自弗兰克·吉尔伯特（Frank Gilbert）的《世界：历史与现实》，1886 年。
来源：维基百科 https://commons.wikimedia.org/wiki/File:The_world-_historical_and_actual_(1886)_(14596896879).jpg。

上海证券交易所上市。交易所规模并不大，1871 年的总市值仅为 2 300 万美元，因为当时需要资金的大公司，如铁路公司，更愿意在伦敦发行股票。[①] 彼时的上海市场以橡胶种植园为主，到 1910 年秋季，有多达 47 家橡胶公司上市。一直到 20 世纪 40 年代，橡胶一直都是上海股市占比最大的行业。

　　1937 年，上海被侵华日军占领。1941 年 12 月 8 日，上海的股票市场停止交易，直到战后才恢复。1949 年，中国共产党开始执政，股票交易

---

① 另一个原因在于，当时欧洲人对铁路很感兴趣，因为铁路能让他们更方便地攫取中国的资源。但是他们遭到了中国清朝官员的反对，清政府并不想投资建设铁路。1881 年至 1895 年间，中国每年只修建 18 英里（1 英里 =1.6 千米）的铁路。但当清政府意识到铁路在 1899 年至 1901 年间平息义和团起义中起到了极大作用后，开始大力发展铁路，尽管当时铁路由政府管理，只用于军事目的。到 1911 年，清政府已经铺设了 6 000 英里长的铁路。参见 Taylor，2019。

所这个资本主义的标志性产物再次关闭。与上海股市同时成立于 1891 年的香港股市，则继续进行着交易。

1978 年，中国的伟大改革家邓小平提出改革开放，中国经济重新向外国人打开大门。此前，想要上市的中国公司通常会去香港，但 1990 年 12 月，上海股市在关闭了近半个世纪后重新开市。[①] 中国还于 1990 年在繁华的南方城市深圳开设了第二家交易所，为科技公司筹集资金。这家交易所颇受欢迎，人人都想参与新股发行；1992 年时，还因参与人数太多，打印的认购新股的表格不够而引发了抗议活动。

我当时就在现场，因而记忆犹新，具体内容我们将在第四章关于中国股票市场的部分进行讨论。

---

① 1990 年 11 月 26 日，上海证券交易所成立，同年 12 月 19 日正式开市。资料来源：上海证券交易所网站。

第二章　谬见与误解

晨会与关于投资的错误观念

1990 年 8 月下旬，在一个酷热难耐的日子，我乘坐荷兰航空公司的航班从阿姆斯特丹飞到了巴厘岛。刚下飞机，我就在停机坪闻到了一股奇特的味道——熟透的水果、油炸肉类、湿润的青草以及烧焦的橡胶混合在一起的味道。那是我第一次来到亚洲，当时的计划是在印度尼西亚背包旅行几个月。

我在巴厘岛上四处观光，然后在接下来的几周里一路向东，途经印尼东部的各个岛屿。在其中一个岛上，我遇到了来自印尼首都雅加达的一家人，他们来岛上探亲。没过几天，我们便熟悉起来，我还承诺抵达雅加达后会去拜访他们。之后，我背着双肩包再次向东出发。几个月后，我来到了雅加达，这座不断向外扩张的大都市。我在位于市中心的甘比尔火车站下车，首先映入眼帘的就是雅加达铁路沿线的棚屋、轨道边上晾晒的衣服，以及在附近玩耍的孩子们，他们还朝着火车上的乘客挥手。

我给岛上认识的那家人打了电话，几个小时后就来到了他们位于雅加达南部帕萨明古的家里。当时的我蓬头垢面，但是他们一家甚至他们的朋友和邻居们都过来跟我打了招呼。之后的几年里，我们的关系越来越亲密，我经常去他们家小住，我的印尼语也因此得到了飞速提升。

　　第一次亚洲之旅令我流连忘返，因此第二年，我又背起行囊出发了——这次的目的地是中国。第二次旅行简直倒霉事不断，后面再细说。之后的几年时间里，为了赚取大学学费，我在中国和印度尼西亚兼职当导游（这两个国家都极具东方韵味，但又截然不同），每趟旅行会带20到30个游客，都是乐于冒险的欧洲人。值得注意的是，20世纪90年代初，中国的旅游业发展尚不成熟。

　　1994年，我大学毕业，我的导游生涯也就此结束了，之后我便决定留在亚洲工作。雅加达的一家银行缺一个初级股票分析师，我便抓住了这个机会。当时还有一个小小的问题，那就是我在大学学的专业是经济学，除了学过一门金融学入门课程外，我对金融和会计领域一无所知。我的第一个老板里克（Rick）建议我报名参加了一个为期三年的注册金融分析师（CFA）课程，于是，我每周都要花几个小时潜心学习金融理论知识。

　　我喜欢这份新工作，也喜欢我的新家。我和另外两名外国人一起在雅加达市中心合租了一套房子，并且很快就适应了城市的生活节奏。每天清晨，我都会穿过花园去买早餐——通常是一份香喷喷的乌督饭（Nasi Uduk），一种由蒸饭与蔬菜混合在一起，再佐以辛辣豆豉的食物。我家对面卖早餐的女摊主非常友好，而我在小摊前等早餐时，就会看到邻居们出来洒水降尘，防止灰尘吹进家里（雅加达的空气污染严重，到处都是厚厚的灰尘）。趁着日头还没升高，我会拿着乌督饭，走到100米开外的主干道上打车去上班。

　　我的办公室位于雅加达市中心，在一栋大型写字楼的17层。早上6点半，我便到达办公室开始工作了。一直以来，雅加达都因交通拥堵而"美名远扬"。我去上班的时候路上还没什么车，但是不到半个小时，街上就堵得水泄不通。每天，办公室里都忙得热火朝天，墙上悬挂的时钟展示着雅加达、香港、东京、苏黎世、伦敦和纽约的时间，给人一种与国际接轨的感觉，仿佛自己不是在做普通的工作，而是在为什么宏图伟业而奋斗。早上 7 点半，所有人都已经如饥似渴地读完了晨报，随后就聚集在一间视野开阔的办公室里开会。没错，金融行业有一个惯例——每日开晨会。

全世界所有的股票分析师、股票销售和交易员都是用晨会开启他们新的一天，无一例外。幸运的话，参会的都是精明强干的专业人士，他们会踊跃分享自己深入而犀利的见解；但如果不幸的话，晨会就只会充斥着各种胡诌乱侃和陈词滥调，几乎没有任何明确的结论或投资上的建议。然而无论情况如何，这宝贵的 30 分钟晨会都会为一天的工作定下基调。

调查助理桑德拉（Sandra）已经把材料打印好，摆放在会议室的桌子上了。她每天一大早就来了，会整理好在雅加达交易所上市的所有重要股票前一日的收盘价和最新估值。股票销售主管詹姆斯（James）会要求交易员们就前一日的美国股市和东京股市当天早些时候的情况发表评论。之后，公司的经济师会从香港打来电话，分析印尼央行发布的最新数据或声明。詹姆斯随后会把会议交给调研部门的负责人里克，后者会介绍分析师们连夜撰写的报告。

交易员的工作是在极短时间内判断市场走向，而分析师的工作则截然不同。他们都受过会计或金融分析方面的培训，会有更长远的考虑，而且通常都会对各自业务所涵盖的公司有深入的了解（但愿如此）。分析师会花时间阅读财务报表、制作电子表格、建立估值模型、去工厂现场考察、与公司高管见面、检查供应链、阅读行业趋势以及走访零售店等。在分析师对自己负责的股票进行（理论上的）简短评估后，股票销售人员和交易员就会向他们抛出大量问题，以验证他们对个股或者更大的股票板块的判断和投资建议是否正确。我工作的银行有专门研究印尼银行、工业公司或大型零售商等领域的分析师。团队负责人里克负责的就是造纸业的公司，造纸业在当时可是龙头行业之一。而我作为初级分析师，研究的都是那些没有被单独拎出来的行业。

早上 8 点，晨会结束。交易员们会各自拿到订单簿，评估当天需要买卖的股票在一天中的走势如何。在客户要求必须买进股票的情况下，他们会根据自己的预期选择恰当的时候出手。比如，如果他们预计股价会走高，就会在早上买进；如果预计股价会回落，就会选择当天晚些时候出手。他们会想尽一切办法从所有渠道获取信息，使自己的预估更加准确。比如，他们会监控整个地区的市场，关注经济师和分析师在晨会上抛出的有益见解，当然，他们也会打电话给熟人，了解一些最新的小道消息。与此同时，销售团队也开始逐一给客户打电话，告知他们晨会上最新的股市分析报告。

接下来的一天里，记录员会在交易系统中手动记录买卖订单，这是一个相当烦琐的过程。我们银行聘用了三名员工常驻在距离公司办公地点几公里之外的证券交易所，让他们在交易大厅里通过叫卖进行交易。这种"公开叫卖"的交易方式非常嘈杂喧闹，往往也颇为紧张刺激，交易时大厅人声鼎沸，有意思极了。[①]20 世纪 90 年代中期，电子邮件还没有普及开来，因此，我们银行还聘用了一名年轻人，专门守在一台喷墨式传真机旁，负责将研究报告发送给亚洲各地的客户。后来银行的业务越铺越广，他还要负责给欧洲和美国的客户发报告，整天忙得不可开交。银行希望客户能通过这项服务认可我们，从而达成更多合作。当然，我们如今已经不必这么大费周章了，只要轻轻点击一下鼠标，屏幕上就会出现所有股票的价格，买卖双方也可以自动匹配。但是，不管世界如何变化，晨会的精髓却从未改变，它还是那么嘈杂不堪、群情激昂，当然也少不了信口开河。

事实上，股市引发了人们各种各样的猜想。多年来，我听到各种各样的人就"股市是什么？不是什么？或者应该是什么？"等问题发表各种看法。政客们透过股市看到的是支持率，散户投资者则视其为经济的风向标；一些人认为它是富人专属的游乐场，而另一些人则谴责它与赌场无

---

① 雅加达证券交易所于 1995 年 5 月 22 日开始采用电子交易系统。

异，是残酷的资本主义的象征。① 人们常说股市是"疯狂的""不理智的"，是"危险的悬崖绝壁"，甚至是"一辆无法停下的脱轨列车"，然而这些都是断章取义的说法。如果股票市场的表现与人们的预期不同，媒体就会对其说三道四，或称其"与现实世界脱节"。我并不认为股市是完美的，事实也远非如此。不过，这些批评的声音和媒体的标题往往也揭示了人们对股市存在误解。

在进一步探讨之前，我们首先要厘清这些谬见和误解。事实证明，回顾历史对理解股市大有裨益，因为自 1602 年 4 月的那个晚上，荷兰东印度公司在阿姆斯特丹后街的一所房子里成立以来，股市的运作并没有发生太大的变化。

1. 股票市场并不等同于经济

"经济如此糟糕，为何股市还一片繁荣？"2020 年 5 月 8 日，《华尔街日报》(*The Wall Street Journal*) 借此标题尖锐发问。这一年，新冠疫情对世界各地的经济造成了严重冲击，导致无数企业倒闭，数百万人失去了工作。诸多航空公司破产，银行也在苦苦挣扎，餐馆只能承接外卖业务，否则将面临关张。

然而与经济形势相反，股市却持续走高。对此，许多记者和电视评论员也是一头雾水。他们一直以为股市在某种程度上是经济的晴雨表，可现实却远非如此。其实，研究表明，经济增长和股市涨跌之间并没有必然联系。恰恰相反，经济增长对股市来说往往并不是什么好消息。②

---

① 的确，股票似乎是富人玩的游戏。2010 年，美国最富有的 10% 的家庭拥有 81% 的股市份额。Wolff 2014, p.374. 其中，最富有的 1% 拥有 35% 的份额。2001 年时，最富有的 10% 的家庭持有 77% 的份额。

② 关于经济与股市之间关系的研究有很多。迪姆森（Dimson）等人在 2002 年的研究就是其中之一。他们发现，并没有充分的证据表明经济与股市挂钩，而且在某些情况下，GDP 增长和股市回报之间存在负相关关系。2015 年克莱门特（Klement）的研究，还有 2016 年姆拉达尼（Mladani）和日尔曼尼（Germani）的研究，也都发现了类似的结果。后者还发现，股市的年回报率与 GDP 年增长率之间没有关系。当他们考察股市年回报率和后一年的 GDP 年增长率时，发现两者之间存在着一定的正相关关系，这表明股市确实能在较小程度上反映未来的 GDP 增长。

股票市场归根究底就是许多公司组成的集合体，然后允许其股票在证券交易所进行自由交易。一家公司所有股票的总价值就是所谓的公司市值。这个概念很容易理解，比如一家公司有 1 000 股股票，每股定价为 10 美元，那么它的市值就是 10 000 美元。诚然，企业经营状况会受到经济状况的影响，比如就业率、产品交易情况、某一年的投资回报、对外贸易的情况等等。但这并不意味着股市可以反映经济形势。

例如，拥有数千家上市公司的美国股市是全球最大的股市，而与 20 世纪 70 年代相比，现在的美国股市更加无法反映美国经济。个中缘由非常简单，那就是美国绝大多数公司，比如一些线上零售网站和连锁餐厅，以及医院、诊所和购物中心等并没有上市。[①] 在亚洲，也有一个股市与经济状况关系不大的极端例子——中国台湾。台湾的贸易由制造各种小型商品的科技公司主导，它们生产的小型科技产品可用于连接 5G 信号网络、手机通信或者将手机连接到家里的 Wi-Fi 系统。这些产品销往世界各地，但很少在台湾本地进行销售。因此，台湾本地经济对其股市的影响甚微，而真正有影响的是美国、中国大陆和欧洲等这些对其产品有需求的国家和地区。韩国的情况也颇为相似，三星电子（Samsung Electronics）和现代（Hyundai）等大型上市公司的运营遍布全球，韩国市场只占它们销售额的很小一部分。

不过，亚洲另外一些地方的股市可以在一定程度上反映国内经济。最典型的例子是中国大陆、印度、印度尼西亚和其他一些东南亚国家。这些国家和地区有更多的当地企业在本国的证券交易所上市，比如银行、零售商、便利店运营商、国内汽车制造商等。尤其是东南亚，那里有各种各样的公司，销售着许多稀奇古怪的当地特产，这些特产在世界其他地方很难被看到。然而，即使在这些地区，经济上占比很重的产业对股市也没有很强的影响力，比如，当地的农业可能占经济的很大一部分，但也只

---

① Schlingemann and Stultz, 2020.

有几家小型农业公司上市。

简而言之，一个经济体遭遇的某些事件可能会对上市公司产生影响，但如果说经济遇到的任何事件都会反映在股价上，这就不对了。这一点对于如何把握亚洲股市是有参考意义的。通常情况下，我们没有必要对经济进行海量的技术分析。[①] 要理解股市，需要追本溯源，找出最大的参与者，看看是什么让这些公司运转了起来。

在继续探讨下一个误解之前，我们先来简要介绍一下投资公司和财经媒体每天都会提到的股市指数。首先，什么是指数？它是一种基准，一种衡量特定市场或市场特定部分表现的工具。它反映了一小部分具有代表性的公司的价值。比如香港的恒生指数（HSI）、雅加达的综合指数（JCI）或印度的敏感指数（SENSEX），它们都体现了各自股票市场的运行脉搏。

例如，恒生指数囊括了 50 家公司，约占香港交易所市值的 65%，常常被香港投资者看作市场的基准。此外还有许多不同类型的指数，分别追踪特定市场、特定行业、特定地区、小公司或特殊类别公司的运行状况，雅加达的伊斯兰指数就是其中之一。摩根士丹利资本国际公司（Morgan Stanley Capital International, MSCI）是众所周知的全球指数提供商，它推出了追踪代表中国巨大变革行业（比如机器人和可再生能源等行业）的指数。全球范围内的主要指数有明晟指数（MSCI）、金融时报股票交易所指数（FTSE）和标准普尔 500 指数（S&P500）。

这些指数之所以重要的另外一个原因是：全球有数十亿美元会选取特定的指数成分股作为投资的对象（例如，标准普尔 500 指数主要是跟踪美国市场上最大的 500 只股票的表现），即"被动型基金"。这些基金之所以被称为"被动型基金"，是因为它们始终保持即期的市场平均收益水平，投资者不需要作出积极主动的投资策略。与此同时，这些基金还具有较大的市场敞口、较低的运营费用和有限的投资组合周转率。

[①] 但这并不是说我们应该抛弃经济学研究。经济学可以让我们了解债券收益率的变化，这一点我们将在后面讨论。

2. 股票不等同于公司

出门在外，我总是喜欢住在文华酒店，也喜欢吃四川特色麻辣火锅——文华酒店集团和中国火锅连锁品牌——海底捞都是上市公司。然而，我喜爱他们售卖的产品，并不意味着我认为他们的股票也值得购买，因为股票并不等同于公司。就像持有荷兰东印度公司的股票仅仅代表着拥有公平地从该公司获得战利品的权利，也就是有权获得利润，或当时所称的"股息"。这就是为什么股票的英文是 equity（也有"公正"之意），意思是享有平分利润的权利。英文中表示股票的三个词（stock, shares, equity），其意思都大同小异。[①]

VOC 发行股票的独到之处，在于投资者不再将所有的钱都押注于一次探险，这意味着他们获得股息的机会会很多。VOC 在八年之后才支付第一次股息，但投资者如今的预期是一年一付。为了方便行事，现在的公司每年会支付全部利润的一定比例或固定金额给股东。股东们通常会应邀在一个豪华五星级酒店的宴会厅里参加会议，投票决定上一年度的利润将有多少作为股息来进行支付。[②]

VOC 走在了时代的前面，因为投资者与该公司所有的探险活动都有利害关系，包括某一特定年份以及随后几年将进行的所有航程。这意味着，投资者不是把所有鸡蛋都放在一个篮子里。这一点非常重要，因为它引入了管理风险这一革命性的概念，并且对未来的投资（和现金流）也具有重要作用。

前一章提到了，这一原则至今仍在推动股市运行。这个原则之所以重要，是因为只要公司还存在，它就会每年支付股息，就这一点而言，它有助于我们评估一只股票，或者整个股票市场。顺便一提，VOC 存活了约

[①] 也有人管它叫"现金股票"，因为现在的股票投资可以很快转化为现金——听上去更复杂了。
[②] 会上还将讨论其他重要问题，比如谁可以担任董事会成员，监督公司管理层，或者公司是否可以从银行贷款。股息通常是逐年支付的，当然有时公司也会视情况调整为一年支付两次或每个季度支付一次。

200 年，考虑到英国和葡萄牙的竞争对手们都是"恶意收购"的狂热践行者，它的寿命算长了。

然而，这种股息支付方式同时也带来了一个棘手的问题——大多数人更愿意股息即时兑现，而不是将来兑现。[1]这很容易理解，因为你可以用到手的股息来赚取利息。俗话说"双鸟在林，不如一鸟在手"，因此，大多数人认为延时支付的股息价值低于即时支付的股息[2]，但如何衡量具体低多少呢？很简单，计算贴现率。这是一个将未来现金流量折算为现值的过程。

晦涩难懂的金融术语难免让人头晕目眩，我们其实可以借用超市里的现卖寿司来打个比方，这样就比较好理解了。超市每天早上会全价出售寿司，到晚上关门时，未售出的产品就一文不值了，因为寿司不能隔夜。到晚上 10 点超市关门时，所有未售出的寿司都只能白白扔掉。如果超市经理想要尽可能多地卖出寿司，可能会在下午早些时候打折销售，在当天晚些时候再略微提高折扣力度，到了晚上再次提高折扣力度。随着折扣力度逐渐提高，寿司的价格也随之下降。

股息支付的贴现率也是如此。如果我们放眼未来若干年，股息支付的折扣会越来越大，股息的价值也会随之越来越小，如同寿司的价格。不同的是，针对股票，我们谈论的不是一天中几个小时的变化，而是数年之后的变化。例如，第二年股息支付的贴现率是 2%，而十年后的贴现率可能是 25%。时间越长，贴现率就越大，股息的价值就越低。

到了现在，我们已经可以明确一点，即股票市场是众多上市公司的集合，也即所有股息的总和。由于股息是基于利润来派发的，投资者们当然会更关注那些上市公司所产生的利润。政客们可能会将股市视为其受欢迎程度的参考指标，同时也可能会有人将股市视为经济状况的晴雨表，但归

---

[1] 原因很简单：假设现在拿兑现的钱进行投资，十年后钱会更多。

[2] 当然，前提是支付的股息是一样的。

根结底，股市中最重要的是股息支付和未来支付的贴现率。[1]

知道了这一点，我们接下来就要看关于股市的第三个误解了，即债券市场的重要性不容小觑，忽视债券市场的投资者将自食其果。

3. 债券市场的重要性超乎想象

首先，我们需要知道债券市场受到的关注远没有股市多。例如，世界各地的新闻会以不同的语言定期报道主要股票市场的收盘价，但债券市场可就没有这种待遇了。其次，我们也要意识到，债券市场比股市大得多。全球债券市场的市值现已超过 105 万亿美元，而全球所有股票市场的总市值约为 95 万亿美元。美国的债券交易量也比股票交易量要高得多：债券交易额为 8 940 亿美元，而股票交易额仅为 3 220 亿美元。[2]

与华尔街的精英不同，普通老百姓对股市的熟悉程度远远超过他们对债券市场的熟悉程度，这可能会导致债券市场在金融领域的重要性被低估。比尔·克林顿（Bill Clinton）的政治顾问詹姆斯·卡维尔（James Carville）有一句名言：

> 我曾经认为，如果有来生的话，我想成为总统，或教皇，或者一名命中率奇高的棒球击球手。但现在，我只想成为债券市场，因为那样我就可以让所有人闻风丧胆。[3]

大多数刚刚涉足投资的人首先会看的是一家公司的股价。它时而上升，时而下降，一目了然。从周一到周五，你可以清晰地看到你是在赚钱

---

[1] 还可以用其他各种各样的方式来进行估值，比如基于资产进行估值，即计算一家公司所拥有的资产的总市场价值，尽管这些估值也是基于贴现的现金流。同时，不进行分红的那些公司也存在问题。关键在于制定一个框架来研究亚洲股市，进而研究利润和贴现率。

[2] 数据来源为美国证券业及金融市场协会（SIFMA）于 2020 年 9 月发布的《2020 年资本市场手册》（*2020 Capital Markets Fact Book*）。

[3] Burgess, 2018.

还是在赔钱。而新入门的投资者可能会觉得股息支付的贴现率这个概念有点抽象，令人一头雾水。事实上，这个概念非常真实而具体，并且应用相当广泛。这个词经常出现在报纸、网站、财经电视节目以及豪华写字楼的电梯广告中，只是换了个名字，即"利率"或"债券收益率"。

世界各地的公司和政府都会通过发行债券来获取借款。几乎任何人都可以购买债券，不论是单只债券还是大型养老基金，并且债券的概念也很容易理解。债券持有人每年按固定的利率获得收益，直到债券到期，届时最初购买债券所投入的钱也会全额返还。不同债券的期限可能会有所不同，但大多都在六个月到十年之间。与股息支付一样，资金返还需要的时间越长，其利率就越高，这被称为债券收益率，它根据风险水平的不同而变化。

例如，借钱给美国政府要比投资一家小公司发行的债券安全得多。这就是为什么美国政府发行的债券被认为是世界上最安全的投资，但其收益率却非常低；与之相反，这家名为"稳赢无风险"（Sure Win Absolutely No Risk Enterprises）的公司发行的债券，其收益率就要高得多。[①] 债券市场有专业的公司协助投资者进行投资。例如一些评级机构，他们基于评级系统来评估公司财务实力，进而评估这家公司偿还债券的能力。

债券收益率影响着我们的各种利息，从银行账户到抵押贷款利率，从信用卡到银行贷款利息等等。简而言之，它影响着我们生活的方方面面。债券收益率的种类很多，但为了简单起见，我们将专注于其中一种，即所谓的美国十年期国债收益率。上市公司在支付股息时，最常用其作为贴现率，因为它是代表广大投资者信心的一个指标，究其原因，是这些债券获得了美国政府的背书，因而非常安全。

4. 拔河比赛

在继续探讨下一个问题之前，我们可以先看一下债券收益率是如何影

---

① 实际情况要更加复杂。通常来说，贴现率是以国家发行的债券为基础设定的，基于国债的风险溢价来评估投资某个国家或特定公司的风险。但是从概念上看，这里可以把国债收益率看作贴现率。

响实际生活的。2020 年，各行各业都受到了新冠疫情的冲击。股市初期崩盘，因为投资者预估 2020 年的利润将远远低于预期。随着疫情在世界各地蔓延，显而易见，未来的利润也将被冲销。2020 年 3 月，股市跌幅高达 30%。但是后来，各国政府和央行介入股市，采取了一系列措施来支持本国经济。例如，美国的中央银行美联储就明确表示要"保持低利率"。债券收益率或贴现率（二者在此含义相同）立即开始下降。

　　未来支付的股息没有像以前那样必须贴现，股市因此重新焕发生机。就像突然之间，寿司在一天结束时不必扔掉，而是可以在冰箱里再储存一天。超市经理也没有必要大举打折，那么寿司的价格自然会更高。许多评论员高举双臂呐喊，声称市场已经与现实脱节。因此，媒体上出现了这样的标题："经济如此糟糕，为何股市还一片繁荣？"事实上，他们的问题在于考察的对象错了——他们只关注股市，却忽视了债券市场。

债券收益率持续下降

　　20 世纪 80 年代初，房地产交易非常昂贵，因为当时 30 年期抵押贷款的利率高达 18%。如今的利率大幅下降，仅为 4%。这与债券收益率走低脱不了干系。债券收益率是指公司或政府发行债券以借款时所支付的利率。如图 2-1 所示，自 1981 年以来，债券收益率总体上一直在下降。

　　债券收益率是根据贷款的供求规律确定的：想要借钱的人或公司越多，债券收益率就越高，反之亦然。[①]以新冠疫情为例，当疫情开始蔓延

---

① 参见 Fisher, 2016。自 1985 年以来，债券收益率一直在下降，大批经济学家都绞尽脑汁想弄清背后的原因。最后，人口统计数据帮了他们一把。人口统计数据显示，老年人口增多，这意味着更多的储户把钱投入市场，使借贷变得更加便捷优惠，也就意味着债券收益率降低。当然，实际情况远比这个复杂，各种各样的因素都有可能导致债券收益率下降，比如创新的步伐变缓。

图 2-1　美国十年期国债收益率急降。

数据来源：雅虎金融。

至全球时，市场上没有人想借钱。[1]

　　尽管总体下降趋势很明显，但债券收益率在一定时间也出现过大幅上升，例如 1994 年、1998 年和 2013 年。这些时期的债券收益率上升通常与亚洲股市表现不佳有关。总的来说，多年来，较低的债券收益率为亚洲股市起到了相当大的提振作用。[2]

　　2021 年年初，债券收益率的影响也非常明显。当时许多国家开始推出疫苗计划，多国每日的感染人数开始下降。随着经济增长预期的上升，投资者多年来首次开始担心通胀。通货膨胀率上升意味着债券未来支付金额的购买力会下降，因为几乎每样商品的价格都会比现在高得多。当预期通胀率上升时，债券价格就会下跌，从而推高其收益率。因此，债券价格与利率的走势呈反方向。

　　这一次，债券收益率大幅走高，股市出现震荡。人们认为，贴现率升高将损害大型互联网和科技公司等市场宠儿未来的利润。长期以来，这些

---

[1]　参见 Jordan, 2020。一般来说，当出现肆虐全球的疫情时，企业最不可能做的就是借钱投资，因为大多数公司在这时都只想保存实力活下来。同样的，在遇到大灾难时，大多数消费者会把钱存起来，因此，根据供求规律，这种情况下的债券收益率会下降。

[2]　这意味着应用于未来利润的折扣较低，因此，这些未来利润的价值会上升。

成长型股票在扩大业务的过程中会为投资者带来丰厚回报。因此，那些平平无奇的老牌"价值型"公司，也就是那些拥有高度可预测的收益、步伐稳定的公司，在沉寂多年后又重新回到了人们的视野。如前所述，这种转变正是债券收益率波动的直接结果。

在本书中，我们会经常提到利润和贴现率（债券收益率）之间的拔河比赛。拔河赛是将绳子向两个相反方向拉的两股力量之间的较量。股市的情况与之相似，而拉绳子的双方是利润和贴现率。在拔河比赛中，我们一般不会去看中间标记处的微小移动，而是关注哪个团队在更用力地拉绳子。股票市场也是如此——不要太关注市场的每日变化，而是要看那些造成这些变化的巨大力量。这些力量就是利润和贴现率。一般来说，如果贴现率上升，股市就会下跌，如果利润增加，股市就会回暖。要了解这两股力量之间的细微变化，就需要分别观察这两股力量本身。

在厘清最后一个关于"股票投资风险过大"的误解之前，我们先快速介绍一下估值的概念。与其纠结于如何贴现股息这样的技术细节，不如关注另外一种更简单的股票估值方法——市盈率（PE）③。市盈率是某种股票每股市价与每股盈利的比率。假设某只股票的股价是 50 美元，每股收益是 5 美元，那么市盈率就是 10 倍。市盈率越高，说明股票越贵。亚洲大多数股票的市盈率在 10 倍到 25 倍之间，但往往也可能低至 3 倍或者高至 80 倍。市盈率这个概念使用起来较为简便，因此，我们将在讨论股票市场和个股的估值时将其作为参考。

5. 股票投资有风险，可开车不是也有风险吗？

我们需要厘清的最后一个误解是"股票投资的风险太大"。投资确实存在一定风险，但开车或者过马路不是也有风险吗？从统计数据看，一个人遭遇车祸的概率是极低的，至于股市，一切也不过是管理风险水平的问

---

① 在某些情况下，一个市场的市盈率可以被写为贴现流。

题。就股票而言，管理风险最简单的方法就是投资多样化。如果你把所有的钱都花在一只股票上，而这家公司出了严重的问题，那你可能会血本无归，就像早期的荷兰香料商人因船只失事而全盘皆输一样。然而，如果你同时投资多家公司，那么风险水平也会急剧下降。

要实现投资多样化，最简单的方法是购买 ETF。ETF 和个股一样是在交易所进行交易，它们通过投资一组不同的公司来跟踪某一特定的指数，就像前面提到的指数基金一样。投资 ETF 就不可能出现所有钱全部打水漂的情况，除非这些公司全部同时破产。只要不发生核灾难或小行星撞地球，这种情况就不会出现。

诚如 VOC 的股东可以是任何人，任何人也都能购买 ETF。ETF 交易方便、成本低廉、风险水平也低。现今的 ETF 投资者都在努力避开短期投资带来的风险，正如第一批在阿姆斯特丹投资 VOC 的未来探险航程的那些人一样。ETF 还允许小额投资者通过投资不同的基金组合而降低风险。但这并不是说 ETF 的价值不会下降。如果捆绑于某 ETF 中的多数股票的价格下跌，那么 ETF 的价格也会下跌。但长期持有者不必太过担心，因为从长期来看，大多数股市都会上涨——统计数据不会作假。

世界上第一只 ETF 于 1990 年在加拿大上市。1993 年，美国证券交易所的首只 ETF 开始交易，它涵盖了美国股市市值最大的 500 只股票，与标准普尔 500 指数一致。如今的 ETF 规模与形式各异，有的跟踪某个指数，如香港的恒生指数、孟买的敏感指数或者雅加达综合指数，还有一些则主要反映小企业或一众科技公司的表现。也有针对不同细分市场的 ETF，如太阳能电池板制造行业、银行业或半导体行业。还有一些看上去比较有趣甚至可以说古怪的 ETF，比如专门投资合并或分拆自身部分业务的公司。甚至还有人用法务会计来评估公司收益的质量。[①] 还有一些合成

---

① 对应的是法务会计（Forensic Accounting）ETF，代码是 FLAG。

ETF，依靠各种金融行业的小把戏来模仿一系列股票。①

所有 ETF 都具备一个优点，即可以通过一项投资跟进一组股票的表现。它们与共同基金类似，但 ETF 的购买价格更低。实际上，ETF 是最便宜的、可进行多只股票组合投资的方式。因为有了 ETF，投资亚洲股市变得空前容易。

股　票　估　值

我们怎样才能知道一套房子的合理价格是多少？抑或汽车、股票甚至比特币的价格？上述几类商品是否值得投资？就股票而言，我们首先需要知道为什么某家公司对投资者来说是值得投资的。大多数公司会尽可能生产更加物美价廉的商品，或通过更快捷的渠道进行配送。这些都是公司能够产生利润，并且决定公司在股票市场上的表现的因素。

本书不会对股票估值进行详细探讨。详细描述股票估值的书籍所用的纸张加起来足以消耗掉整片森林了，我们不必再多此一举。

不过，我们偶尔也会提到一种估值，倒不是因为这个最好，而是因为亚洲股市经常以此为参考，它就是市盈率。市盈率的计算非常简单，就是取一只股票的价格除以收益。假设一家公司的利润为 120 美元，并且有 10 股流通股，那么每股的利润为 12 美元。如果它的市场价格是 240 美元，这就意味着该股的市盈率为 20 倍。低市盈率表明该股票有价值空间，而高市盈率意味着其价格过高（价格高自有其原因）。

亚洲股市的大多数市盈率在 5 倍到 30 倍之间，平均市盈率是 16 倍，但不同市场之间有很大差异。韩国和日本市场的市盈率远低于中国台湾和印度市场。这种差异性很大程度与某一年度到下一年度的收益波动有关，譬如韩国市场的利润与印度市场相比波动更大，因此，韩国市场不仅市盈

---

① 第一只合成 ETF 于 2001 年在欧洲诞生。相较于美国市场，合成 ETF 在欧洲市场更常见。杠杆式 ETF 产品会将其跟踪的目标指数的正回报率或负回报率提高 1—2 倍，因此也被认为是一种合成 ETF。

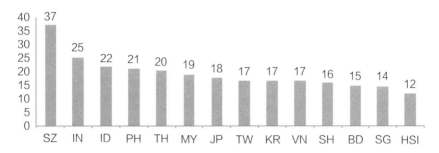

图 2-2　2016—2021 年的平均市盈率，深圳和印度市场最高，新加坡和香港市场最低。
注：往绩市盈率是指根据往绩收益计算的市盈率，而"往绩"一词则是指根据滚动基础计算的收益。也就是说，往绩每股收益可能描述的是最近 12 个月或四份收益发布。它与预测的收益不同。代码：SZ= 深证指数，IN= 印度敏感指数，ID= 印度尼西亚 IDX 指数，PH= 菲律宾 PSEI 指数，TH= 泰国 SET 指数，MY= 马来西亚富时综合指数，JP= 日本综合指数，TW= 台湾 TSEI 指数，KR= 韩国综合指数，VN= 越南指数，SH= 上证综合指数，BD= 孟加拉国 BSE 指数，SG= 新加坡海峡时报指数，HSI= 香港恒生指数。数据来源：证券交易所。

率较低，而且对利润的预测也更加困难。另外，差异也与"治理"问题相关，也就是公司如何进行管理，譬如印度公司的结构往往一目了然，而韩国公司的结构则相对比较复杂，这是导致韩国市场市盈率低的另一个因素。

即使不是金融专业人士的人也明白，在市盈率较低，也就是股票便宜的时候入手是最好的。过去几年里，每当亚洲股市的平均市盈率为 9 倍时，股市在接下来的 12 个月里有时会飙升 40% 至 60%；相反，当平均市盈率升至 17 倍以上时，市场可能会下跌 20%。[①] 因此，对市盈率是否了解，也许就决定了你是赚是赔。

1997 年塌陷的蛋糕

在雅加达做初级分析师的日子漫长而艰难，但我甘之如饴。我喜欢分

①　这种时候债券收益率往往会非常高。

析股票和撰写报告，也常常在办公室工作到深夜。深夜回家还有个好处，就是可以避开拥堵的晚高峰（那个时候街上的人多得像要打仗一样），只需花十分钟就能回家，而不是堵上一个小时。回家后，我们会坐在小花园里，抽着香烟，喝着清爽的啤酒，从路过的小贩那里买些沙嗲烤肉或印尼炒饭。不同的食物有不同的叫卖方式，比如卖印尼炒饭的摊主会用木棍敲击木板，而卖沙嗲烤肉的小贩则会用尖锐的声音叫卖，表示有烤好的鸡肉。周五和周六的晚上，我们会邀请朋友过来聚会，然后去体验雅加达新鲜刺激的夜生活。

1996 年至 1997 年年初的时候，印尼股市还是亚洲最受欢迎的股票市场之一。我们每周都会接待从世界各地飞过来的客户来视察自己投资的公司。我们有位香港老板一年会过来一两次与所有的分析师会面。有一次，他问我们是否有人愿意转到韩国或中国台湾去。显然在当时，科技公司已经开始崭露头角。我记得当时有一位分析师并不认为这是个好主意，他嘲讽道："韩国和中国台湾吗？这些市场根本不成气候！"事实证明，他真是大错特错。

到 1997 年的年中，乌云笼罩了印尼股票市场。整个东南亚地区的货币都因泰铢的波动而变得岌岌可危。到 1997 年底，印尼股市的繁荣时期彻底结束了，整个亚洲股市像松软的蛋糕一样全盘塌陷。亚洲金融危机开始了，在接下来的几年里，许多公司破产，银行倒闭，甚至政府也面临倒台，稍后我会更详细地讨论这一事件。这场危机是对亚洲股市的大清洗，也塑造了未来 20 年亚洲股市的发展模式。

随着时间的推移，中国逐渐成为亚洲最热门的新市场。在后面的一章里，我会用拔河比赛的类比来分析中国庞大而复杂的股票市场，看一下为什么它会持续影响亚洲其他几个股市的命运。

第三章 股市心理：贪婪、恐惧以及错位的信心

要真正了解亚洲股市，我们不仅需要关注收益、利润和利率等因素，还需要了解为什么某些人会作出特定的投资决策。通常来说，贪婪、恐惧或过度自信等大众心理决定了股价的突然急剧下跌到底仅仅是一次毫无意义的股市波动，还是会造成不可避免的市场崩盘。

我就从我的朋友斯蒂芬（Stephen）开始讲吧，他是第一个承认自己对股市知之甚少的人。

2020 年，新冠疫情肆虐全球，人们不得不保持必要的社交距离。学校停课，餐馆暂停营业；很多人开始居家办公，以线上视频的形式参与商务会议，当然也无法外出度假。由于游客和商务旅客的数量大减，香港的酒店经营惨淡。为了生存，它们开始提供各种各样的"宅度假"服务，还附赠晚餐优惠券、水疗服务以及购物券等优惠。酒店急需创收，人们也迫切需要暂时摆脱疫情的阴霾，获得片刻休憩。

斯蒂芬是香港一所大学的教授，他非常喜欢宅度假。几乎每个月，他和妻子都会拿着金汤力酒在泳池边晒太阳。这一天，在吃完一次格外漫长而丰盛的自助早餐后，斯蒂芬坐在一把大太阳伞下消食。他的妻子拿着一本书坐在旁边，他们年幼的女儿在游泳池里玩耍。那是 9 月末一个美好的周末，香港炎热而潮湿的夏季正逐渐退去，凉爽干燥的秋天正悄悄来临。

斯蒂芬非常惬意。

就在几个星期前，他一时心血来潮，购买了一些中国企业的股票和一只亚洲交易所的 ETF。他只在买入第二天粗略检查了一番，之后便一直忙于在大学里作讲座和撰写学术论文，没时间跟踪这些新投资的进展。那天在泳池边，他突然一时兴起，拿出笔记本电脑，查看这些投资的情况。结果，他差点惊掉下巴——他的投资全部崩盘了，损失抵得上好多好多次宅度假的花费。突然之间，他感到血气上涌、大汗淋漓，内心慢慢浮上恐惧以及极度的恐慌。

绝望之中的斯蒂芬无所适从，他担心自己会变得一无所有，无法向妻子交代。他最初下意识地想把这些股票和 ETF 卖出兑现，然后把这该死的股市抛之脑后，但后来还是冷静了下来。尽管他还是个股市新手，但他提醒自己，他是一个长期投资者，而不是一个短线交易员，股价下跌或上涨是再正常不过的了。于是，他合上笔记本电脑，和女儿一起跳进游泳池，后来又一头扎进一本扣人心弦的间谍小说里，同时开始享用丰盛的自助晚餐。但是，赔了钱的念头总是挥之不去，他内心的平静被打破，即使是喝了一大杯金汤力酒也无济于事。就这样，斯蒂芬的宅度假被毁了。

股票投资极易受情绪波动的影响。即使是看似十分琐碎的事情，也会对我们的决策方式产生巨大的影响。2011 年，荷兰的一项心理学研究甚至发现，憋尿有助于我们作出更理性、于长期而言更有利的决定。[①] 这篇发表在《经济学人》(The Economist) 上的报告称，研究人员对两组受试者进行了测试，第一组被告知喝五杯水；第二组只喝五口。40 分钟后，他们接受了决策能力的测试。结果显示，那些交叉双腿使劲憋尿的人能够更好地控制自己，能坚持得更久，从而获得更大的奖励。

当股市下跌时，人们开始感到恐惧和痛苦，就像斯蒂芬一样，质疑自己的投资决策是否正确。但是当股市飙升时，我们的老朋友"贪婪"又会

---

① Tuk, 2010.

如期而至，因为大家都不愿意错过发财的好机会！有一个行业术语就是专门描述这种情绪的，那就是"错失恐惧症"（fear of missing out, FOMO）。我们在受到这些情绪影响而惊慌失措时，就更容易犯下巨大的错误。非常有名的投资者本杰明·格雷厄姆（Benjamin Graham）曾说过："投资者的主要问题，甚至他最大的敌人，很可能就是他自己。"

　　投资股票，尤其对像斯蒂芬这样投资期限至少为十年的人来说，需要一种能够承受市场震荡的强大意志力。投资亚洲股市尤其如此，因为亚洲股市的波动比其他任何市场都要频繁。而有研究显示，亚洲投资者是一个非常不稳定的群体，也就不足为奇了。[①] 尽管如此，为了避免在投资时屡次犯同样的错误，我们需要弄明白，大脑是如何捉弄我们的。

三思而后行

　　20 世纪 70 年代，诺贝尔经济学奖获得者、心理学家丹尼尔·卡内曼（Daniel Kahneman）和行为科学家阿莫斯·特维斯基（Amos Tversky）开始研究人类是如何做决定的。他们发现，人们很容易出现各种各样的错误、偏见和缺点，其中大多数都是在潜意识的层面上发生的——换言之，直觉容易让我们犯错。人类会产生直觉的核心原因可以用进化论来解释。人类为了生存，会把应对威胁看得比发现新机会更重要。比如，如果周围有一只鹿和一只老虎，你就会首先关注老虎。这种心理上的冲动也是我们进行股市投资的重要推动力。

　　卡内曼和特维斯基[②] 得出的结论大致是，我们的大脑中镶嵌有两种类型的心理系统。他们称第一种为系统 1，它能使我们迅速对眼前的情况作出反应，这种反应是自动的、无意识的、毫不费力且连贯的，因为这个系

[①] Chuang *et al*, 2014.
[②] Kahneman, 2013.

统会把当前的情况与我们大脑中先前的情况进行快速比较和关联。例如，当一个人匆忙间在商店里买常喝的某个牌子的牛奶时，他是不需要太多思考的。营销人员就特别希望能够控制人们的系统1，确保消费者不假思索地选择他们品牌的牛奶、酸奶、啤酒或咖啡。

另一种心理系统被称为系统2。这种心理系统会使人们作出可控、缓慢、深思熟虑并且合乎逻辑的思考。人们会权衡积极因素和消极因素，仔细思考当前的情况，然后作出决定。慢条斯理地计划一次公路旅行或者考虑是否接受一份工作的时候，都属于这一类心理活动。事实证明，我们对系统2的使用能力相当有限，就如同我们很难同时做两个乘法。这就是为什么我们的大脑更喜欢使用系统1。另外，使我们在两个系统间进行切换的似乎是某些毫不相关的东西，比如膀胱充盈的压力。

诺贝尔经济学奖得主哈里·马科维茨（Harry Markowitz）是一位金融学教授，也是现代投资理论的创始人之一。曾经有一次，他被要求填写一张表格，以说明他的养老金中股票投资和债券投资所占的比例。如果这世上有人知道如何正确分配这一比例，那非哈里·马科维茨莫属。他把毕生的精力都投入在对这个问题的研究上，学者们针对他的发现发表了不计其数的论文。当被问及他最终的答案是什么时，他回答说："我本应该按照资产类别计算历史协方差，并得出一个精确的比率。但事实上，我的养老金中，股票和债券投资各占一半。"[1]

和马科维茨一样，我们也喜欢通过系统1简单快捷地作出决定。当斯蒂芬打开笔记本电脑，发现自己为退休存的钱损失惨重时，系统1就下意识地开始工作了。他满头大汗，因恐惧而无措，但片刻之后，系统2开始工作，于是他提醒自己长期投资不应只看一时得失（尽管系统1毁了他的周末，但他最终还是没有抛售股票）。

由此可见，我们在投资时一定要谨记：三思而后行。

---

[1] Benartzi and Thaler, 2007.

恐惧

人们总是非常害怕赔钱。心理学家和行为经济学家发现，亏损造成的心理伤害，是同等数目收益带来的愉悦感的三倍。这也是为什么很多人对股票投资敬而远之，但这种现象令人感到遗憾，因为在过去的十年里，亚洲股市的平均年回报率为 7.3%。也就是说，假设一个人在 2006 年 1 月 1 日投资了 100 美元到亚洲股市，大约 15 年后，这些股票的价值可以达到 348.5 美元。[①] 当然，股市总是有涨有跌，这可能会导致"账面损失"，但只要不卖出，就不会亏钱。不过账面上的数字的确看起来很可怕。从 2006 年到 2020 年，亚洲股市五次下跌了将近 20%。2008 年全球金融危机最严重的时候，全球 50% 的股价都蒸发了。任谁来看，这样的情况都实在是触目惊心，也正是这种经历令许多投资者失去信心，从此退出股市，再不涉足其中。

心理学家还发现，频繁查看股价会放大我们对亏损的恐惧。[②] 我们查看得越频繁，就会越焦虑，就算不断翻阅财经新闻也无济于事，因为报纸上充斥着各种令人沮丧的消息，比如对经济衰退的恐惧、中东的动荡局势、对朝鲜局势的担忧以及港币与美元挂钩的时代即将结束，等等。当然，也不乏有人预测房地产价格即将暴跌。

报纸编辑们深谙此道，他们太知道如何利用人们的恐惧来博取眼球。如前所述，我们会首先关注周边的老虎，而不是鹿，而当某条新闻包含负面信息时，我们的神经会立刻紧绷。许多网站常在报道标题中使用诸如"崩溃""衰退""末日"之类的词汇，以吸引读者，从而获得更多的"点

---

① 以被广泛使用的明晟（MSCI）亚洲指数（除去日本）作为基准。如果把日本包含在内就是 225 美元。与此同时，以明晟全球市场指数（MSCI ACWI）衡量，全球市场的价值是 291 美元。参见 MSCI 官网。

② Benartzi and Thaler, 2007.

击量"。它们如此卖力，人们当然会害怕把钱投入市场。而那些无视这些报道的人都会被认为是盲目的乐观主义者。不知为何，人们更愿意听到世界即将毁灭的消息，当一些乐观主义者对他们造成阻碍时，他们会极尽嘲讽。

我们接触到的宣扬"世界末日"的消息越多，恐惧感就会越强，尤其是在面临巨额的账面损失时，我们会觉得格外难以承受。行为学家称这种现象为"短视损失厌恶"（myopic loss aversion）。事实证明，不仅仅是小投资者会面临这样的问题，专业投资者也会感到恐惧。当股市下跌时，大型金融机构的风险经理会指示基金经理不要冒险，尤其是在客户担心市场进一步下跌从而撤资的时候。假设人人都这样做，市场就可能会陷入混乱。最后，一次股价的小波动最终会演变成全面崩盘。因此，永远不要低估从众心理（herd mentality）的力量。

有一种简单的方法，可以缓解因可能继续亏损而造成的恐惧。行为经济学家理查德·塞勒（Richard Thaler）曾因对此类问题的研究而获得诺贝尔奖。他在接受一档早间金融新闻电视节目的主持人采访时被问及："如果某一天早晨醒来，你发现股市下跌了3%，你会怎么做？"他非常直言不讳地说："关掉这个节目，换个频道。"①这样的投资建议听起来有些过于简单直白，但对许多人来说，买完股票后就不再纠结于它的短期表现，实际上是一个很好的策略。

贪婪、自信与错觉

亚洲股市一直以来都是"牛熊交替"，如潮起潮落。不可否认，如今的股市与20年前相比增长了不少，这是个好消息，但在很多情况下，贪婪和过度自信也让投资者丧失了理智。在后面的章节中，我们会讨论因

---

① Houlder, 2017.

贪婪而引起的那些股市丑闻，比如 1992 年孟买的哈沙德·梅塔（Harshad Mehta）事件，以及印尼出租车公司 SS 妄图扩张却最终倒闭的事件。在这几起事件中，人们明知风险巨大，却无一例外都为了获得巨额回报而不惜冒险，简直疯狂至极。即便是最理智的投资者，也有可能会无意中卷入这样的丑闻。艾萨克·牛顿（Isaac Newton）就在 1720 年的南海泡沫事件（South Sea Bubble，英国在 1720 年春天到秋天之间发生的一次经济泡沫）中损失惨重，他不禁哀叹："我能算准天体的运行，却无法预测人类的疯狂。"那次事件中，许多英国投资者血本无归。

现在，我们应该明白了人类的大脑能够快速地作出决定，但这样走捷径的方式往往会导致所作的决定是错误的。然而就股市投资而言，其实最大的问题是过度自信。20 世纪 80 年代，瑞典心理学家奥拉·斯文森（Ola Svenson）曾进行了一项研究。[1] 她让美国和瑞典的学生分别对他们的驾驶技能进行排名。结果显示，绝大多数人认为自己的排名高于平均水平，这在数学上是不可能的。[2] 这种高估自己实际水平的行为，也被称为乌比冈湖效应（Lake Wobegon effect）。该名称来自当时一档非常受欢迎的美国广播节目，它的结束语是："本次报道来自乌比冈湖，这里女人能干，男人帅气，孩子也超乎寻常！"

结论显而易见：人们总是倾向于高估自己的能力。学者们称之为"虚幻的优越感"（illusory superiority）[3]。这就是比尔·盖茨所说的："成功是一个糟糕的老师，它让聪明的人误以为自己不会失败。"

经济学家海曼·明斯基（Hyman Minsky）提出过这样一种观点：当市场反弹时，投资者会变得过于自信，从而对风险作出错误的判断。于是他们开始了投机行为，甚至会借钱投入股市。但如果股价出现下跌，为了

---

[1] Svenson, 1981.
[2] 具体数据如下：88% 的美国人和 77% 的瑞典人认为自己在安全驾驶方面高于平均水平。至于一般驾驶技能，93% 的美国人认为自己高于平均水平，而瑞典人的这一比例为 69%。
[3] 参见 Malmendier, 2015。

避免遭受巨大损失，这些投机者又会被迫首先卖出。他们这样的行为增加了市场的抛售量，从而造成了所谓的"明斯基时刻"（Minsky moment）。①这就是为什么过度自信被认为是所有偏颇行为的根源，②因为它增加了所有其他错误的可能性。

亚洲股市中的过度自信情绪尤其明显，甚至充斥着一种影响颇大的特殊自信情绪，我们可以称之为"大市场错觉"（big market delusion）。在这个拥有 40 亿人口的地区，特别容易出现这个问题。③即便是理性的投资者和股票分析师，在想到仅中国和印度的消费者就持有几个亿的时候，头脑也会变得混沌。"大市场错觉"并不是什么新鲜东西，1688 年 VOC 股票的交易就曾经因此对阿姆斯特丹造成了严重的影响，但是在亚洲，这一现象有其独特性。

亚洲股市的各个"大市场"接踵而来。印度 1992 年开始的对外开放，1997 年掀起的对东盟各国的投资热潮，20 世纪 90 年代末中国台湾个人电脑制造商的兴起，2006 年中国钢铁市场的大涨，2007 年亚洲移动电话运营商和 2010 年中国消费品制造企业的繁荣等，都是基于"大市场"。过去几年，中国的互联网运营商名噪一时，电动汽车（EV）的发展空前繁荣。中国电动汽车制造商蔚来（Nio）于 2018 年 9 月在纽约上市。由于销售和现金危机等问题，该公司股价在 2019 年底触及 1.20 美元的低点，但当大型电动汽车市场逐渐进入高速发展阶段，其股价在 2021 年 1 月飙升至 62 美元。

这些新兴消费市场的崛起，往往会滋长乐观情绪。中国于 2001 年加入世界贸易组织（WTO），之后的几年里，数百万中国人离开了乡村，进入工厂工作。几乎在很短的时间内，这些农民工第一次口袋里有了钱，他们开始买手机、电视、小型摩托车等耐用消费品，也花钱买运动鞋和啤酒

---

① 明斯基时刻是指市场情绪和资产价值的突然下跌导致市场不可避免地崩盘的时刻。
② Benartzi and Thaler, 2007.
③ Cornell and Damodaran, 2019.

等日用消费品，从而刺激这些产品的销售量飙升。对投资者和企业家来说，再没有什么比为产品和服务找到一个巨大的新兴市场更令人兴奋的了，因为新兴市场意味着巨额利润和高估值。因此，到 2006 年，中国股市开始蓬勃发展。

当股市因这些大市场的形成一路走高时，人人都想分一杯羹。人们害怕错过赚钱良机（前面提到的错失恐惧症），于是纷纷入局。有些人会为了赚取更多的利润而借钱，这时，投机行为就成了推动某一特定股票价格上涨的主要力量。当市场出现反弹时，人们会更加关注那些能够印证他们想法的信息，尽管这些想法往往是偏颇的。事实上，此时我们更应进行数据分析，从而对那些看上去乐观的假设提出质疑。①

当大市场错觉完全占据人们的心理时，投资者通常会忽略有关新入市公司的信息，从而忽略市场的增长必须与现有竞争对手和新竞争对手共享这一事实。抑或，他们只是忘记了涉足其中的公司都很年轻，其商业模式还有待验证，甚至还没有开始盈利。

然而更糟糕的是，当这些公司的股票快速上涨时，投资者们会变得非常兴奋，以至于往往会把平时用于股票分析的传统工具抛之脑后。相反，人们会通过各种莫名其妙的数据进行估值，比如关注度、订阅量和点击量等，任何可以证明股价会大涨的东西都会被采用。

所有这些因素都会让人产生错误的自信心，人们会认为这次大涨的消息必然准确无误，否则怎么会有那么多人相信？任何持怀疑态度的人都会遭到白眼。中国股市在 2007 年底迎来大涨，在此之前它已强劲反弹了两年多。在当时的人们看来，它似乎会持续走高。可实际情况如何，我们也都知道了。我并不是说每一只身处大市场的股票都被高估了，相反，少数公司确实能够充分利用大市场并取得成功。最终，这种价格错误会自我纠正。

个中原因可能有很多，比如新的行业法规、消费者偏好，但有些公司

---

① Benartzi and Thaler, 2007, p.102.

就是自作自受。例如，2009 年，有一篇新闻报道称，广受欢迎的中草药洗发水霸王中含有可能致癌的二噁烷液体。不论这则消息真实与否，该公司都没有进行相关的公关活动以消除不良影响，结果股价因此一落千丈。市场中的大事件所造成的泡沫总会消散，就像轮胎里的空气一样。比如，中国的大型银行在刚刚上市的几年里表现火爆，但当政府取消了一些保护性规定，允许互联网金融参与更多行业竞争时，这些股票便风光不再，多年来一直表现不佳。

在大市场事件发生的过程中，投资者的情绪变化往往会经历五个阶段。[1] 第一阶段是"迁移期"，即当有利好消息出现时，人们会认为某只股票或某个市场前途一片光明，于是第一批作出如此反应的投资者开始向股市投入资金。这个阶段通常是基于现实和经过思考的。第二阶段是"扩展期"，即利好消息吸引了越来越多的投资者一头扎入股市，股价开始上涨。

紧接着进入第三阶段："欣喜期"。在这个阶段，所有人都觉得自己可以迅速而轻松地致富。于是投机者出现了，风险早已被遗忘，每个人都肆意狂欢，没有人担心第二天早晨可能会出现的宿醉反应。也是在此时，人们相信买卖股票可以比日常工作赚更多的钱。这样的"幸福感"让人们以为美好的时光会永远持续下去。1989 年，日本股市处于鼎盛时期，人们普遍认为没有人能阻止日本股市的上涨，即使政府也不行，因为"让这场狂欢继续下去符合所有人的利益"。后来，幻想的泡沫破灭了，日本股市暴跌。

然后是第四阶段："危机期"。此时，内部人士和早期投资者会选择退出。随后，"明斯基时刻"到来，恐慌性购买变成恐慌性抛售。所有人都想退出，这种群体行为放大了经济低迷的状况。"损失厌恶"情绪逐渐蔓延，人们抛售的股票数量超过了理性出售的水平。即使是想要买入的专业基金经理也无能为力，因为他们的基金客户此时希望兑现，或者风险经理希望降低因股票下跌而带来的风险。这就形成了一个恶性循环。

---

[1] Kindleberger, 2005.

第五阶段是"厌恶期"。人们感觉情况再也不会好转了，就像股票价格因"幸福感"而过度上行一样，此时也会因"厌恶"情绪而过度下行。通常这个阶段是低价买入股票的最佳时机。在过去的 20 年里，表现最好的两个市场是印度尼西亚和泰国的股市。这两个国家的经济和股市在 1997—1998 年亚洲金融危机后支离破碎，到 2000 年已处于"厌恶期"。

2021 年，中国互联网行业的股票在短短六个月的时间里就从"欣喜期"步入了"厌恶期"。2 月时，这个行业的股票还一度被认为是市场的宠儿，然而随着中国政府发布了一系列不利于互联网巨头们的新法规，股民开始大量抛售股票，因而到 8 月份时，人们就对互联网股票避之不及了。

不过，这五个阶段的过渡并不总是如此突然。有时"欣喜期"会很快消退，有时"危机期"和"厌恶期"并不会出现。每个周期都有所不同，有的阶段可能会很短，而有的阶段可能需要数年时间才能结束。然而，我们应该从中清楚地认识到，尽管股市千变万化，但贪婪、恐惧和过度自信的大众心理却永远存在。

向理发师学投资

显然，人类并不如自己所认为的那样理性。我们常常会听信不实的信息，仓促间就得出结论，还往往过于自信。我们很容易被愚弄，从而作出情绪化的决定，事后又感到后悔。简而言之，我们试图向所有人寻求帮助，却往往找错了人。

尤尔根·克洛普（Jurgen Klopp）是赫赫有名的利物浦足球队的教练。当被问及他对新冠肺炎的看法时，他给出了这样的回答：[1]

---

[1] 克里斯·查韦斯，"尤尔根·克洛普谈冠状病毒问题：名人们怎么想不重要"，《体育画报》，2020 年 3 月 4 日，https://www.si.com/soccer/2020/03/04/jurgen-klopp-coronavirus-question-reporter-liverpool。

我在生活中不喜欢的一点是，对于某个非常严肃的事件，人们往往会把足球教练的看法当回事儿。我真的不明白为什么会这样。如果我问你这个问题，你肯定也跟我一样不明所以。因此，所谓的"名人"怎么说并不重要。我们必须以正确的方式谈论事情——请有相关专业知识的人发表见解，而不是像我这样的门外汉。

最后他开玩笑说，他只是一个"戴着棒球帽、胡子拉碴"的人。他对刮胡子和新冠肺炎的认识都是正确的。如他所言，我们征求建议的对象往往是错误的。足球教练并不懂得如何防治传染病，同样也不是人人都是投资专家。然而，有许多人会在投资时求教于配偶、朋友、亲戚（要特别小心那些衣着光鲜的亲戚口中所谓的必涨股），以及像理发师那样形形色色的人。[1] 在投资领域，口口相传的力量简直令人毛骨悚然。

事实上，金融专家也并不见得能提供多少帮助。许多专业顾问热衷于抛出一个个专业术语，比如 QE2 对 M3 的影响、持续时间效应、综合索引或 CDOs 和 CDSs，等等，弄得普通人一头雾水。对于任何愿意把辛苦赚来的钱投入股市的人来说，投资应该是一个简单而直接的过程。

给膀胱一点压力，慢慢想

正如我们在本章开头所说，要想了解亚洲股市，首先需要了解投资亚洲股市的人。但人类的这些特征，比如贪婪、过度自信和面对损失恐慌无措等，都不能告诉我们该投资哪些亚洲股票或市场。尽管如此，如果我们了解了如何作出投资决策，就可以避免作茧自缚。这让我们能够有时间思考，而不是作出快速的、往往非常糟糕的决定。因此，在查看自己的股票前，记得憋好尿，或者就像斯蒂芬意识到市场暴跌时那样，深呼吸，时刻

---

[1] Benartzi and Thaler, 2007, p.94.

牢记你做的是长期投资。

大众心理对于研究动荡的亚洲股市尤为重要，因为这里从来都不乏贪婪、恐惧和过度自信等情绪。[①] 当市场下跌时，我们必须要意识到，恐慌情绪即将出现，会有更多的人抛售股票，起初看起来微不足道的事件可能会愈演愈烈，最终变得不可挽回。我们几乎无法确定牛市的最高峰和熊市的最低谷何时到来，然而我们可以确定，当市场处于"欣喜期"时，投入要谨慎；而当市场处于"厌恶期"，人们纷纷退出股市，嫌弃股市的时候，是买进的最佳时间。

最后要告诉大家的是，于我而言最行之有效的指导方针，就是要乐观。人们喜欢听到世界正在分崩离析这样的消息，但悲观主义对股市投资无益（或者说在现代是这样）。与几十年前相比，我们的财富，无论是身体还是精神财富，都更加丰富。我希望将来也会如此。购买股票或 ETF 可以让投资者接触到聪明睿智的人，比如那些公司经营者，他们知道如何利用这些投资，而这也是我投资股票最根本的原因。

---

① Chuang *et al*, 2014.

第四章　中国股市

抢劫、飞机失事和一碗抚慰人心的面条

1991 年 9 月初，我在结束印度尼西亚之旅一年后，决定去中国探索一番。那个年代去中国旅行的人很少，即便有，大多也都是报名参加中国国际旅行社的旅游团。中国国际旅行社由政府运营，受到政府的严格监督。不过，像我这样预算微薄的背包客倒是可以不受拘束地在中国各地漫步。我从阿姆斯特丹乘坐飞机出发，降落在旧的香港启德机场。人们常说第一次的旅行经历总是令人终生难忘，这话可真不假。我记得，当飞机即将下降到 13 号跑道时，恰好在九龙公园上空进行了一个 47 度角的右转，掠过一座座居民楼楼顶，我甚至可以看到下面公寓的电视里在播放什么节目。接着，飞机在短暂地滑行了一段路后，停在了这座城市著名的港口旁。乘客们在着陆时热烈鼓掌——我想这也算常见吧。通过移民局的检查后，我直接去了位于边境的罗湖口岸，从那里去了深圳。如今的深圳早已发展成为一座大都市，甚至还是科技产业中心，但当时的深圳还只是与香港毗邻的一个小城镇，只是发展势头非常迅猛。从那一刻起，整个中国的画卷在我面前徐徐展开。

我首先要做的一件事就是兑换货币。当时还不允许外国人购买中国货币，也就是人民币。外国人必须用美元兑换外汇券（FECs），之后才可以

在专门对外国人销售商品的"友谊商店"里消费。当时的中国并不像如今一样是购物的天堂，大多数友谊商店的店员都冷冰冰的，对"客户至上"的概念还很陌生。售货员兢兢业业地秉承着"无微笑"服务原则，但当我把帽子的"帽"读成"毛"时，他们还是会哄堂大笑。

没过多久，我就发现了获得人民币的捷径，我在中国的生活也因此变得更加方便。起因是，当时的外汇券也深受中国消费者欢迎，因为外汇券可以买到电视、收音机以及其他各种既难买又非常有用的消费品。人们对外汇券的需求为我创造了交易机会，而且我还发现如果在街边私下交易，面额与人民币等值的外汇券能换到价值130%的人民币。于是，我去了一家银行营业部的外汇券窗口兑换货币。当时外国人并不常见，所以专门有一个职员在那个窗口服务。人们很快便知道了我手里有外汇券，所以我一走出银行，就被一群人围住，要跟我交易，他们是中国最早崭露头角的有冒险精神的一群人。人越多，我的议价空间就越大。经过一番讨价还价，我以最满意的比率兑换到了人民币，完成了交易。一旦你掌握了这套程序，再加上一点小聪明，一切就会变得很容易了。

不过事情并不总会一帆风顺，这一点我在第一天到达的时候就领悟到了。在罗湖口岸通过移民局的关卡后，我在深圳火车站附近看到了一家银行，于是想就近去用美元兑换一些外汇券。我坐在车站的楼梯上整理那一大捆陌生的钞票，然后将其放进随身的小腰袋里。这时，我旁边的人发出一声巨响。我转过身，想看清声音的来源，紧接着就感觉鼻子被重重地打了一拳，我本能地闭上了眼睛。就在那时，一个小偷从我手中扯掉了腰包，还没等我作出反应，他就消失得无影无踪了。我窘迫地看向人群，他们只是静静地看着我，像在看一个十足的傻瓜。我损失了价值125美元的外汇券，本就微薄的预算因此变得更少。我别无选择，只能再次回到银行兑换。这次，我远离拥挤的车站来到一个僻静的地方，把这些钱仔仔细细地塞进了口袋里。

由于犯了这样的低级错误，我觉得有点懊恼，于是决定四处看看，以便熟悉一下这个城市。当时深圳这座城市并没有给我留下什么好印象，它正处于迅速扩张的时期，因此看上去像是一个巨大的建筑工地，尘土到处飞扬，噪声也震耳欲聋。于是，我决定迅速离开那里。我带着得来不易的外汇券，去旅行社买了一张票，当天下午就乘飞机去往桂林。桂林是中国西南部的一个城市，从那里出发可以去阳朔。阳朔是一个风景如画的小镇，以其岩溶峰林地貌而闻名。那座小镇对我这样的背包客非常友好，因此我打算在那里待上一阵子，以抚慰我受伤的心灵，慢慢适应这个崭新的国度。然而令我意想不到的是，倒霉事又找上了我。

我乘坐的飞机降落在桂林机场时，左翼下方的引擎突然熄火，导致飞机着陆后无法减速。我清楚地记得，靠窗的座位还可以看到壮观的群山景观从窗外掠过。飞机从这个小型机场的候机大楼旁冲了出去，几秒钟后，在跑道旁边的稻田里剧烈颤抖了片刻后终于停了下来。现场一片混乱，大人们不断尖叫着，孩子们也哭闹不停，甚至有乘客急着冲下飞机而推搡前面的人。而那些首先冲下去的人却陷进了稻田里，还有人脸朝下地栽进了泥里。

幸运的是，并没有人受伤。片刻过后，我坐在桂林机场外，开始感到迷茫，怀疑在中国各地进行背包旅行到底是不是个正确的决定。好在后来我振作起来了，因为我遇到了一位友善的老人，他示意我跟着他到了一家面馆，那个面馆似乎就是他开的。他给了我一碗猪肉汤，然后指着一个公交车站，示意我可以从那里乘公交车去阳朔。我微笑着跟他说了"谢谢"，还鞠了几个躬，毕竟当时我会说的中文只有寥寥几个词。之后，我便动身前往当天要去的最终目的地——阳朔。好在当天再没有别的事故发生。

我在阳朔待了几天，对中国的风土人情有了一些了解，也一直惦记着接下来会不会再出什么问题，但之后的旅程非常顺利愉悦。我在成都的一家茶馆交到了新朋友，骑马穿越了西藏，乘火车去西安和北京参观了一些风景名胜。然后我沿着东海岸，经过南京、苏州、杭州、上海和厦门，慢慢去往香港，那是我回家之前的最后一站。这一次的经历非常美好，以至于我后来成了一名在中国带团的导游。

当然，中国早已今时不同往日。兑换外汇券的日子早已一去不复返。现在的人民币允许在中国境外交易，只是在岸人民币和离岸人民币之间仍然存在汇率差别。在岸人民币可以在中国大陆境内交易，并使用人民币符号 CNY，而离岸人民币只在中国大陆境外交易，并用 CNH 表示。[1] 个中差别对股票市场影响很大。前文提到，股市的波动可以视为利润和股息与债券市场的贴现率之间的拔河比赛。人民币有在岸和离岸两种类型，这意味着中国大陆境内的贴现率与国外的贴现率不同。在后文我们将看到，这些市场的不同贴现率使得中国股票出现了各种独特的交易模式。

A 股和 H 股：了解不同的市场

中国有四个主要的股票市场：两个在岸市场和两个离岸市场。在岸市场有上海和深圳两个证券交易所，这两个市场加起来已经成长为全球第二大市场，共有约 4 200 家中国内地公司在这两个市场上市。[2] 主要的离岸市场则是香港证券交易所，大量内地公司股票与香港本地公司股票都在那里交易。这些股票有两大类：一是红筹股，即主要业务在中国内地的中国境外注册并在香港上市的公司的股票；二是 H 股，即在香港上市的中国内地公司的股票。[3] 恒生中国企业指数（HSCEI）就是反映中国内地公司在香港上市后的整体股票表现的一个基准。[4] 还有一些中国内地公司在上

---

① CNH 中的"H"代表香港，香港是第一个进行离岸人民币交易的市场。

② 截至 2020 年 4 月底，共有 1 872 家公司在上海证券交易所上市，2 415 家公司在深圳证券交易所上市，其中主板共有 1 474 家，创业板共有 941 家。上海证券交易所的股票指数，即 2004 年 1 月发布的上证 50 指数，囊括了 50 只流动性最大、最具代表性的上海交易所上市股票。

③ 严格意义上说，红筹股是指中国政府至少拥有该公司 35% 的股份，且该公司大部分销售额来自中国内地，在中国以外注册，并在香港上市的公司的股票。如果该公司是在中国内地注册成立的，那就是 H 股股票。

④ 该指数于 1994 年 8 月推出，指数水平为 2 000 点，包含腾讯、中国移动和中石化等 50 家公司。另请参见恒生指数：https://www.hsi.com.hk/static/uploads/contents/en/dl_centre/factsheets/hsceie.pdf。

海和香港两地双重上市。有关亚洲主要指数的详细资料，请参考附录的"亚洲股市指数"部分。

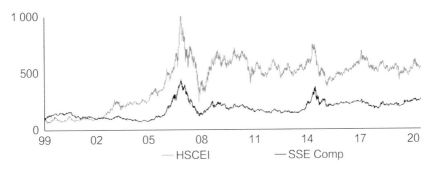

图4-1　特别是在21世纪初，中国在香港上市的股票的表现（由HSCEI指数体现）要好于在上海上市的股票的表现〔由上证指数（SSE Comp）体现〕。
注：这两项指数均来自2000年1月1日。数据来源：慧甚（FactSet）；计算结果来自作者。

　　中国公司在美国上市主要是通过美国存托凭证（ADRs），我们也可以把在美国上市的中国公司的股票叠加到这些市场中去。ADRs是一家美国银行发行的代表外国股票的证书，以使美国投资者交易起来更便捷。2020年，美国加大了中国公司发行ADRs的难度，导致许多中国公司"打道回府"。随后，他们撤回了美国存托凭证，转而在香港上市。[1]因此，在香港上市的中国公司的结构发生了显著变化。也有一些中国内地公司在新加坡、英国伦敦或德国法兰克福的证券交易所上市，但只占中国股票整体规模的一小部分。

　　目前中国股票市场的规模已经非常庞大了。上海和深圳两个交易所的月平均交易量合计为2万亿美元，而美国最大的股票市场——纽约证券交

---

① 这是一系列事件累积发酵的结果。2020年5月初，美国政府宣布了一项政策，限制联邦退休储蓄基金投资委员会投资中国股票，随后又进一步限制了华为公司使用基于美国技术的产品。再后来，美国出台《控股外国公司责任法》，这可能导致中国公司被禁止在美国证券交易所上市。

易所的平均月交易量也是 2 万亿美元。[①] 值得注意的是，有些时候个别中国企业的股票价值甚至要高于亚洲一些股票市场的日成交量。另外，这些市场的波动使得它们更加引人注目——它们既有一波又一波极端乐观的时期，也有令人感到恐惧、恐慌和崩溃的时期。其结果是，中国股市在过去经历过几次相当剧烈的波动，将来很可能还会再次出现这样的波动。

　　上海证券交易所是这三个市场中规模最大的一个。该市场以前一直不对外国人开放，直到 2002 年前后，"合格的外国机构投资者"（QFIIs）才开始被允许在该市场购买 A 股。有意向的购买者，主要是一些大型投资公司，只有在通过当地金融管理机构的批准后，方可获得 QFII 配额，每年可以购买一定数量的股票。该配额计划在逐年扩大，截至 2019 年 9 月

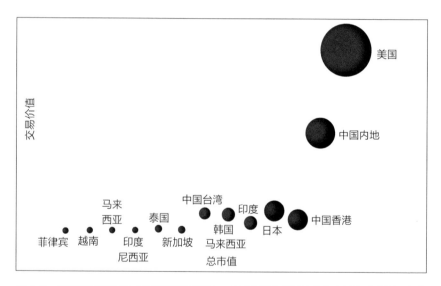

图 4-2　股票市场的比较（规模和交易活动）。中国台湾和韩国市场均小于印度市场，但交易活动都比印度频繁。

来源：证券交易所网站。

[①] 来自世界交易所联合会 2021 年 2 月的数据。2021 年 2 月，纳斯达克指数的交易价格为 2.2 万亿美元，纽约证交所的交易价格为 1.9 万亿美元。深圳交易所的交易量为 1.1 万亿美元，上海的为 9 250 亿美元。

配额制最终取消时，已有将近300家海外机构获得了总计1 114亿美元的QFII配额。^①

随着中国继续开放其金融市场，新的投资渠道出现了。2014年，中国股市引入了一种简单而极其新颖的股票购买方式。^②这种交易系统被称为"互联互通机制"，是香港、上海和深圳三地股票市场之间的独特合作模式，指的是允许香港和中国内地投资者在没有政府干预的情况下，互相买卖在对方交易所上市的部分股票。^③该机制首先在上海进行试点，2016年深圳加入其中。"互联互通机制"一经推出便受到广泛欢迎，因为该计划使得中国在岸交易所与全球市场之间建立了更为广泛的联系。到2020年，约有2 000只股票参与其中，未来几年这一数量可能还会继续上升。^④然而，这并不表示内地的股票交易会被外国人主导。事实恰恰相反，到2020年底，该市场仅有10%的交易额涉及海外投资者。

我们来快速了解一下与"互联互通机制"相关的术语："南下资金"是指中国内地投资者进入香港股市的资金；"北上资金"则是指购买中国A股的来自香港的资金。^⑤在过去的几年里，这两种资金流量都大幅上升——2014年底还仅仅是涓涓细流，到2020年就已变成滚滚波涛了，2021年初更是激流涌奔。

中国股票的第二个在岸市场位于深圳，与上海一样，该市场长期以来一直对外国投资者关闭，后来通过QFII配额和"互联互通机制"才对外开放。^⑥2009年10月，深圳交易所迈出了一大步。创业板（ChiNext）在深圳证券交易所启动，该板块旨在为创新科技公司筹集资金。创业板市场

① 来源：投资百科。
② QFII模式仍然存在，但基本已经过时了。
③ 交易发生在国内市场，所以投资的实际资金其实并没有流向别的地方。
④ 这是截至2020年底的情况。
⑤ 所有的交易都以各自地区的货币结算。
⑥ 自1992年以来，该股市一直在交易所谓的B股，即在深圳上市的中国股票，但以港元交易。其他B股是在上海上市的股票，以美元交易。相反，A股则以人民币的价格进行交易。但中国加入世贸组织后，国内投资者也被允许使用外币投资B股。

允许那些盈利历史较短的新兴企业上市，当时的香港和上海证券交易所还不能进行类似操作。

当然，上海也不甘落后。2019 年，上海启动了科创板（STAR）市场。STAR 是上海证券交易所科技创新委员会（Shanghai Stock Exchange Science and Technology Innovation Board）的缩写。科创板市场一经开放便广受欢迎，甚至有人认为它可以和以科技股为主的纽约纳斯达克相媲美，而它也是中国唯一一个允许处于亏损状态的公司上市的股票市场。①科创板市场加入"互联互通机制"标志着中国的两个重大发展，其一是中国政府对科技进步的日益重视，其二就是中国开放金融市场并鼓励全球的投资者来华投资。

尽管中国内地金融业取得了巨大的进步，但直到 2020 年，国外投资者还是大多选择在香港进行股票交易。20 世纪 90 年代初我到香港旅游时，只有少数几家中国内地公司在香港上市，但到了 2020 年，在香港上市的红筹股数量已经上升至近 160 家。

中国股市的复杂性开始逐渐显现。首先，中国这三个不同的主要交易所就各具特色。其次，尽管上海和深圳这两个在岸市场基于在岸债券收益率的贴现率相同，但上市公司的性质、它们产生的利润和它们支付的股息却有很大不同。这意味着这两个市场的走向可能会背道而驰。再次，香港市场有自己的贴现率，因为它是离岸市场。

棘手之处在于，有些股票是双重上市的，即 A 股在上海交易，H 股在香港交易。由于两个市场的贴现率不同，即意味着同一公司的 A 股和H 股在同一时间的走向可能是相背而行的。

如此一来，股价便有可能会出现异常。那么，我们就有必要了解一下 A/H 股溢价率的问题了。首先要提醒读者的是，中国内地市场主要由小型散户投资者构成，他们的交易行为容易受谣言和投机行为所驱动，而

---

① 不过要满足特定的条件。详细信息请参见 http://star.sse.com.cn/en/gettingstarted/features/offering/。

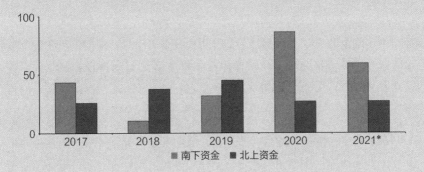

图 4-3　在 2020 年和 2021 年，南下资金已超过北上资金。
注：单位均为十亿美元。（*）2021 年 1—6 月的数据。来源：香港证券交易所。

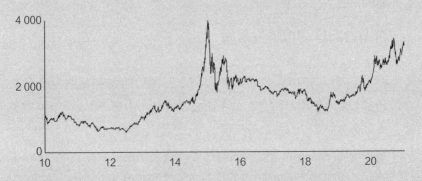

图 4-4　以科技股为主的深圳创业板在过去几年里迅速崛起。
来源：慧甚。

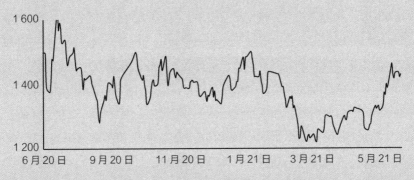

图 4-5　上交所在 2019 年推出了上证科创板 50 成分指数。
来源：慧甚。

香港市场则由养老基金和保险公司等机构投资者主导，他们的投资行为要清醒得多。不同的投资者构成往往会导致 A 股与 H 股价格相差甚远。例如，某公司的 A 股价格可能会比 H 股的价格高出 30%，这样的情况屡见不鲜。

在了解了中国各个股市的特点后，我们现在来详细了解一下这些股市的具体发展情况，例如，哪种类型的公司可以上市？这些公司是如何盈利的？从 2000 年开始，随着中国几个出口贸易巨头的出现，许多公司基于自身业务性质，如一波波"浪潮"般先后上市。

当出口商推动市场发展时

20 世纪 90 年代初我在中国背包旅行时，中国主要还是内向型经济。农村的很多村民都穿着深蓝色的中山装，自行车占据了大城市的主要道路，汽车寥寥无几。街道两旁绿树成荫，各色小餐馆林立，多是夫妻店。如今这些小店早已被大型商场和购物中心所取代，里面陈列着各种奢侈品。不过，当时中国改革开放正在起步，城市也在发生变化。1990 年，中国第一家麦当劳在深圳开业。我记得北京的麦当劳开业后，来尝鲜的人们排起了长队。

当然，麦当劳进入中国仅仅是表象，真正的变化远不止于此。经济改革开始初见成效，一些中国公司开始去海外寻找机会。这些公司在海外股市，尤其是纽约股市，筹集了数十亿美元。投资者能够在中国境外购买的首批大型中国企业的股票，包括来自电信运营商中国移动和中国联通，以及两家炼油企业中石油和中石化。

然而这些还只是小儿科。2001 年底，中国加入世界贸易组织（WTO）后，变化才真正开始。中国加入世贸组织后，外国公司可以在中国建厂，其产品也可以出口到世界各地。闸门一旦打开，便一发不可收拾。短短几年之内，所有的跨国公司 CEO 都争先恐后地想在中国争得一席之地，因

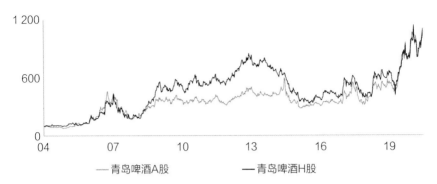

图 4-6　青岛啤酒的 A 股和 H 股过去的走向非常不同，但自 2014 年"互联互通机制"实施以来，二者的走向趋于相似。
注：青岛啤酒的股票代码分别为 168 HK（H 股）和 600600 CH（A 股）。来源：雅虎财经。

为这里的成本更低；而那些没有进入中国的公司则被认为是没赶上时代，落后了。

　　很快，中国各地工厂遍地开花，产品遍及内衣、玩具、鞋子以及农业机械等各个行业。无数中国农民离开农村，涌向城市进入工厂工作。因为在工厂，他们一个月的工资比以往在农村一年挣的钱还要多。即使在今天，农民工仍然是中国经济的支柱，他们多在工厂、建筑工地或快递公司工作。他们的生活较为艰难，工作时间长，工资却较低；他们的居住环境拥挤，与家人聚少离多。但恰恰是这些辛勤工作的人们，在 21 世纪初中国转变为出口导向型经济的过程中发挥了关键作用。[1]

　　香港利丰集团就是中国从事出口贸易的公司之一，它们主要进行出口采购业务，1972 年在香港上市。另外还有 1990 年上市的动力钻机制造商泰科源公司，以及 1992 年上市的裕元公司，该公司是耐克等品牌运动鞋的制造商。巨额出口意味着巨额利润，于是在 2000 年，中国股市一度

---

[1] 据一项官方调查，2019 年中国有 2.91 亿农民工，而且该数字每年都在增长。65% 以上的进城务工人员为男性，平均年龄为 40 岁，月薪为 3 962 元人民币（约合 600 美元）。数百万人摆脱贫困，在工厂找到工作，到 2005 年底，出口占中国经济的份额是 2000 年的两倍。

暴涨。与此同时，新的改革政策首次允许人们将银行存款投资于共同基金。[①] 在香港上市的中国公司的平均市值在 2000 年至 2005 年间增长了两倍。[②] 仅 2000 年一年，上海股市就上涨了 50%，成为全球表现最好的主要股市。

然而股市有涨就有跌，投资者很快就从云端跌到了谷底，收获了惨痛的教训。2000 年对上海股市来说无疑是辉煌的一年，然而这个辉煌时刻在 2001 年突然就烟消云散了。起因在于，中国政府对股市进行了宏观调控，允许大量新股发行。2001 年 6 月 13 日，沪指创下了 2 242 点的历史新高。当晚，证券监管机构下令上市公司出售部分国有股，并增发新股，于是市场的供求关系开始发挥作用，对股票投资感到紧张或陌生的投资者纷纷退出，上海股市暴跌，许多小投资者损失惨重，很多人此后多年都不愿再涉足股市——所谓"一朝被蛇咬，十年怕井绳"。自此之后，上海市场迎来了四年的低迷期，到 2005 年 7 月 11 日，上海市场触及了 1 011 点的低点。

经此一事，上海不再是中国最火热的股票交易市场，香港取而代之。例如，泰科源公司的股价从 2000 年 1 月的不到 1 港元上涨到 2005 年底的 18 港元以上，出口美国的零售商利丰公司也蒸蒸日上。[③]

在各大银行纷纷上市后，投资者对出口商的青睐才开始改变。

靠大型银行赚钱

我们需要时刻提醒自己，中国的变化日新月异。人们往往很容易忽视

---

① 这一点很重要。中国债券自成体系，受全球债券市场的影响较小。中国金融资产的外资持有率较低，这意味着中国债券对全球金融周期的风险敞口有限，中国与 G7 债券市场之间的债券指数回报相关性较低（即使在 2020 年也是如此）。此外还需要注意的是，中国政府发行的债券与美国国债和美国股市的相关性也较低。

② 恒生指数从 2000 年初的 1 450 点左右上升到 2005 年初的近 5 000 点。

③ 利丰每股收益（EPS）从 2001 年的 27.3 港元增至 2005 年的 60.7 港元。这意味着每股收益的平均年复合增长率约为 22%。

在较短的时间内发生的事情。2001 年，中国加入世贸组织，扩大了经济开放。随后中国政府又进行了一项重大举措，即对那些规模庞大、经营不善、效率低下的国有企业进行改革。这些国有企业曾经是数千万工人的"铁饭碗"，并且提供诸多社会福利，例如住房、医疗保障等，但这些企业的生产力水平堪忧，产品质量也无法保证。

那时才刚刚步入 21 世纪，人们对 1997—1998 年亚洲金融危机还记忆犹新。时任总理朱镕基决定大力推动经济改革，首先便要向国有企业开刀。部分大型国有企业被关闭，还有部分被合并，经营状况较好的国有企业经过整顿清理后在股票市场上市。其中最引人注目的当数几大商业银行。中国的商业银行较为特殊，属于混业经营，如今亦然。混业经营指的是它们也会像其他国家的银行一样创造利润，但同时也会支持各种各样的政府项目。这些银行曾经常常为一些半死不活的国有企业提供资金，甚至遵从当地官员的要求发放贷款。2000 年以后，朱总理等改革者们决定改变这种情况，于是成立了一家新的公司专门接收这些银行堆积如山的不良贷款，存放它们的不良资产。精简清理过后的银行则为上市做准备。

国有银行系统进行大规模改革的时候，正是 2001 年 A 股市场暴跌刚刚结束的时候。[1] 2006 年 5 月，上海实现了近四年来最大的月度涨幅，由此被人们称为"过山车市场"。之后，越来越多的人对中国股票产生了浓厚的兴趣，2006 年下半年，好多人去排队购买中国股票。与此同时，中国的两家大型银行，中国银行（BOC）和中国工商银行（ICBC）在香港上市，短短几天时间就筹集了 270 亿美元。[2]

从此，中国开启了新的发展模式，为经济发展和股市的增长提供了新的动力。中国的消费者自此打开腰包开始消费，由城市白领构成的中产

---

[1] 该声明是由中国证券监督管理委员会（CCRC）发布的。
[2] 中国银行于 2006 年 6 月 1 日在香港上市，发行 H 股。2006 年 7 月 5 日，中国银行在上海证券交易所上市，发行 A 股股票。同年 10 月，中国工商银行（ICBC）紧随其后，在港交所和上交所上市。这是首次有公司同时在香港和上海上市。

阶层开始崛起，农民工的口袋也鼓了起来。手机、电视、洗衣机、运动鞋，甚至汽车等各类产品的销量都开始大幅增长。几年前人们望而却步的奢侈品变得越来越常见。银行不仅向各种新型的消费品公司放贷，同时也提供股票交易服务，个人在当地就可以进行股票投资。对于股市来说，没有什么比一个具有巨大增长潜力的新兴市场更能振奋人心，因为这意味着更大的利润和更高的股票估值。于是，"大市场"故事便如火如荼地展开了。

其中一个市场宠儿是在香港上市的中国移动。到 2007 年年中，这家公司的客户数量是美国最大的电信运营商 AT&T 的五倍，每月签约约 500 万新用户。该公司的无线网络从香港一直延伸到喜马拉雅山，其信号遍布上海地铁、北京电梯，以及四川的稻田深处。当时中国农村的人口占 13 亿总人口的三分之二，于是该公司甚至给偏远乡村的农民发送信息，告诉他们如何提高收成或者在哪里可以把农产品卖出高价。简而言之，就像第三章关于市场心理的讨论中所提到的，购买中国移动的股票代表着对中国经济增长信心十足。

截至 2003 年 4 月，中国移动的股始终价维持在 15 港元。此后，数以百万计的客户注册了其移动服务，因此，2005 年该公司销售额激增至26% 以上。到 2005 年底，该股涨至 35 港元，真正的狂欢开始了。该只股票的利润开始飙升[1]，到 2006 年底已达 65 港元，然后在 2007 年 10 月达到近 155 港元的峰值，市盈率为 37 倍。不过，与今天的一些科技初创企业相比，这个增长率完全在正常范围之内，因为有些科创企业的市盈率已经突破了 100 倍！

后来，尽管该只股票的利润增长仍然很强劲，可股价却突然开始下跌了。然而反观其在岸债券收益率，也就是贴现率（债券收益率），已从2006 年年底的约 3% 上升到了 2007 年 9 月的 4.6%。这听起来可能不算

---

[1] 中国移动 2006 年的每股收益增长了 26%，2007 年为 29%，2008 年为 29%。

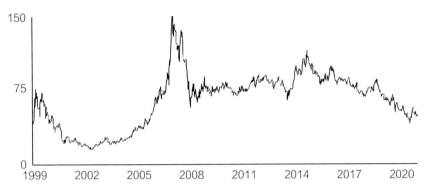

图 4-7　中国移动在 2007 年属于"大市场",但此后它再未能重回巅峰。
注: 中国移动的股票代码为 942 HK。来源: 雅虎财经。

多,但实际上已是一个相当大的变化了。就像新的寿司上市会导致原来的寿司价格下降一样,贴现率增长会推动股价下跌。12 个月之内,中国移动的股价下跌了一半。

　　我们可以从中吸取几个教训: 首先,亚洲股市可能会因为一个经济增长信号而暴涨,这种现象已重复出现多次。其次,股价可以在经济增长达到峰值之前达到峰值,因为债券市场在其中发挥作用。2007 年,正是债券收益率的上升终结了该只股票股价上涨的走势。

　　股价如此之高,许多公司都开始蠢蠢欲动,纷纷考虑上市。作为一名分析师,我参与了多次首次公开募股(IPO)的筹备工作。要进行 IPO 估值,分析师需要去现场考察工厂和房地产项目,与管理团队会谈,进行行业背景调查,与行业顾问交谈,并为香港、新加坡、法兰克福、伦敦或纽约的股票投资者撰写投资建议。2007 年,中国企业通过 IPO 筹集了超过1 000 亿美元的资金,创下了历史新高。2007 年 10 月 16 日,上海股市创下了 6 124 点的盘中纪录高点,标志着这一轮牛市顶峰的到来。

　　但是轰轰烈烈的牛市背后也有黑暗的一面,当鲜少有质疑声音出现的时候,有些公司会变得贪得无厌,想轻易骗取投资者的钱。嘉汉林业就是一个典型的例子。1995 年,这家公司在多伦多证券交易所上市,声称在中国拥有大面积的林地。随着造纸业和家具制造商对木材的需求日益增加，该公司的股价在 2003 年至 2011 年间飙升了 540%。2011 年 6 月，知名做空机构浑水调研公司（Muddy Waters Research）的创始人卡森·布洛克（Carson Block）发布了一份报告，称嘉汉林业拥有的森林资源并没有其管理层对外声称的那么多，其大部分利润都是通过造假得来的。随后相关部门展开了调查，发现该公司确实涉嫌欺诈，再后来，嘉汉林业申请了破产。

早在嘉汉林业被揭露涉嫌欺诈之前，全球股市的上空就已经阴云密布了。2008 年，西方国家引发的经济危机在亚洲各地爆发，尽管这场风暴来自大洋彼岸，却波及了全球的金融市场，引发了全球金融危机。这场金融风暴的核心是美国房地产泡沫的破碎，导致与美国房地产相关的证券价值暴跌，进而导致雷曼兄弟等金融机构倒闭。全球股市暴跌，上海和香港也未能幸免于难。上海股市因此下跌了 70%，并于 2008 年 12 月触底至 1 728 点；香港的恒生中国企业指数下跌了 75%，跌至 4 990 点。

世界各国政府纷纷努力遏制经济自由落体式下跌，中国政府也宣布了一项大规模基础设施计划来干预经济下滑，这标志着中国股市将开始触底反弹。之后，在 2009 年 9 月 9 日，上海股市飙升了 9.5%。

值得注意的是，这一次，中国政府对于疫情期间以及随后的经济复苏期间，为支持经济增长而制定的刺激政策更加谨慎。与此同时，美国政府由于在全球经济危机期间未能充分帮助企业和消费者而备受指责，这一次在货币和财政宏观调控政策方面都表现得更加激进。中美两国似乎都从过去的失误中吸取了教训。

正如我们所看到的，从 2000 年到 2010 年，中国股市的构成发生了变化，之前主要由出口贸易商主导，后来一系列新的行业，如电信运营商、银行、房地产开发商和零售商等，渐渐取而代之。再之后，中国消费者的钱包以及他们花钱的意愿决定了股市的走向。

与此同时，另一个重大转变也逐渐成形。随着中国股市的规模变得更大、范围更广、影响更深远，驱动股市的因素也开始发生转变。全球的投资基金注意到，在中国股市进行数百万美元的投资如今也变得更容易了。21世纪初，这些投资基金对中国股市并不感兴趣，但到了2010年，全球投资大鳄们纷纷涌入中国股市，而"互联互通机制"也加速了这一进程。中国股市与美国、日本以及欧洲股市一样，站在了全球舞台上。现在，中国股市与全球其他市场的联系越来越紧密。例如，如果美国股市表现好，中国股市可能也会随之上升。[①]

但全球投资基金并不是影响中国股市的唯一因素。规模庞大的"大妈"队伍也是一支不容忽视的力量。

"大妈"军团和空巢老人

任何在中国待过一段时间的人都会对中国大妈有所了解。她们在早晨会先练一阵太极，然后费力地穿过熙熙攘攘的菜市场去买菜，再把孙子孙女们送到学校后的一整天，她们都会坐在股票经纪人的办公室里，一边盯着股市走向，一边看报纸、闲聊或喝茶。到了晚上，她们可能会到附近的公园或广场，伴随着震耳欲聋的音乐跳广场舞。

她们被称为"大妈"。这个词本来的意思类似于"阿姨"，是对40到60岁女性的尊称。中国大妈通常是标准的家庭主妇，具有传统中国女性的特征，沉迷于烹饪、缝纫以及照看孙辈。但慢慢地，这个词变成了一个代名词，用来形容那些精力充沛、精于算计的中老年女性。她们善于讨价还价，深谙谈判技巧，甚至能让纽约的房地产商都自愧不如。

"大妈"们第一次成名是在2013年，因为她们掀起了一场黄金抢购热潮。事情的起因在于，贵金属价格从2012年9月底的1 780美元跌至

---

① 例如，上海股票市场指数和标准普尔500指数之间的相关性已经从完全不相关（即2000年的0.0）上升到2010年的0.2和2020年的0.5。对于HSCEI来说，其相关性的变化就没有那么显著：21世纪初为0.4，2010年为0.5，2020年为0.61。

2013 年年中的 1 220 美元。可黄金是大妈们的"必需品"，因为几个世纪以来，黄金一直是中国人嫁娶中必不可少的一部分。当黄金价格急剧下跌时，大妈们沸腾了。她们席卷了全国各地的珠宝店，大肆购买金项链、金耳环、黄金纪念币，当然最受欢迎的还是金条。有些银行甚至安装了可以专门分发金币的自动取款机，以满足大妈们庞大的需求。这场抢购热潮推高了全球金价。

对于这些热衷于存钱的大妈来说，银行存款的利息回报太少了，而黄金投资仅仅是个开始。她们之后又瞄准了股票、外汇、房地产，甚至比特币等等，只要能赚钱，就没什么是她们不能投资的。大妈们也是第一批通过"海淘"这个跨境电子零售平台购得廉价进口商品的人群之一。她们时刻关注任何投资机会，时刻准备进行交易。她们总是能非常准确地把握赚钱机会的最新动向。

在推动中国大陆股市的个人散户投资者大军中，大妈们始终站在最前沿。她们守在股票经纪人的办公室里，紧盯着智能手机，一旦有消息说某只股票是投资热门，传言就可能像野火一样迅速蔓延，导致大规模的投机，从而将这只股票的价格推至空前的高度（只是截至近期的情况，后面可能会更高），这在其他更成熟的市场是不可能达到的。A 股市场上有 1.7 亿人拥有个人交易账户，约 80% 的营业额是由这些散户投资者创造的，这个数字是非常惊人的。

广告商们也非常关注中国年轻消费者们，他们经常上网，手机不离手，肩挎品牌包，是奢侈品商店的主要消费人群。虽然年轻人是很多头条新闻的主角，但在中国，真正举足轻重的消费者是他们的父母，其中很多是手里有钱的空巢老人，因为他们唯一的孩子已长大成人，现在正离家外出工作或上学。这些空巢老人大多出生在 20 世纪 50 年代末到 70 年代初，曾经目睹自己的父母过着节衣缩食的日子，苦苦撑过动荡的"文化大革命"时期。货币贬值和通货膨胀使他们对纸币缺乏安全感，因此，即便到了现在，他们也更喜欢黄金、白银或房地产这样的硬资产。

　　这些空巢老人的日子比他们父母要宽裕得多，相当一部分人可能还受过大学教育，并且受益于中国加入世贸组织后所获得的大量就业机会。20世纪90年代末，政府放开房地产市场时，他们购买了大量房产，随后又出售了一部分，出售价格与现在的价格相比非常低廉；许多人还持有股票。到2020年，他们的独生子女也已经成家立业，取得了经济上的独立。

　　与亚洲某些地区不同，中国有工作的女性并不少见，所以空巢老人中有不少"丁克一族"（夫妻双方有收入但没有孩子），他们是另一个不容忽视的消费群体。据估计，2019年时，中国城市消费者中44%的成年消费者年龄在40岁至64岁之间，他们占所有城市消费支出的53%。[①] 这些空巢老人的数量非常惊人，估计到2032年可达2.9亿，高于2012年的2.32亿。此外，他们的年收入平均增长率为5%。[②] 简而言之，正是这一代中产阶级推动了中国的消费。

　　空巢老人在消费方面也有明显的特点。他们已经拥有了至少一处房产、一辆车以及最新款的家用电器，比如平板电视、高配置电脑、最新式的洗碗机和洗衣机，于是开始希望丰富生活体验，比如旅行、养生、购买按摩椅或者一套新的厨具。他们会购买不含添加剂的进口食品，愿意花钱去上瑜伽课，或者买一双好的跑鞋。出去吃饭时，他们可能会去米其林星级餐厅体验一把。他们中有的喜欢品鉴法国葡萄酒或云南珍稀普洱茶，有的在朋友聚会时会喝高价白酒。这些空巢老人的生活非常惬意。

　　这两个群体的崛起在许多方面对中国股市产生了重大影响。例如，他们带动了安踏和李宁等鞋类公司以及格力等家装用品的消费；[③] 他们还去海底捞等连锁餐厅吃饭，喝茅台和五粮液，在携程预订度假行程。而他

---

① Laurent, 2013.
② 同上。
③ 2019年11月11日"光棍节"的销售额创下了新纪录，"光棍节"也被称为"双十一"。当年的总销售额达到4 100亿元人民币（约合580亿美元），远超美国"网络星期一"和"黑色星期五"线上销量的总和。

们的投资模式与支出模式同等重要——这两个群体将资金投入平安保险或中国人寿保险等保险公司，或是像中信证券这种有理财业务经纪人的公司。

中国人消费能力的总体增长速度是相当惊人的。到 2010 年，大多数城市居民已达到温饱，实现了住房等基本需求。[①] 到 2020 年，已经有一半的家庭生活相对富裕，能够支付例如外出就餐、美容产品以及海外度假等享受性支出。[②] 在经济数字化转型之际，各种新兴私营公司涌现，为这一新崛起的消费者市场提供服务。

然而，并非所有的公司都能从中受益，比如国有企业就仍然在奋力直追。中国政府启动了新一轮的改革，以精简这些负担沉重的大型企业。有的公司被关闭，有的公司则按要求合并。这些举措并不表示中国政府打算放弃国有企业，事实恰恰相反，这些大型国有企业仍将是未来几年中国经济的重要组成部分，当然，它们需要精简和重组，并参与公开市场竞争。

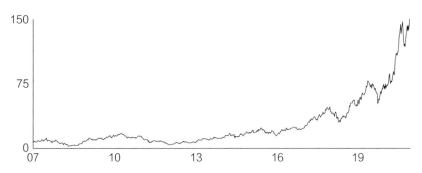

图 4-8　安踏体育产品公司自 2007 年上市以来，其股价已上涨逾 18 倍。
注：安踏的股票交易代码为 2020 HK。来源：雅虎财经。

---

① 当时，92% 的家庭年可支配收入在 14 万元以下。
② Ho *et al*, 2019.

　　中国四大银行也一直寻求出路。21 世纪初，四大银行在中国的计划经济中发挥了至关重要的作用。它们按照政府规划发放贷款，当然也通过高利率赚取了巨额利润。时过境迁，高利润率的日子已经一去不复返。[①]由于不良贷款的拖累，一些境况不好的小型银行最终被收购。银行的利润大减，也不足为奇了。例如，中国工商银行的利润增长率从 21 世纪初的15%—40%，放缓至 2015 年之后接近于零。[②] 2020 年底，中国工商银行的股价比 2010 年前后低了 10%。[③]

　　然而，在银行业和大型国有企业不景气的时候，一批服务于日益繁荣的消费者市场的新兴企业崛起了。它们就是互联网公司，如今这些公司已经成了中国股市的新巨头。

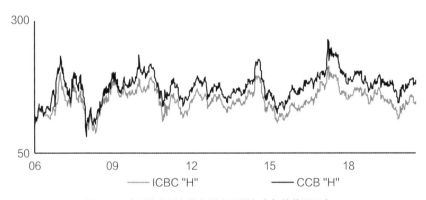

图 4-9　中国许多银行的交易水平都和十年前差别不大。

注：ICBC 为中国工商银行，其股票代码为 1398 HK。CCB 为中国建设银行，其股票代码为 939 HK。为了便于比较，这里将它们 2006 年股价均设为 100。来源：雅虎财经。计算结果来自作者。

---

① 利率放开，并允许市场设定，这意味着息差收窄。
② 例如，中国工商银行的资产回报率（ROA）从 2012 年的 1.45% 和 2013 年的 1.44% 下降至 2018 年的 1.11% 和 2019 年的 1.08%。
③ 2010 年 1 月初，中国工商银行以每股 5.8 港元的价格进行交易，到 2020 年 12 月，其股价为每股 5.1 港元。

互联网三巨头和打击垄断巨头

2014 年 9 月，阿里巴巴（Alibaba）在纽约证券交易所上市，筹资 250 亿美元，这是全球规模最大的首次公开募股。[①] 在此之前，外国人对中国互联网公司的认识颇为片面，认为这些公司都是在模仿美国的互联网公司，比如阿里巴巴被视为中国的亚马逊（Amazon），百度（Baidu）被视为中国的谷歌（Google），腾讯（Tencent）被视为中国的脸书（Facebook）。

然而阿里巴巴的上市强化了一个信号：这些互联网公司是一股不容忽视的力量。中国互联网三巨头百度、阿里巴巴和腾讯（简称为 BAT）通过不断创新，建立了各自的互联网平台，进行着世界上最赚钱的交易。毫无疑问，它们赚得盆满钵满。2016 年中国春节七天假期期间，通过腾讯"微信支付"进行的交易超过了美国互联网支付平台贝宝（PayPal）一年的交易额。[②]

一些评论人士将这三家公司的巨大成功归因于中国屏蔽了谷歌、脸书和推特（Twitter）等外国互联网公司的服务。一定程度上可能确实如此，然而，韩国和日本没有屏蔽谷歌和脸书，但是即时通信软件 LINE 和 KakaoTalk 也风靡全国，电子商务巨头乐天的发展速度也超过了西方竞争对手。由此可见，也许 BAT 也只是发挥了自己的特长。例如，腾讯刚刚推出微信时，它还只是一个聊天应用程序，但现在微信已经集合了社交媒体、支付、约会、新闻浏览、短信等一系列的功能。设想一下，把色拉布（Snapchat）、WhatApp、Skype、照片墙（Instagram）、贝宝、脸书以及苹

---

① 这个数字超过了之前的纪录保持者——中国农业银行。2010 年，中国农业银行在香港筹资 220 亿美元。由于所谓的"绿鞋机制"，阿里巴巴能够出售更多股票——该机制允许组织出售的银行在需求强劲的情况下，按同一发行价格超额配售股票。情况确实如此，其最初的计划是筹集 210 亿美元，但为了满足需求，最终增加至 250 亿美元。
② PwC Experience Centre, 2016.

果支付等全部都合并到一个平台上是什么体验。中国用户已经能够在微信上处理生活中方方面面的事务，而同一时间西方的互联网公司还仍然停留在梦想阶段。

当然，在中国发展互联网业务还有几个巨大的优势。第一，地区规模：中国有超过 7.2 亿移动互联网用户。第二，中国消费者是各种新技术的早期体验者，愿意容忍各种不完善的"测试版"，并积极提供反馈。[①] 不过这个市场也存在激烈的竞争。新的创意、发明或者新的在线功能可能在几天或几周之内就被竞争对手迅速抄袭。要想成为市场领军企业，就永远不能满足于现有成就而止步不前。这些互联网巨头的成功催生了各种各样的新公司的兴起，比如美团、大疆、快手、京东和拼多多等等。此外，中国政府也愿意扶持这些初创企业，通过诸如免费资助、税收优惠以及科技园区补贴等政策来支持它们的发展。[②]

现在庞大的新兴互联网产业，就像 2007 年的中国移动和四大银行一样，成了股市的宠儿。这些互联网公司现在与中国十多亿人的日常生活紧密交织在一起。在过去的几年里，它们还向多个方向发展，将业务扩展到经济的不同领域（例如，阿里巴巴现在是云服务的主要参与者）。毋庸置疑，它们的利润也非常高。[③] 就像 2007 年中国移动的市盈率为 37 倍一样，这些互联网公司在 2020 年底的估值也同样很高。在 2007 年，贴现率（债券收益率）处于高位并持续上涨，然而这次贴现率（债券收益率）走低并且持续下降。

如今这些大型企业对中国股市的影响非常大，主导股市的力量由出口商向本土企业倾斜。按市值计算排名前七的上市股票——腾讯、中国建设银行、平安保险公司、小米、美团、阿里巴巴和快手，约占香港恒生指

---

① PwC Experience Centre, 2016, p.7.
② PwC Experience Centre, 2016, p.8.
③ 2014 年，腾讯的 EBITDA 利润率为 42.5%，2017 年为 45.5%，2020 年上半年为 41.5%。每股收益从 2014 年全年的 2.58 港元增至 2020 年 9 月的 12.88 港元，平均年复合增长率（CAGR）为 32%。同期，阿里巴巴的每股收益增长了 28%。

数总市值的 50%。① 尽管现在的市场更加多样化，但多年来，中国的产值越来越受到本土因素的推动，例如消费者的收入水平、网上购物以及游戏产业的发展。

然而，企业的规模化和私营化并不意味着能够脱离政府控制。中国政府的监管仍然非常有力。比如，2021 年 3 月，政府发布了打击电子烟的新规，最大的电子烟生产商之一——雾芯科技（RLX）的股价一夜之间下跌了 24%。但阿里巴巴和互联网行业受到的影响更大。

每天都有数亿人以各种各样的方式使用阿里巴巴的服务，这家电子商务巨头已经对中国消费者的生活方式产生了根深蒂固的影响。消费者可以用支付宝进行几乎所有的消费项目，也可以在号称中国易贝（eBay）的 B2C（商对客电子商务模式）购物平台淘宝或其品牌零售网站天猫上购买五花八门的商品。阿里巴巴庞大的业务触角几乎无处不在，且交易量巨大。到 2020 年，淘宝的销售额大约是亚马逊销售额的两倍。

然而，这还不算完。数百万中国人将自己的储蓄投入了阿里巴巴的货币市场基金，该基金由其金融科技分公司蚂蚁金服负责管理。到 2020 年底，蚂蚁金服已成为中国最大的消费贷款机构，并且筹备进行史上最大规模的 IPO。然而在最后一刻，这次行动被中国的监管机构取缔了，这则新闻一度登上世界各国的新闻头条。2021 年 4 月，相关部门宣布认定阿里巴巴滥用其市场支配地位，决定对其处以 28 亿美元罚款（创下了中国反垄断历史罚款新纪录），并缩减蚂蚁金服的业务。显然，阿里巴巴的行为早已引起了相关部门的关注。消息传出后，2020 年 11 月 1 日到 12 月 31 日期间，阿里巴巴股价下跌了 25%。

阿里巴巴由中国著名企业家马云创办，他能用流利的英语与各国政要和商界领袖相谈甚欢，从而成为中国成功私营企业的代表，尤其是在互联

---

① 相比之下，亚洲最集中的市场是印度尼西亚，那里排名前五的股票占整个市场的 60% 以上；最不集中的是印度，占 35%。

网领域。

紧接着，中国国家市场监督管理总局联合多部门对中国最大的几家消费互联网企业，如阿里巴巴、腾讯、美团、京东、拼多多以及滴滴等，进行了监管约谈，明确要求它们对垄断行为、保护消费者安全等方面进行整改。

有外国媒体报道称，此轮约谈是相关部门加强互联网公司监管的一项最新举措。"在过去十年中，中国扶持科技企业迅速发展成为全球领先的企业，但许多公司的发展都开始脱离控制。随着这些公司的规模不断壮大，大量消费者数据被它们掌握，相关部门必须加大审查力度，对他们进行监管。"

另一个监管目标是课外辅导机构。2021年底，相关部门发布了"双减计划"，对中国不断涌现并愈演愈烈的课外辅导机构进行监管。监管的目的不仅是减轻家长和学生高昂的课外辅导负担，杜绝课外辅导机构误导大众，也是为保证教育公平。政府部门发布了"九条禁令"，并且对辅导机构的收费标准进行了限定。这一举措使得在线教育类股票暴跌。

在中国，政府决策者的影响是不容忽视的。仔细观察就可以发现，其他国家其实也有类似的举措，例如，美国政府也正在考虑采取措施，对脸书和亚马逊进行审查。

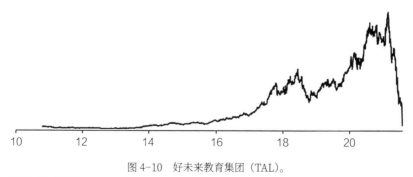

图 4-10　好未来教育集团（TAL）。

来源：雅虎财经。

自给自足

但是要了解中国股市，远不止了解几家银行、消费品公司以及互联网股票那么简单。我们还需要了解推动科技、电力和能源产业利润增长的因素，其中占主要地位的是政府对自给自足产业的推动。

就能源产业来说，中国是世界第二大石油和天然气消费国，其中大部分能源依靠进口。大约 70% 的石油和 40% 的天然气是通过油轮从中东经南海运送到中国的。正在建设中的输油管道途经巴基斯坦，能够把更多的石油运送到中国。[①] 但是，随着中美局势日益紧张，经由南海和马六甲海峡的航道，包括马来西亚和印度尼西亚的苏门答腊岛之间的一段水域，在地缘政治方面就显得更加重要。

为了减少对石油的依赖，同时减轻日益严重的污染和气候变化问题，中国大力发展天然气和风能、太阳能等替代能源。2018 年，这些绿色能源占了中国能源消耗的 14%，[②] 中国政府预期到 2030 年将其上升到 20%，到 2050 年上升到 50%。[③] 这对那些生产太阳能电池板、储气设备和风力涡轮机的企业来说是一个利好消息。中国企业在绿色能源领域已经非常强大。太阳能设备制造商有信义玻璃和通威，风力涡轮机的主要生产商是金风，新澳能源（ENN Energy）专门从事天然气储存设备生产，杰瑞集团和中海油服主要生产各种类型的能源设备。将太阳能和风能发电输送到需要电力的城市，需要通过由超高压（UHV）电线和电网仪表组成的良好

---

① 该管道是中巴经济走廊（CPEC）的一部分，2021 年的时候仍在建设中。
② 这就是所谓的一次能源消耗（PEC），包括煤炭、石油和天然气。
③ 太阳能、风能、水和核能占大部分。另一选择是用水发电。中国的高山和江河为水力发电提供了有利条件。水力发电最有潜力的地区位于中国西南地区，它们可以为煤炭资源匮乏的地区提供电力。2012年，长江三峡工程达到满负荷建设，拥有 32 台涡轮发电机和 2 台附加发电机。水力发电可能为中国产生 3.78 亿千瓦电能（IHA 网站）。资料来源："十四五"可再生能源发展规划和中国可再生能源发展中心。

输电网来完成。许继电气和国电南瑞都是这一领域的专业制造商。

在其他技术上，中国也希望能达到自给自足，尤其是一些具有战略重要性的技术。中国已经从一个低成本商品制造国转变为技术强国。在某些行业，中国企业已经成为全球领导者，因此有时会激怒竞争对手。例如，美国政府试图通过冻结华为电信公司的产品，迫使其退出全球市场，这则新闻一夜之间登上了国际新闻头版。其他地区的中国企业发展则相对比较顺利，比如恒力液压公司目前是液压设备领域的领导者，三一重工作为大型建筑机械生产商，与卡特彼勒（Caterpillar）形成了激烈的竞争。在机器人领域，日本发那科（Fanuc）是全球第一，中国宏发和上海机械电气公司正在奋力追赶。

当然，这一现象也具有两面性。尽管在其他行业，中国企业一直在努力缩小与外国企业的技术差距，但在汽车行业，中国汽车品牌还无法与欧洲、日本和美国的汽车制造商竞争（尽管在电动汽车方面，比亚迪等公司发展迅速）。在半导体领域，中国企业的发展也不太理想。中芯国际虽然在中国大陆是行业领袖，但仍然落后于中国台湾、韩国和美国的生产商若干年。我们将在后面的章节中再次讨论这个问题。

中国股市的运作方式

我们已经目睹了中国股市如何从不起眼的小型市场成长为亚洲资本市场巨头。在 21 世纪初，中国股市还仅仅只有一个推动力，那就是出口贸易；但到 2020 年底，各种类型的国内公司、各个行业以及各种板块都在引领着市场步伐。这种多样性加强了市场的广度和深度，减少了其波动性。假如某个板块崩盘，另一个板块则可能会反弹，这两个板块的涨跌会相互抵消。这一点在 2020 年表现得尤为明显。当时多数行业因疫情，利润一落千丈，但是几大互联网企业却从居家办公和网购热潮中获益，这种形势有助于推高股市走向。

中国股市早已饱经考验，面对逆境一直坚韧不拔。2018年中美贸易战开始，美国对大量中国商品征收关税。许多人认为中国股市将受到影响，但直到2020年底，上海、深圳和香港三个交易所的交易额均高于2018年1月的水平。① 原因之一是，贸易战并没有影响到大型互联网公司的利润，它们的利润主要在中国境内产生。原因之二是，贴现率（债券收益率）下降了。原因之三是，中国努力在具有重要战略意义的领域实现自给自足的举措，帮助一些科技和电力公司实现了快速增长。

但中国股市并不仅仅受到本地因素的推动。中国股市规模的壮大，意味着它要跟美国、日本和英国的股市站在同一赛道上。这与2000年的时候截然不同。海外投资者意识到，A股这一资产类别的规模太过庞大，不容忽视。中国的股市是复杂而具有多面性的，它经过多年发展，目前已经与全球股市的趋势相一致。例如，如果华尔街收盘走高，中国市场很可能在第二天开盘时出现上涨。

所有这些都表明，中国股市可能会在很多方面吸引不同类型的投资者。如果你热衷于研究中国经济和利润增长，可以尝试一个行业一个行业地进行考察；如果你渴望以简单直接的交易模式进行投资，可以考察债券收益率和A/H股的贴现率；如果你对新兴技术颇有好感，可以看看上海科创板和深圳创业板的市场情况；如果你是一位长期投资者，可以考虑许多投资方向，比如中国的自给自足产业、能源转化产业，以及空巢老人经济等，这些都与许多股票相关。

购买中国股票最简单又便宜的方式是购买ETF。ETF产品具有多样性和即时性，不需要每天监测市场，是长期购买和持有投资者的完美选择。

毫无疑问，现在的中国与1991年我第一次入境时的状况已经天差地别。尽管当年经历了一些倒霉事，但那段旅程还是给我留下了美好的回忆。如今，自行车和中山装早已消失不见，股市的发展开始蒸蒸日上，这

---

① 2018年1月22日，美国总统特朗普宣布对中国的太阳能电池板和洗衣机征收关税。

反映了中国在许多不同领域都取得了进步。中国股市如今影响深远，成了亚洲地区的定海神针，换言之，中国股市的走势会影响到亚洲其他地区的股市，对整个地区的市场运行具有决定性作用。

在接下来的章节中，我们会继续介绍亚洲其他地区的股市。

第五章　双城记：香港和新加坡

香港

作为一名预算有限的背包客，我在 1990 年徒步越过边境，抵达了香港。随后，我以导游为生，将香港一批批的游客带往中国内地。在等待游客集合的日子里，我住在九龙新填地街一家廉价的旅舍里（这家旅舍至今仍在营业），用双脚探索这座城市。脚踩这座城市的土地，你的各大感官都会体验到它的能量冲击。建筑施工的锤击声、人群的喊叫声、刺耳的汽车鸣笛声，无处不在。从油炸豆腐的香味到汽车尾气弥漫的汽油味，再到废弃下水道中的腐臭味，你可以感受到这个城市的独特气息。目光之所及，皆是林立的高楼大厦和海港，以及夜幕中数以百万计闪烁着霓虹灯光的彩色中文电子广告牌。香港的一切并不无聊。

已故的珍·莫里斯（Jan Morris）此前长期关注着这座城市，她在 1997 年香港回归前夕所作的《香港：大英帝国的终章》（*Hong Kong: Epilogue to an Empire*）一书中写道 [1]：

> （香港）就像一口大锅，伴随着沸腾声、嘶嘶声、呼喊声、争吵声，

---

① Morris, 1997, p.44.

淹没在迷宫般的隧道和立交桥之中，到处都是高耸入云的摩天大楼。轮渡来来往往，水翼船溅起水花，飞机穿梭不息，船队停泊在岸边，双层巴士和叮当作响的有轨电车往来如梭，汽车似乎填满了每一寸道路，人行道上的行人摩肩接踵……总之，生活节奏是如此连续，人们的运动感和进取心受到了极度的激发，继而被纯粹的日常生活所淹没。

　　长久以来，作为国际金融中心，香港为中国这个庞大的经济体注入了发展的动力，取得了惊人的成就。相较于北京或上海，香港的银行家与伦敦或纽约的银行家有着更多的共同点。他们向加州对冲基金和感兴趣的客户兜售股票，帮助那些寻求上市或扩张的公司筹集资金，并提供贷款支持香港和内地企业的贸易和并购。与此同时，中国国有银行正忙着为该地区的项目提供资金，企业律师也从暗流涌动的合同和交易中赚得盆满钵满。我曾在印尼、南非和中国台湾从事金融工作，在中国香港居住超过 15 年。香港的股票市场，就像这座城市一样，从来不会停滞不前。

　　另一座非凡的城市新加坡，距离香港不到四小时的航程。它们时而是竞争对手，时而是合作伙伴，有着众多相同的历史根源——都以城市为基础发展贸易，并且富裕程度较高。除日本外（我们将在后文讨论），香港和新加坡拥有亚洲公认最发达的股票市场。这两座城市有很多共同点。房地产是其 DNA 的一部分，但这两座截然不同的城市也有着各自独特的生态位。了解其中一个市场，你就能牢牢把握另一个。首先，让我们重温 1969 年夏天的香港。

1969 年之夏

　　即使按照香港的标准，1969 年的夏天也格外闷热。作为位于香港商业中心中环的恒生银行研究部主管，关士光一如既往地勤奋工作。多年来，他一直在研究部任职，他是该银行雇用的唯一一名金融分析师。他因为精通英语而受到公司重用，多年来屡次升职，其间还出版了颇受欢迎的

《恒生通讯》（*Hang Seng Newsletter*）周刊。他的办公室里有一张小桌子、一把木椅、一台史密斯-科罗娜打字机和一些文具。他当天的第一项任务是为董事长何善衡（Ho Sin Hang）将一份外资银行的研究报告翻译成中文。

何善衡实属当代李嘉诚。他出生于中国南方的一个贫困家庭，几乎没有受过教育，但后来成了企业家、金融家和慈善家。恒生银行最初是上环的一个小型货币兑换亭，而上环是毗邻中环的一个破败地区。1941年日本入侵香港后，何善衡前往澳门，战后又回到香港重启业务。恒生银行成为国人创办的主要银行之一，并于1960年上市。何善衡还于1970年联合创立了新世界发展有限公司，该公司是香港最早的大型房地产开发商之一。但他的事业也并非始终顺风顺水——1965年，恒生银行由于遭到挤兑而储备耗尽，随后被汇丰银行收购了多数股权。

20世纪60年代对于香港而言是一个多事之秋。银行挤兑加剧了时局的紧张。1961年，市场上散播的恶意谣言宣称廖创兴银行①陷入了困境，引起了短暂的恐慌。不过后来，人们还是对市场恢复了信心。1965年1月27日，《南华早报》（*South China Morning Post*）报道："毕打街与皇后大道中环交界的明德银号及其位于九龙尖沙咀弥敦道的分行昨日发生挤兑。"第二天，政府接管了该银号。随着谣言的散播，《南华早报》报道称"中国其他银行也遭遇了严重挤兑"。为了恢复银行系统的稳定，英镑不得不流入香港。

尽管时局动荡，但关士光依旧十分忙碌。香港的众多公司都在排队等待上市，到1969年，在香港上市的公司从1954年的50家增加到了100家。关士光也不再独挑相关业务，研究部的分析师已增至7人。然后他接到一个电话，说公司董事长要见他。原来，何善衡有了一个新想法，认为香港是时候拥有自己的股市指数了，类似于"香港道琼斯工业平均指

---

① 这家银行于1961年6月14日开业。

数"①，这对银行来说是一个很好的宣传。

关士光和他的团队在充分了解后感叹任务之艰巨，但仍然开始着手创建恒生指数。首先，他们研究了其他指数的编制方法，其中涉及分析各种技术问题，例如如何处理股息和分红股，如何处理新股上市。②最后，他们遇到了一个最棘手的问题：如何选择指数下的股票。这是一个雷区。恒生银行最不想做的事，就是把客户排除在恒生指数之外。据推测，是恒生银行的董事长介入并解决了这一问题。在100只上市股票中，有33只入选初版的恒生指数。恒生指数于1969年11月24日首次发布，当日点数为158。

恒生指数一经推出便大获成功。在接下来的12个月里，恒生指数上涨了33%。恒生银行将其所有的大客户都纳入该指数，并巧妙地回避了其中的敏感性问题，这一事实也并未逃过当地记者的注意，他们讽刺地将该指数命名为"老朋友指数"。③如今，恒生指数已成为香港人日常生活的一部分，在电梯、数字广告牌、每小时新闻简报和无数的金融网站上，随处可见该指数的走势。与纽约和伦敦的情况不同，从办公室白领、出租车司机、酒店门卫到家庭主妇和调酒师，几乎所有人都知道龙头企业的股票代码。何善衡的梦想成了现实。截至2021年2月17日，恒生指数达到31 085点，成分股达到52只。④

恒生指数诞生于打字机和铅笔的时代。为了更新指数，关士光团队的分析师不得不前往证券交易所，抄写交易所黑板上所显示的收盘股价和交

---

① 恒生指数是一种经自由浮动调整市值加权的股票市场指数。道琼斯工业指数是一种价格加权指数，主要追踪在纽约证券交易所和纳斯达克交易的30家大型上市企业。其实将恒生指数称为香港的标准普尔500指数更为合适，因为它们使用同样的计算方法。
② 他们决定从一个基准日开始计算恒生指数，并以此作为一个比较基准。他们最终选定了1964年7月31日，因为这天的股市相当平稳。
③ Kwan, 2011, p.129.
④ 恒生指数（HSI）起初只有33只成分股，到2007年开始吸纳H股公司股票时，这一数字上升到了38。随后，恒生指数逐步扩大影响力，到2012年达到50只成分股。当时香港约有1 380家上市公司，恒生指数则覆盖了该股市总市值约60%。随后成分股的数量保持未变，直到2020年12月增至52只。2021年，有人提议再次扩充成分股的数量。

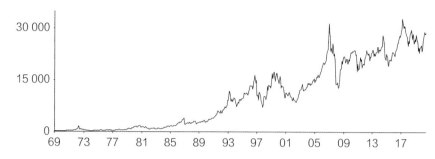

图 5-1　恒生指数自 1969 年发布以来的走势，发布当日的指数为 158 点。
数据来源：慧甚。

易量。在花费一小段时间返回办公室后，他们在纸上计算出指数，然后于
第二天上午公布。直到 1981 年 7 月，恒生指数才进入计算机时代。①

　　恒生指数的推出对香港股市而言十分关键。港股市场于 1891 年正式
诞生，上海股市也几乎在同期开始运作。②香港股市的表现一开始就优于
上海股市，在 1896 年至 1930 年间，它的平均年回报率接近 9%，远高于
同期上海股市 6% 的回报率。③但即使在 20 世纪 50 年代和 60 年代末，香
港的证券交易仍被认为是一潭死水，只有少数富有的本地人士才能够涉足
这一市场。④

　　这种情况在 20 世纪 70 年代开始发生变化。地产开发商新鸿基地产发
展有限公司和长江实业集团于 1972 年上市，国泰航空公司于 1986 年上
市，大新金融集团于 1987 年上市，出口贸易商利丰也于 1992 年上市，它
们都在日后成为股市领头羊。当然，在香港，这一演变过程并非一帆风
顺，丑闻时有发生。其中最著名的一次是 1987 年 10 月 19 日的"黑色星

期一"，当时全球股市崩盘，美国股市在一天内下跌超过 20%。

时任香港交易所主席李福兆（Ronald Li）想出了一个办法来应对这个烫手山芋。他的方法非常简单，休市四天，等待股市风暴自然消散。当然，他最害怕的情况也发生了。股市重开后，股票价格开始直线下降。李福兆举行了一场新闻发布会并邀请电视台对其直播，以为自己的行为辩护，这让事情变得更糟。当一名澳大利亚记者质疑他是否有权关闭交易所时，李福兆爆发了。他在摄像机的镜头之下，用手指着该名记者厉声喝道"逮捕他"，并威胁要以诽谤罪起诉他，后者被强行带离了新闻发布会。

香港股市恢复了，但李福兆的高光时刻已然不再。早些时候，他因帮助小投资者进入市场、提振香港券商而备受称赞，但现在他的声誉已经严重受损。他的下场并不好。李福兆后来因审核股票上市过程中收受贿赂而被判入狱。

20 世纪 90 年代初，我第一次来到香港，那时的香港股市已不再是一潭死水。它的规模更大、覆盖范围更广，在全球股市的排名也在上升，大型本地银行和本地房地产开发商开始纷纷入市。中国内地企业也盯上了香港股市。1993 年 7 月 15 日，青岛啤酒成为首家在香港上市的 H 股股票。[1]

香港回归和联系汇率制

和所有市场一样，香港也经历了繁荣和萧条，香港股市也经历了牛市和熊市。多年以来，香港投资者始终关注的一个焦点问题在于，1997 年香港回归中国后会发生什么。这一担忧最早出现在 1982 年，当地商人对土地租赁产生了疑问。同年 9 月，英国首相玛格丽特·撒切尔（Margaret Thatcher）访华，与邓小平在北京商讨香港回归事宜。尽管英方反对，但

---

[1] 严格来说，青岛啤酒并非第一家在香港上市的内地公司。一些中国内地公司收购了在香港上市的小型公司——"壳公司"——它们自身并未上市，但可在香港联合交易所挂牌。这些企业可视作中国内地最早的上市公司。此类交易在 1992—1993 年间共发生了 19 次，筹集了约 18.4 亿美元。资料来源：Chan, 1995, p.945。

中方还是坚持恢复对香港的主权和管理。投资者开始紧张不安，担心情况还将进一步恶化。离开会场时，撒切尔夫人在人民大会堂的台阶上滑倒了，跪倒在地。这一幕被镜头记录了下来，并在全球的新闻电视频道反复播放。

繁荣时期的香港十分迷信，对许多香港人而言，这个消息显然是最糟糕的预兆，尤其是在当时那个特殊时期。香港进入了全面恐慌状态。超市排起了长队，商店拒绝接受港币，开始以美元报价。1982 年 6 月至 11 月，港币下跌 14%，银行可能倒闭的消息更是让情况雪上加霜。[①]

面对社会动荡以及公众对银行信心的缺失，香港政府拿出了一个相当不同寻常的解决方案。1983 年 9 月 24 日，香港政府宣布自 1983 年 10 月 17 日起，港币将以固定汇率与美元挂钩。港币可随时兑换成美元。联系汇率制的整体理念在于，市场上有足够多的美元可以满足港币兑换的需求。[②] 这种新颖的方法取得了成功。港币企稳，银行市场信心回升。第二年，中国和英国签署了《1984 年中英联合声明》，投资者再次松了一口气。

然而，由于联系汇率制，港币因此成了美元的附庸，这对香港股市的表现产生了重大影响。要理解其中的缘由，我们需要探索股市利润和利率之间宛如拔河一般的关系。当时，香港股市由银行和房地产公司主导（我们稍后会看到，这种情况已经发生了改变）。当地的房地产是一件大事，是人们茶余饭后的议论焦点，频频登上报纸头条，甚至影响了人们的职业选择。在香港，出租车司机甚至可以准确说出每平方英尺房价下跌的具体数字，这样的情况放眼全球也不多见。这些公司对国内经济的动向非常敏

---

① 港币兑美元汇率从 5.86 港元跌至 6.67 港元兑 1 美元。
② 从技术上讲，这是一个货币局制度。港元最初设定的汇率是 1 美元兑 7.8 港元，但自 2005 年以来，汇率被设置为 1 美元兑 7.75 港元至 7.85 港元之间。如果香港的资金外流导致港元贬值至 1 美元兑 7.85 港元（交易区间下限），香港金融管理局（HKMA）将收购银行持有的港元储备，导致银行流动资金减少，从而将市场利率推高至吸引资金回流的水平。相反，如果资金流入香港，港元升值至 1 美元兑 7.75 港元（交易区间上限），香港金融管理局将向银行出售美元，导致银行流动资金增加，并对阻碍资本流入的本地利率构成下行压力。参见 Greenwood，2016，尤其是第 7 章。

感，尤其是在利率方面。原因很简单，银行会向公寓和写字楼的买家发放贷款和抵押贷款。

更重要的是，汇率和利率在一个经济体中起着减震器的作用。在贸易战、经济衰退或通胀上升的情况下，这两个因素有助于减轻经济受到的影响。出口疲软？降低汇率，降低出口产品的价格，从而促进出口。经济增速过快？提高利率，减缓经济增长。出口强劲？汇率将上升，稍微提升进口商品的价格。[①]但就像汽车一样，如果一个减震器坏了，另一个就得加班来补偿。因此，如果汇率被迫与美元挂钩（这就是香港实行联系汇率制后发生的情况），就表示其中一个减震器实际上已经消失，其他活动部件将面临巨大压力。因此，香港当地的利率和股价波动较大。

回到上文所述的拔河类比，"团队利率"这根绳子如今绷得更紧，而当时却更弱，因为当利率快速上升时，银行和房地产公司的销售并不活跃。简而言之，股市会放大利率的任何波动，尤其是香港股市。[②] 1997—1998 年亚洲金融危机，以及 2003—2004 年非典疫情席卷亚洲部分地区时，情况正是如此。利率飙升伴随着房地产价格的下降，银行和房地产公司的股价也随之下跌。香港股票市场崩盘。

当然，香港并不是亚洲金融危机期间亚洲地区唯一崩盘的市场。几乎所有的亚洲国家和地区都是如此。政客们对眼前发生的情况感到难以置信，尝试了各种不同的方法来阻止经济大出血。他们出台了新的法律，发表了政策声明，要求人们不要把钱带出国。通常情况下，这会让情况变得更糟，把投资者吓得魂飞魄散，纷纷携款逃离。[③]

凭借着联系汇率制，香港再次制定了自己的解决方案。政府没有实施

[①] 决定汇率的不是政府，而是市场。例如，美国对新加坡出口商品的需求疲软，即意味着对新加坡元的需求减少。新加坡元走软将使购买新加坡商品的美国消费者受益。当进口需求强劲时，情况则相反。

[②] 经济学将这一现象称为"三元悖论"，即一国不可能同时实现以下三个目标：① 外汇汇率固定；② 货币自由流动，不实行资本管制；③ 独立设定利率。各国充其量只能实现这三个目标中的两个。

[③] 各国尝试了各种办法阻止资金外流。马来西亚和泰国对资金流动进行了管控，印尼曾考虑过效仿中国香港将本币与美元挂钩。

资本管制，而是开始大量购买港股，以提振市场信心。[①] 这一招奏效了。但如何处理政府持有的数十亿美元的股票成了一个新的问题。最终，有人想出了一个绝妙的办法：创建盈富基金。盈富基金属于 ETF，投资者购买后即可获得紧贴恒生指数表现的回报。[②] 这只 ETF 一经上市即成为当时亚洲最大规模的首次公开发行股票，至今仍是香港市场上规模最大的 ETF 之一（其代码为 2800 HK）。

香港洋行和澳门赌客

香港是公认的自由市场捍卫者，在很多方面也的确如此，但香港经济在很大程度上取决于企业集团，这一事实也是无法掩盖的。这些企业的业务涉及房地产、零售、电信、超市和航空。其中最著名的是怡和集团（文华东方酒店、牛奶国际、香港置地）和太古集团（国泰航空、房地产、零售）。[③]《金融时报》在 2021 年发表了一篇关于上述两家公司的特稿，文章开头如此描述了一位抵达香港的商务旅行者：

这位商务旅行者的一天刚刚过半。在过去的半天里，她步行所经之地，她乘坐的电梯，她消耗的卡路里，甚至是她花出去的港币都与两大家族企业息息相关：怡和集团和太古集团。[④]

成立于 19 世纪的和记黄埔是另一家具有相当影响力的企业集团。该公司以造船和消费品进口商而闻名，但在 20 世纪 70 年代末陷入财务困境后被李嘉诚收购。李嘉诚的故事无人不晓。20 世纪 50 年代，21 岁的李嘉

---

① 香港政府购买港股，将其放入所谓的外汇基金。这些措施直接惩罚了"做空"市场的投机者。
② Greenwood, 2016, pp.278-279. 盈富基金 1999 年的 IPO 发行规模为 333 亿港元（约合 43 亿美元），是当时除日本外亚洲最大的 IPO。
③ 太古集团还拥有房地产，自 20 世纪 60 年代中期以来一直是可口可乐的特许经营人。软饮料的生产和分销是该集团的核心业务之一。
④ Leo Lewis, Primrose Riordan, Alice Woodhouse, Nicholle Liu & Stefania Palma,《香港老字号企业面临未来的不确定性》,《金融时报》2021 年 2 月 18 日。

诚凭借着几千美元的积蓄和向亲戚借款起家，慢慢建立了一个全球商业帝国，旗下经营着香港港口、健康和美容连锁品牌屈臣氏，并拥有电信、房地产、能源和基础设施企业的众多股份。他频繁入选香港首富，因其赚钱能力和独到的投资眼光被当地人誉为"超人"。如今的李嘉诚已经退休，其子李泽钜掌管着现在的长江和记实业，该公司的业务遍及 50 多个国家和地区。

怡和集团和太古集团是两家最著名的外国贸易行，或称洋行。怡和集团在 19 世纪 30 年代参与了鸦片贸易，后者导致了中英之间的鸦片战争。太古集团从 19 世纪 60 年代开始与中国进行茶叶、丝绸、棉花和羊毛贸易。洋行是亚洲殖民时代的产物，即使在今天，其老板也被称为"大班"。[①]

随着 1949 年中国共产党上台执政，与许多香港公司一样，怡和集团在中国大陆的业务逐渐解体。该集团开始在亚洲各地实现多元化经营，并于 1994 年将上市地点由香港迁至新加坡。它的业务也延伸至东盟。2000年，怡和公司（Jardine Cycle）逐渐控制了在亚洲金融危机中遭受重创的印尼企业集团阿斯特拉国际（Astra International）。但是，在怡和将上市地点迁出香港的同时，一些来自澳门的新型公司也在迁入香港。

澳门 1999 年以前被葡萄牙侵占，如今和香港一样，是中国的一个特别行政区。但与香港不同的是，澳门以"前卫"著称。在回归之前，澳门发生了一系列帮派战争，仅 1997 年就导致了 20 起谋杀。事件的中心人物是尹国驹（Wan Kuok-koi），人称"崩牙驹"。作为一名黑社会头目，他在一次打斗中损失了九颗牙齿，手指也被人用切肉刀砍伤，落下了残疾。据说他通过控制赌场的 VIP 包间掘得了第一桶金，但随后又从事了一系列犯罪活动，包括收保护费、人口走私和军火贸易。

尹国驹用子弹、炸弹和死亡威胁保卫自己的地盘。1998 年，澳门司法警察司司长白德安（António Marques Baptista）的汽车遭人放置炸弹炸

---

① 与怡和家族联姻的凯瑟克（Keswick）家族如今经营着怡和集团，太古家族经营着太古集团。

图 5-2　艾伯蒂・海因里希・威尔泽（Alberty Heinrich Wilzer）先生持有汇丰银行 13 股股份的证书，1912 年 6 月 14 日发行。当时每股股价为 125 港元。
资料来源：汇丰银行档案，参考编号 HQ HSBCEB 0008-0003-0001。

毁，幸运的是，他当时不在车内。没有证据表明尹国驹与该案有关，但他在当年晚些时候被捕，被判入狱 15 年。他于 2012 年获释，此后便忙于各种事务。据《南华早报》的一篇文章称，2020 年 12 月，尹国驹被美国财政部列入制裁名单，后者称其为"全球最大的犯罪组织 14k 三合会的头目"。尹国驹目前去向不明。

　　三合会至今仍然存在，但如今，澳门已经平静了许多，也变得更加国际化。多年来，澳门旅游娱乐股份有限公司（STDM）垄断了赌场业务。这里曾是何鸿燊的地盘，这位富有个性、多次再婚的商人主宰着这座城市。在 20 世纪 90 年代，澳门一半的税收来自 STDM。[1]

---

① 何鸿燊于 2020 年去世，留下了 14 个孩子和 4 房姨太。在他的晚年，他的庞大家族陷入了遗产争夺战，备受社会瞩目。

2002 年，一些跨国公司和合资企业获得了赌场执照，其中包括拉斯维加斯金沙集团（Las Vegas Sands）、美高梅（MGM）、银河（Galaxy）和永利度假村（Wynn Resorts）等大型赌场公司。他们从香港股市为新建的大型赌场项目筹集资金。几年后，澳门成为中国的拉斯维加斯。2010年，澳门取代拉斯维加斯成为世界博彩之都。在 2020 年全球新冠疫情暴发之前，澳门的博彩收入是竞争对手拉斯维加斯的三倍。[①]

虽然澳门欢迎全球各地的赌客，但真正关注的还是中国内地的富商。他们乘坐私人飞机前来，订购豪华酒店套房，在赌场包间里享受各种各样的特权。他们喜欢玩"百家乐"。常言道，庄家永远是赢家，赌场因此获得了巨额利润。随着赌客的涌入，所谓的中介人如雨后春笋般出现，他们可以提供信贷额度和任何可能需要的服务。[②]

澳门股票迅速成为香港股市的新宠。2013 年，中国发起了一场反腐行动，博彩股出现了短暂的停滞。赌客们匆忙撤退，博彩业在约两年后才恢复，直到赌场因疫情不得不暂时关闭。

澳门赌场为香港股市构建了一个全新的赛道。20 世纪 90 年代初，香港股市由银行和房地产开发商主导，但到 2010 年，大量的中国内地企业开始崭露头角。香港正在经历另一个变化，而内地则扮演着越来越重要的角色。内地企业的股票经常出现在恒生中国企业指数中，而该指数是在香港上市的中国内地企业的晴雨表。[③]

[①] 在 2019 年，澳门的博彩收入为 360 亿美元，而内华达州的博彩收入为 120 亿美元。资料来源：Inside Asian Gaming: https://www.asgam.com/index.php/2021/02/03/ macau-and-las-vegas-2019-vs-2020-gaming-revenues/。

[②] 在 21 世纪初，中国法律只允许一次性将两万元人民币转移出内地。为了逃避这一规定，赌客们把钱存入内地的博彩中介，然后在澳门使用。他们也可向中介机构借款。一旦赌博完毕，他们可以把赢来的钱换成美元或港元，以投资于房地产或离岸避税天堂。

[③] 资料来源：恒生指数 https://www.hsi.com.hk/eng。为了使 HSCEI 更具代表性，其成分股在 2018 年进行了扩大。除了 H 股和红筹股，P 股——在开曼群岛等地注册成立的中国私营企业——也有资格入选 HSCEI。香港公司和中国内地公司之间的界限已经开始变得模糊。珠宝公司周大福（Chow Tai Fook）以及其他香港公司开始在中国内地开展更多业务。到 2012 年，周大福 57% 的利润来自中国内地，到 2020 年上半年，这一数字已增长到 68%（来源：周大福，2020 年）。

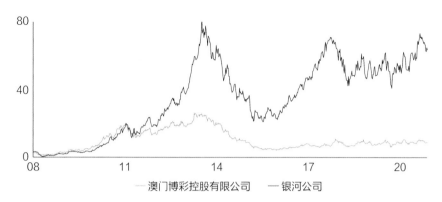

图 5-3　澳门博彩股在 2012 年大涨，但在 2013 年中国开展反腐运动后大幅下跌。2016 年之后，博彩股开始回升，随后又因新冠疫情和旅行限制而出现波动。
注：澳门博彩控股有限公司的股票代码为 880 HK，银河公司的股票代码为 27 HK。数据来源：雅虎财经。

东方的纳斯达克

青岛啤酒，作为一家拥有 110 年历史的中国内地啤酒酿造商，于 1993 年成为首个在香港 H 股上市的公司，这一事件载入了史册。在上市仪式上，证券交易所的高管们将祝贺所用的香槟改为了啤酒。其他中国公司纷纷效仿，但也有一些公司另辟蹊径，前往美国纽约通过美国存托凭证（ADR）上市。美国存托凭证是美国银行发行的外国公司股票凭证，相关的外国公司股票可在美国金融市场交易。

截至 2020 年年中，这些中国内地企业的总市值达到 1.6 万亿美元，约占香港 H 股市场总市值的 35%。其中包括阿里巴巴、腾讯、百度和京东等老牌互联网巨头，拼多多和哔哩哔哩等相对新兴的企业，以及百胜中国等餐饮巨头——百胜旗下的两大品牌为肯德基和必胜客。然而，超级大国的政治行为导致情况恶化。2020 年，美国总统唐纳德·特朗普（Donald Trump）决定禁止中国企业从美股融资。在新的监管规定之下，中国企业难以赴美上市，许多公司因而选择从美股退市，将首选目的地改为香港。①

　　率先出手的是阿里巴巴、京东和网易。在中国政府的鼓励下，大批企业纷纷跟进，集体掀起了"返乡大潮"，其中多数是科技公司。如果这一趋势在未来几年持续下去，香港市场将成为科技股追捧的"东方纳斯达克"。截至 2021 年初，交易量最大的十只股票中有五只是科技股。银行和房地产决定香港发展基调的日子正在远去。正如本章开头所提到的，香港市场始终在不断地进化和重塑。

　　然而，就在香港庆祝新的入局者为其注入庞大资本的同时，其长期竞争对手新加坡的情况却恰恰相反。新加坡交易所（SGX）的上市公司数量在过去几年有所下降。② 当地主管部门正试图扭转这一趋势，有人提议降低小企业在新加坡交易所上市的难度。虽然香港与新加坡有很多共同之处（它们都是亚洲大型金融中心，拥有大量上市银行和房地产公司），但新加坡仍然有其独到之处。

狮城

　　新加坡又名"狮城"③，它坐落在马来西亚半岛南端，具有重要的战略意义，长期以来一直是亚洲重要的港口和商业要地。当地众多的美食，包括海南鸡饭、印度咖喱、印尼仁当和马来甜点，也印证了这一点。在 1965 年独立后，新加坡具备了一个充满活力的金融中心的所有要素：制度先进、税率低、腐败率低、劳动力受教育水平较高。多年来，这个拥有星展银行（DBS）、凯德集团（CapitaLand）、吉宝集团（Keppel

---

① 选择香港的理由很充分：香港股市充满活力，IPO 数量在全球排名第一。截至 2020 年，港股在 11 年里有 7 年排名第一。资料来源：Wang, Levin, 2020。
② 截至 2018 年 12 月，有 741 家公司在新加坡交易所上市，但仍低于 2010 年 782 家的高点（Schmidt, 2019）。
③ 新加坡之名来自马来语 singa（意为"狮子"）和 pura（意为"城市"）的组合。其实当地只有老虎，没有狮子。

Corporation）和星狮集团（Fraser & Neave）等本土企业的城市，已成为通往东南亚和该地区其他国家的门户。

相比于香港股市，新加坡股市的开放时间较晚。新加坡股市始于1973年，最初只有几个独立的股票市场，最终于1999年合并为如今的新加坡交易所。^①新加坡股指为海峡时报指数，由一位金融学教授于1998年编制。^②

在戏剧性和丑闻方面，新加坡股市不及香港，但也曾吸引大众的关注。1995年初，巴林银行的倒闭震惊了所有人。巴林银行成立于1762年，是一家老牌的英国投资银行，也是全球第二历史悠久的商业银行，导致它垮台的是一位年轻人——28岁的交易员尼克·李森（Nick Leeson）。李森驻新加坡办事处期间，巴林银行对他的工作从不细问，而他对自己的能力也充满信心。在很短的一段时间内，李森在未经授权的情况下进行交易，累计给巴林银行造成了13亿美元的损失。作为衍生品交易主管，李森始终押注日本股市的上涨，并赚取了巨额利润，直到灾难发生。

1995年1月17日，一场地震袭击了日本神户市，亚洲股市暴跌，李森的头寸也遭受重创。但他没有止损，而是继续加倍下注，寄希望于股市反弹，这样他就可以挽回损失。但股市并没有回升。投资百科（Investopedia）是一家以清晰、简洁的文笔介绍金融事务的优秀网站，它对这个故事的记载如下：

损失发生时，李森被安排从事套利交易，在日本大阪证券交易所和新加坡国际金融交易所买卖日经225股指期货合约。然而，他没有同时启动交易，以利用两个市场之间的微小定价差异，而是持有合约，希望通过押

---

① 该公司成立于1999年，由三家经营交易所及结算服务的新加坡公司合并而成：新加坡证券交易所（SES）、新加坡国际金融交易所（Simex）以及证券结算及电脑服务公司（SCCS）。
② 该指数的历史可追溯至1966年，当时使用的是另一个指数，即海峡时报工业指数（STII），随后被目前的海峡时报指数取代。该指数的成分股于1998年8月31日开始交易，当日指数收于885.26点。

注标的指数的走势，赚取更大的利润。

　　更糟糕的是，李森通过做账掩盖了自己的损失。如果巴林银行能更早发现这一点，那么它所承受的巨大损失并不足以使其倒闭，它仍然可以保持偿付能力。[①]

　　事发后李森逃逸，但在法兰克福被捕，随后被引渡回新加坡并被判处六年半监禁，最后于 1999 年 7 月被释放。巴林银行因李森一系列未经授权的交易而出现现金紧缺，并在经营了 233 年之后于 1995 年 2 月 26 日停止运营。李森后来写了一本自传，名为《魔鬼交易员》（*Rogue Trader*）[②]，1999 年被改编成同名电影，由伊万·麦格雷戈（Ewan McGregor）主演。2005 年至 2011 年，他在爱尔兰的一家足球俱乐部担任管理职务。如今，他已成为餐后演讲和主题演讲的常客。

　　为了防止类似事件再次发生，新加坡对《期货交易法》进行了修订，允许新加坡金融管理局更加密切地监督交易员出售期货合约的活动。市场很快恢复了正常运作，直到 1997 年和 1998 年亚洲金融危机席卷该地区。在金融危机的余波下，新加坡股市暴跌。到 2000 年，新加坡股市急需提振信心，以说服人们再次投资股市。2000 年 11 月，新加坡证券交易所在本国市场上市，而这个岛国最大的房地产公司之一的凯德集团也于同年 11 月 21 日上市，成长为亚洲最大的上市房地产公司之一。

无科技股，S-REIT 和农业综合企业

　　香港股市在某种意义上正在转变成亚洲的纳斯达克，但新加坡的情况并非如此。与东南亚其他国家和地区一样，科技公司在新加坡的首次公开

---

① 詹姆斯·陈，"巴林银行"投资百科，2020 年 10 月 31 日，https://www.investopedia.com/terms/b/baringsbank.asp。

② Nick Leeson, *Rouge Trader: How I Brought Down Barings Bank and Shook the Financial World* (Little, Brown & Co, 1996).

募股仍很罕见。只有少数公司能从初创企业一路发展到在新加坡上市，一个例子是成立于新加坡的互联网公司冬海集团（Sea Ltd），它经营着泛东盟最大的电子商务平台虾皮（Shopee）和东南亚数字支付领域的领导品牌SeaMoney。另一个例子是印尼的电子商务公司"小卖摊"（Bukalapak），它在雅加达上市。但在全球股市痴迷于科技股增长潜力的当下，新加坡股市及东南亚其他国家和地区的股市基本上都只是旁观者。[①] 话虽如此，新加坡开发的利基市场也吸引了大量的追随者。两个利基市场，一个稳定可预测，另一个则截然不同——它们是新加坡的 S-REIT 和农业综合企业。

我们先来看看波动较大的农业综合企业。它们由三家公司主导：金光农业资源（Golden Agri Resources）、丰益国际（Wilmar International）和奥兰（Olam）。金光农业资源的创始人是黄奕聪（Eka Tjipta Widjaja），他缔造了亚洲又一个白手起家的传奇故事。他出生于中国，后来移民到印尼的苏拉威西岛（Sulawesi）。他曾骑着三轮车叫卖饼干和糖果，后于 1938 年创立了金光集团（Sinar Mas Group），并逐渐将其转变为一家贸易企业。随后，在全球第二大棕榈油生产商金光农业（Golden Agri）和全球最大造纸制造商之一的亚洲浆纸业有限公司（Asia Pulp & Paper）的引领下，它逐渐发展成为一个规模庞大的综合企业集团。[②] 作为 20 世纪 90 年代中期亚洲地区最富有的人之一，黄奕聪在 1997—1998 年的亚洲金融危机中遭受了沉重打击。但与许多人不同的是，他挺过了经济危机，金光农业于 1999 年在新加坡上市。[③] 金光集团的投资组合目前涵盖能源、房地产、金融服务、电信和矿业。2019 年，黄奕聪去世，企业由家族的第二代和第三代经营。

丰益国际成立于 1991 年，也是由中国移民企业家创办的。郭孔丰

---

① 科技和通信股仅占新加坡股市的 11% 左右，但其在标准普尔 500 指数中的权重超过三分之一，在整个亚洲股市的权重约为四分之一。截至 2020 年底，金融和房地产股票占该指数的 42% 左右。
② 《日经亚洲》（*Nikkei Asia*），2019 年 12 月。
③ 对金光农业资源、奥兰和丰益国际（以及其他新加坡企业）的详细描述见 Vijayaraghavan, 2017。

（Kuok Khoon Hong）出生于马来西亚柔佛州，曾经营一家生意兴隆的食品分销企业，后与他人共同创立了丰益国际并将其打造成了全球最大的棕榈油生产商之一。他的父亲在 18 岁时从中国前往当时的英属马来亚。他是郭鹤年（Robert Kuok）之侄，郭鹤年后来将一家小小的面粉店打造成了一个价值数十亿美元的亚洲企业集团，旗下包括香格里拉酒店集团。2007 年，郭孔丰和他的叔叔郭鹤年同意将郭氏集团的食用油、贸易和油棕种植园资产并入丰益国际。2015 年 12 月，郭鹤年将其在香港著名英文报纸《南华早报》的股份出售给了当时由马云执掌的阿里巴巴，此事还登上了新闻头条。①

　　奥兰的发展过程则截然不同。它是由 KC 集团（Kewalram Chanrai Group）于 1989 年成立。KC 集团是非洲和亚洲最古老的国际公司之一，有着 150 多年的贸易历史。奥兰最初在尼日利亚从事腰果农产品贸易，到 20 世纪 90 年代初，该公司一直为卡夫（Kraft）和雀巢（Nestle）等食品公司提供各种坚果。如今，它已成为全球最大的可可豆、咖啡、棉花和大米供应商之一。该公司于 2005 年在新加坡上市，但之后的股市表现并非一帆风顺。2012 年，奥兰受到做空机构浑水公司的质疑，后者指控奥兰的账目造假。奥兰否认了这些指控，但随后股票遭到抛售，直到新加坡政府投资基金淡马锡（Temasek）以最低价格买入该公司股份。自 2014 年以来，淡马锡一直是该公司的大股东。奥兰的业务比金光农业资源和丰益国际更不稳定，但它在过去的十年增长迅速。

　　虽然新加坡的农业综合企业市场不太稳定，但另一个利基市场则以稳定著称：房地产投资信托基金（简称 REIT，S-REIT 特指新加坡 REIT）。REIT 并不是什么新鲜事，它们自 20 世纪 60 年代以来就已经存在。② 它们的本质很简单：REIT 将投资者的资金汇集在一起，用于投资和运营物业。

---

① 交易价格 2.65 亿美元。
② REIT 自 20 世纪 60 年代以来一直存在于美国，澳大利亚于 1971 年首次引入这一制度。REIT 于 2000 年进入日本，不久后进入新加坡。

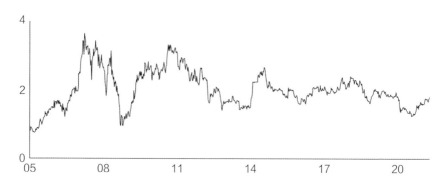

图 5-4　2012 年底，当浑水公司指控奥兰存在会计违规行为时，奥兰股价下跌。
注：奥兰的股票代码为 Olam SP。数据来源：雅虎财经。

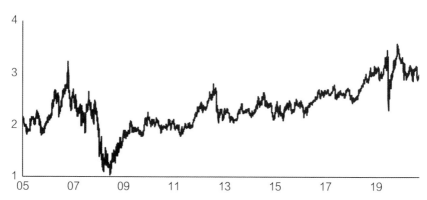

图 5-5　腾飞集团 REIT 对债券收益率的变化较为敏感（较低的收益率对股票来说并非坏事）。
注：腾飞集团 REIT 的股票代码为 AREIT SP。数据来源：雅虎财经。

这是一种低风险、简单的房产买卖模式，即使你资金不足或者不具备公寓、共管公寓或住宅购买资格，也能从中受益。事实上，这是购买房地产最简单也可能是最便宜的一种方式。

它们的特别之处在于，此类基金需要以股息的形式提供至少 90% 的利润，以为投资者带来稳定的收入流。在银行存款利率较低的情况下，REIT 是一个投资的好去处，能带来不错的收益，因此受到了市场的追捧。^①新加坡有各种颇具吸引力的 REIT。一些专注于工业地产［腾飞集团（Ascendas）、丰树集团（Mapletree）］，一些专注于酒店物业［城市发展酒店服务信托（CDL Hospitality Trust）］或住宅物业［雅诗阁（Ascott）］，而另一些则布局整个房地产行业［凯德集团、新达信托（Suntec）］。然而，香港拥有最大的 REIT——领展房地产投资信托基金（Link REIT），旗下涵盖零售设施、停车场、办公室等一系列房地产资产。

市场解读

虽然新加坡股市仍然是一个由银行、房地产和 S-REIT 主导的高度集中的市场，但由于近期大量科技巨头赴港上市，香港股市正经历一场变革。香港股市由此变得更加集中，2021 年 5 月，港股前十大股票占总市值的 61%，占成交额的 45%。^②但港股的集中度仍不如新加坡股市，后者是东南亚地区仅次于印度尼西亚和菲律宾股市的第三大集中市场，少数大盘股主导了整个股市的走势。

在香港和新加坡上市的金融公司在估值方面相当类似，这反映在它们的市盈率（PE）估值上，两者相差不大。香港的科技公司和新加坡的农业综合企业更加推崇多样化经营，它们的市盈率差异较大。

香港和新加坡股市仍然是对利率波动最为敏感的市场。对于新加坡，银行和房地产公司是这一敏感性的根源。而对于香港，当港元与美元挂钩时，货币减震器随即消失。因此，利率和股价放大了经济的每一次波动。这也是为什么香港的股市利润较新加坡更不稳定的原因之一（后者超级稳定的 REIT 保证了新加坡股市相对平稳）。相比较之下，香港更像是一个

---

① 新加坡腾飞集团 REIT 与美国十年期债券收益率的相关性在过去五年中为负 -0.37，这意味着股票的总回报即价格变动和股息支付，往往与债券收益率或贴现率呈负相关。如果利率下降，该 REIT 的总回报就会上升。所有新加坡 REIT 的相关性都较低，但也为负数。S-REIT 指数在 2015—2020 年期间的相关性为 -0.36。
② 2010 年，港股前十大股票占总市值的 40%，到 2020 年底，这一比例上升至 61%。新加坡股市前十大股票占总市值的比例从 2010 年的 62% 上升至 2020 年的 70%。

冲动且任性的年轻人。①

　　这种敏感性也在不同程度上加强了其与全球股市的联系。新加坡对全球股市的变化更为敏感②，而对香港而言，中国内地对港股和港企的影响要更加显著。原因很简单：许多中国内地企业在香港上市③，而一些大型香港公司在中国内地开展业务。

　　离开香港和新加坡，让我们把目光投向另一家大型亚洲证券交易所，探索它的发展过程和独特活力。欢迎来到印度的繁华之都孟买。

---

① 以 2002 年 1 月 1 日至 2020 年底的月回报率来衡量，富时香港指数的标准差为 6%，已达到亚洲最高水平。新加坡的这一标准差为 5%，与东南亚的平均水平一致。
② 新加坡与美国标准普尔 500 指数的五年期（2015—2020 年）相关性为 0.77，为东南亚地区最高水平。在香港，这一数字为 0.64。
③ 与上证指数的五年期（2015—2020 年）相关性为 0.66。在新加坡，这一数字低至 0.49。

第六章　印度的股票市场

达拉尔街——漫步记忆

拉克什·金君瓦拉①是孟买一位所得税税务官的儿子。十几岁时，他经常藏在客厅的角落里，听父亲和朋友们谈论当地股市的情况。他们一边分析，一边喝奶茶，吃松脆的零食——加了绿色酸辣酱的甜点，以及拉克什母亲准备的各种饼干。旁边的桌子上堆着一沓报纸。他听到他们谈论利润和利润率、税收和政府、股票估值和利率。对于年轻的拉克什来说，这些新奇的东西都如此迷人。

在他看来，父亲和他的朋友们似乎在进行一场舌战，在这场舌战中，事实和学识就像剑和刀一样是制胜武器。当一个人陈述观点时，其他人会认真倾听。他们对所提观点有异议或认为对方措辞不当时，会摇头、挥手、大声争论、挥舞双手，接着会针对逻辑上的漏洞进行攻击。激烈的争辩让年轻的拉克什觉得国家的未来似乎危在旦夕。但到了下午晚些时候，等交换完各自最好的投资理念和见解，奶茶和零食也吃完时，他们就会友好地各回各家。在 20 世纪 70 年代，对于一个易受外界影响的青少年来说，这是非常有意义的经历。

---

① 这个故事大致是根据印度资深投资者拉克什·金君瓦拉的采访写成。

　　然而，拉克什对他们到底在讨论什么毫无头绪。利率和股票对他来说都很陌生，但他确实看到报纸上的股价每天都在变化。几年后，拉克什问他的父亲："当时为什么这么激动？股价又为什么波动这么大？"他的父亲告诉他，一切都取决于信息的流动："如果报纸上有一条关于瓜廖尔人造丝（Gwalior Rayon，一家领先的纸浆和纤维公司）的消息，瓜廖尔的价格第二天就会出现波动。"[1]拉克什觉得这一切都很神奇，就像他的父亲一样，他也开始深深着迷。

　　当拉克什取得注册会计师资格后，他没有去什么体面的公司应聘初级会计师的职位，而是告诉他的父母，他想在股票市场碰碰运气。他母亲对此表示反对，在她看来，投身股市无异于赌博。但拉克什的父亲让他大胆去闯，只是他需要同意两个条件：第一，定期阅读报纸；第二，不向朋友借钱。而且，似乎是为了让初入社会的儿子安心，他还告诉拉克什留在孟买，和他们在一起。他安慰拉克什道："反正也没什么损失，就算投资失败了，你也依然能够找到一份注册会计师的工作。"

　　可能当时的拉克什并没有意识到，他是在追随股票交易前辈们的脚步。那些前辈们自从1875年开始就坐在孟买市中心的榕树下，在树荫里进行股票交易。这些早期的印度投资者和股票经纪人后来聚集在附近的达拉尔街（"达拉尔"在马拉地语中是"经纪人"的意思），这条街也因此成了所有金融事务的代名词，被称为印度的华尔街。

　　于是，拉克什在研究了大量财务报表后，进行了他的第一笔投资。1986年初，他购买了一些塔塔茶叶的股票，随后该股票的股价在几个月内迅速上涨了三倍。拉克什兴奋不已——亲身参与游戏比当一个旁观者更刺激！他决定用一个简单的方法来选择投资哪只股票——寻找那些经营良好、管理良善、在盈利的公司，而且它们提供的商品或服务有特殊价值。他会在股价下跌的时候买入。此外，他还养成了一个习惯，将短期股票交

---

[1] 《经济时报》（*The Economic Times*），2009年10月23日。

图 6-1 1879 年的埃尔芬斯通广场，人们聚集在那里交易股票。印度独立后，它以《孟买纪事报》（*The Bombay Chronicle*）的编辑本杰明·霍尼曼（Benjamin Horniman）的名字命名，改名为霍尼曼广场（此人以倡导印度独立而闻名）。该地是印度独立后为数不多的以英国公民命名的地标之一。从图中可以看到花园和中央的喷泉，左边的榕树稍高一些。来源：Wikimedia Commons, https://commons.wikimedia.org/wiki/File:Elphinstone_Circle,_Bombay_in_the_1870s_(2).jpg。

易（根据市场波动创造短期收益）与长期投资（买入后长期持有，不管市场的涨跌）分开。

1986 年，也就是拉克什开始投资的同一年，孟买市场宣布推出孟买敏感 30 指数（SENSEX），囊括了 30 只主要股票。[1] 孟买证券交易所简称 BSE（Bombay Stock Exchange），用的是这座城市在殖民时期的旧名称。1992 年，印度又建立了一个新的电子股票市场，即印度国家股票交易所（NSE）。这个市场在 1996 年开始使用自己的股票市场指数——Nifty50 指数。从此，印度有了两个股票市场，尽管大多数公司会同时在两个市场上

---

[1] 从 1986 年 1 月 1 日起，报纸上每天都会发布孟买敏感 30 指数。基准年是 1978—1979 年，当时定为 100。

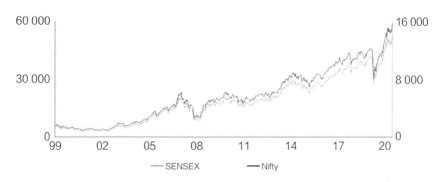

图 6-2　印度 SENSEX 和 Nifty 指数的走势非常相似。
注：右边刻度是 Nifty 指数，左边刻度是 SENSEX 指数。来源：慧甚。

市，但对投资者来说，股票在哪里买卖并没有什么区别。[①]

　　拉克什初出茅庐时，股票交易员的生活并不容易。自 1947 年脱离英国独立以来，印度的经济一直停滞不前，不像亚洲四小龙（中国香港、中国台湾、新加坡和韩国）那些国家和地区的经济在 20 世纪 60 年代就开始一路腾飞。经济学家称印度的经济增长速度为"印度教速度"，但其实这与宗教无关，更多是因为印度政府制定的政策阻碍了国际贸易和外国投资。[②] 例如，印度国内私营企业在开始运营之前，需要获得数十个政府机构的批准。彭博社（Bloomberg）的一位专栏作家曾这样形容："想象一下由英国公务员管理的苏联式中央计划。"

　　1991 年，事情迎来了转机。印度政府 [③] 不堪忍受经济在几十年中缓慢增长，决定尝试一种全新的方式，即向私人投资敞开大门，放松对行业的管制，并邀请国内外的投资者建立新的产业（包括制药和软件，后面会细

[①] 印度国家证券交易所于 1992 年成立，并建立了电子交易系统。NSE 是印度最大的证券交易所，而孟买证券交易所是历史最悠久的。NSE 的基准指数是 Nifty 指数，BSE 的基准指数是 SENSEX 指数。大多数公司同时在两个市场上市，但如果你在一个市场购买股票，就必须在那个市场卖出。
[②] "印度教速度"一词是由印度经济学家拉杰克里许纳（Rajkrishna）教授在 1978 年提出的。
[③] 当时的财政部部长是曼莫汉·辛格（Manmohan Singh），他后来成了印度总理。

说），这些举措让投资者振奋起来。乌龟变成了兔子。随着印度进入快车道，企业蓬勃发展，投资股票市场成了赚钱的最佳方式之一。孟买的股票市场日渐火爆，疯狂的达拉尔街就像一个摇摇晃晃的蜂巢。20世纪90年代中期，在旧政策被废除之前，SENSEX指数首次突破1 000点大关。到1992年1月，该指数翻了一番，达到2 000点，两个月后达到4 000点。

每个人都想分一杯羹。汗流浃背的情报贩子挤满了交易所阴暗的走廊，他们推推搡搡、大喊大叫，向每一个手里攥着一大笔钱的人提供建议。市场如此火爆，难道不会出问题吗？历史给了我们答案——不但出现了问题，而且还是大问题。1992年4月，有消息称一些证券经纪人为了大量入手股票，甚至不惜违反印度证券法，虽然该法原本的规定就不甚清晰。大约同时，有几家银行向经纪人提供了数亿美元的资金，以进行投机操作，且其中很多资金无法解释来源。

几天之内，一场大规模的股市丑闻爆发了。事件的中心人物是一个名叫哈沙德·梅塔（Harshad Mehta）的行事张扬的经纪人，他被发现与投资者、政客和银行勾结，操纵股票。梅塔最终锒铛入狱，几家银行的董事长也被迫辞职，其中一人自杀。印度股市暴跌，最低时下跌了72%。熊市只持续了大约两年，之后又过了近十年，市场才突破5 000点大关。①

但早早进入市场的拉克什利用了股市崩盘的机会，继续投入资金。在接下来的十年里，他的投资价值飙升，他也成了当地的投资名人，地位直线上升。那个偷听父亲和朋友们争论的小男孩，现在成了达拉尔街的股市大亨，人称"股市大牛"。到2009年，拉克什·金君瓦拉已经是印度最富有的人之一。②

---

① 1992年1月15日，SENSEX指数越过2 000点大关，1992年3月30日达到4 000点大关，收于4 091点。直到1999年，SENSEX指数才突破5 000点大关。
② 福布斯2009，参见 https://www.forbes.com/profile/rakesh-jhunjhunwala/?sh=61cde14a174b。

反向吸引

我对印度的了解始于 1990 年，当时，我在阿姆斯特丹的一家书店里看到了一本小说，名叫《印度：百万叛变的今天》（*India: A Million Mutinies Now*），作者是奈保尔（Vidiadhar Surajprasad Naipaul）。书中记录了作者在印度旅行时遇到的人和扣人心弦的故事。他描绘了一幅美丽的图画，描绘了印度人是如何被无数微小的力量和分歧所影响——父母的决定、信仰的妥协、反复无常的政治力量——这些都决定着他们的人生道路。拉克什十分符合奈保尔的描述。

大约十年后，我第一次去了印度。那是 2001 年，我出差去参加一个投资者会议。当时有很多这样的会议。印度需要资金来修建道路和桥梁，因此，企业和政府转向债券市场，以便从外国投资者那里借款。这些项目无法在印度国内筹集资金，当时许多亚洲国家都存在类似的情况。但对外国资本的依赖也带来了风险——一旦形势不对，外国投资者就会卖出手中的卢比，赶忙退出游戏。即使在今天，印度卢比依然是该地区波动较大的货币之一。

当飞机在孟买降落时，我可以看到黑暗中有数百万个光点在闪烁，让人联想到一个巨大的发光二极管电路板。我不知道前路是何模样。我随身带着那本十年前深深吸引着我的奈保尔的小说。晚上下班后，我会随意翻阅这本书，提醒自己是什么让我如此着迷。

我住在著名的泰姬陵皇宫酒店，它位于孟买最南端的古堡区。早上起床后，我会以一顿超级棒的早餐（通常是底部酥脆、顶部松软的煎饼）开启新的一天，然后漫步到会议地点。我需要步行大约 30 分钟，但这短暂的行程却成了一天中最精彩的部分——腥臭的海水、喧嚣的商店、穿着卡其色制服吹口哨的警察、在车流中按喇叭的汽车、睡在人行道上的孩子们，还有无数排气管冒出的棕色烟雾。巨大的电影广告牌上展示着光彩照

THE NEW ORIENTAL BANK AND SHARE-MARKET, BOMBAY.—SEE NEXT PAGE.

图 6-3　新东方银行和股票市场，摘自《伦敦新闻画报》(*The Illustrated London News*)，
1865 年 10 月 14 日。多年后，亚洲证券交易所才正式开业。想必之前的股票交易是在新东
方银行（New Oriental Bank）前的广场上进行的。
© 伦敦画报有限公司 / 玛丽·埃文斯（Mary Evans）

人的电影明星和五光十色的故事，似乎与艰难求生的人们、熙熙攘攘的街
道完全来自两个世界。在孟买短暂逗留的那些日子，我的感官受到冲击，
那视觉、听觉、嗅觉和色彩的漩涡让我着迷。

　　剑桥大学著名经济学家琼·罗宾逊（Joan Robinson）有一句广为流传
的话："无论你对印度的评价有多正确，其反面也是正确的。"我知道她的
意思。在这次会议上，进行宣传和演讲的印度商人都是印度最富有的人之
一。而在往返酒店的路上，我看到了一些印度最贫穷的人。报纸上充斥着
可怕的谋杀事件，但印度打动我的不是它有多暴力，而是它有多和平。即
使在今天，在教育方面[①]，该国一些地区的教育排名甚至低于撒哈拉以南的
非洲地区，然而也有一些印度大学在世界上名列前茅。甚至它的天气也很
极端：冬天，气温接近冰点时，德里冻得人瑟瑟发抖；夏天，当气温接近

---

① 经合组织国际学生评估项目（PISA）测试。OECO（PISA），2019.

50 摄氏度时，德里又会变得又闷又热。不知何故，印度能毫不费力地将所有对立面和极端融合在一起。

这个国家的股票市场也是如此。它们由形形色色的公司组成，涉及各种不同的业务，其中就有当地零售商和制造商、国际知名的制药公司、酒店、航空公司、软件工程师、银行和传统阿育吠陀油和香脂制造商。这使得孟买成为该地区最多样化的股票市场。为了了解它是如何运作的，我们需要看一些主导该市场的股票。首先是在国际市场上崭露头角的两类印度公司：著名的制药公司和软件开发公司。

逆袭之路

1991 年，印度向投资者敞开大门后，人们很快发现，这个国家有两大重要资产。首先，印度拥有世界第二大英语使用者群体，其次，印度的一些大学提供世界一流的教育。由此，在印度乡村的稻田中诞生了两个产业——制药业和 IT 业，它们最终成了一股足以影响世界的力量。

印度在专利保护方面的做法总是差强人意。[①] 这使得少数聪明的实验室技术人员开始生产低成本的"仿制"药。事实上，到 21 世纪初，印度的制药公司提供了足够多的低成本药物，以至于人道主义组织无国界医生组织将印度称为"发展中国家的药房"。[②] 其中一家名为西普拉（Cipla）的新公司在 2001 年宣布，它将以 350 美元的价格为病人提供一年的抗逆转录病毒药物——还不到美国和欧洲公司制定的一万美元费用的零头。[③]

制药涉及两个关键过程：一是治疗或预防疾病的原料药的混合，另一个是将这些成分制成片剂、药膏和丸剂的复杂化学过程。十多年来，中国

---

① 印度 1970 年的专利法将药品和农用化学品排除在专利保护范围之外，目的是打破印度对原料药和配方的进口依赖，以发展当地制药业。
② Horner, 2020.
③ 同上。

一直主导着原料药的生产，而印度则在片剂和丸剂的生产上处于领先地位。全球生产的片剂、丸剂或药膏中，每五个就有一个产自印度。[①] 随着印度和中国地缘政治关系日益紧张，印度也开始进入原料药行业。

　　过去几十年涌现的大多数大型制药公司都在孟买上市，其中包括太阳制药（Sun Pharma）、卢平（Lupin）、西普拉、雷迪博士（Dr Reddy's）和奥罗宾多（Aurobindo）等。随着它们的不断发展，"山寨"商业模式可能会被改变，因为它们将转向研究原创制药，开发自己的药物。但就目前而言，这些公司的股价在很大程度上都取决于它们在产品销售市场上获得的药品监管部门批准的能力。另外，作为出口企业，卢比的汇率也很重要。它们向海外客户收取美元，因此，如果印度卢比走弱，它们的利润就会上升，股价也会上涨。

　　滋养制药业的技能，即熟练掌握英语和拥有较高水平的高等教育，也支持了软件工程的飞速发展。20 世纪 90 年代，随着互联网开始出现，程序员和软件工程师的需求暴增，而印度乐于满足这一需求。印度之所以成

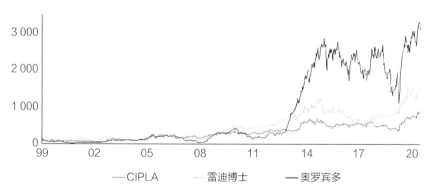

图 6-4　在过去 20 年里，印度的制药股涨幅惊人。

注：2000 年 1 月 1 日股价设为 100。股票代码：CIPLA IN，奥罗宾多为 ARBP IN，雷迪博士为 DRRD IN。来源：雅虎财经。

———————————

① 据估计，美国市场上有 40% 的仿制药和胶囊都来自印度。印度是美国以外获得 FDA 批准的工厂最多的国家。美国进口的原料药中，80% 来自中国和印度。

功培养出了众多互联网人才，其原因可以追溯至美国科技公司德州仪器（Texas Instruments）在1985年作出的一项决定。该公司受到印度工程人才的吸引，在当时有点闭塞的班加罗尔市建立了一个研发中心。它是第一家在印度设立此类中心的全球科技公司，而该中心直到今天仍是一个重要的研发基地。班加罗尔现在被称为亚洲硅谷，是众多跨国软件公司、数百家初创企业和科技公司的总部所在地。

班加罗尔也完美地捕捉到了印度人将对立和极端融合为一体的能力，就像前文提到的那样。对于第一次到这座城市的游客来说，离开装有空调的酒店大堂，坐在出租车里，只需要几分钟，车子就会被困在摩托车的海洋中，然后慢慢地完全停下来。路旁是破烂的人行道，贫困得令人心寒。再过一会儿，出租车终于开进了一个巨大的、闪闪发光的IT园区，这只是点缀城市的几十个园区之一。印孚瑟斯（Infosys）、甲骨文（Oracle）、威普罗（Wipro）——所有的大公司都在这里，它们雇用了成千上万的人。相信你已经明白了：在印度，世界一流的信息技术和第三世界的贫困在相互碰撞，每时每刻都是如此。

后来，"千年虫"（Y2K）问题引起了全球恐慌，对软件专业人才的需求在20世纪90年代末激增。千年虫是2000年出现的一个计算机术语，指的是计算机程序出现故障。人们担心这个漏洞会在新千年之初给世界各地的计算机和计算机网络造成严重破坏，影响银行、发电站、机场、红绿灯等。具体来说，这个故障指的是从20世纪60年代起，软件工程师开始为计算机编程，但当时的存储和内存都很昂贵，所以他们用两位十进制数来代表年份。这就意味着2000年和1900年都是用00来表示。为了避免数字末日，以印度软件工程师为首的计算机程序员大军开始着手解决这个问题，经过一年多的国际预警和编程修正，当新千年午夜时分的钟声敲响时，什么都没有发生。

这个时间点堪称完美。千年虫问题的解决证明了印度程序员的能力，随后成千上万的印度程序员被雇用来处理"数字大爆炸"问题。他们为银行、零售商和工厂建立了新的电子商务网站，创建了管理信息系统。印度软件公司的业务蓬勃发展，塔塔咨询服务（Tata Consultancy Services）和印孚瑟斯等公司的股价随之大幅上涨。[①] 而像拉克什这样的天才投资者们也开始闻讯出击。

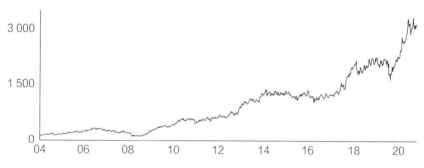

图 6-5　塔塔咨询服务等印度 IT 股在过去 20 年的表现非常亮眼。
注：股票代码为 TCS IN。来源：雅虎财经。

虽然印度的制药公司和软件企业在出口市场上日益强大，但孟买股市的很大一部分是由各种不同类型的其他公司组成的。它们在印度广阔的腹地销售产品，为了理解它们是如何运转的，我们需要退后一步，以更宏观的视角来看看这个国家众多较小的城市、城镇和村庄是如何生活的。

乡村市场

预计到 2025 年，印度将超过中国成为世界上人口最多的国家。这一事件无疑会被一些人拿来证明印度是全球市场上一支不可忽视的力量，但也有一些人认为这是厄运即将到来的征兆：要养活的人太多，负担太重。真相可能介于两者之间。

----

① 以塔塔咨询服务公司为例。其股价从 2002 年 1 月的 35 卢比上涨到当年 10 月的 111 卢比。到 2020 年底，该股票的交易价格为 3 230 卢比，上涨 29 倍，十分惊人。

　　孟买、德里和其他大城市里灯火辉煌，但印度经济在很大程度上仍是农村经济，许多人仍在稻田里当农民或佃农。从农场到城市，从水田到工厂，印度的发展速度比印度尼西亚、中国和非洲部分地区要慢得多。背后的原因可能与语言和教育有关。虽然印度有一流的大学和具有全球竞争力的企业，但大多数印度人受教育程度仍然很低。①

　　印度没有通用语言。所有印尼人都说印尼语，而绝大多数中国人会用普通话进行交谈。这意味着，外来务工者在这两个国家能很容易找到工作，而来自印度南部泰米尔纳德邦的人则很难在西部的古吉拉特邦找到工作。在那里，人们说印地语、英语或古吉拉特语，而不是泰米尔语。对许多人来说，学习另一门语言是一个巨大的障碍，因此，他们只能待在自己的村庄里。

　　这意味着印度是一个比中国或印度尼西亚更像农村的国家。但事情没那么简单。在印度，不同的州或地区在气候、饮食、婚姻传统、收入水平甚至道路方面都存在巨大差异。印度就像一张巨大的被子，由形形色色的人、习惯、传统、语言和规章制度拼凑而成。然而，无论在印度哪个城市，都存在一个不争的事实，即印度的家庭规模很大：平均每户 4.5 人，而中国只有 3.0 人。这意味着有更多的人需要养活②，所以大多数家庭的收入都花在食物、房租和基本生活必需品上。

　　我们需要知道，印度的村庄生活有自己柔和的节奏。用竹子、黏土和泥土砌成的房子周围围绕着牛和鸡，村民们则在附近的森林里收集木材和草药，或者在附近的田地里犁地——印度南部喀拉拉邦和泰米尔纳德邦有深绿色的稻田，北部有小麦、甘蔗和芥菜。地理位置也决定了他们早餐吃

---

① 在印度，大约 29% 的儿童没有完成五年小学教育，43% 的儿童尚未完成小学高年级教育就辍学了，高中毕业率也只有 42%。印度有 140 万 6 至 11 岁的儿童没有上学，这使其成为小学失学儿童最多的五个国家之一。印度的学校在许多方面都不完善，无法容纳所有的印度孩子，教师和学校设备也不够。Shahni, 2005.

② 此外，在印度，女性通常不工作，至少印度的职业女性比印尼或中国等国家要少得多。这意味着她们无力养家。

什么——南方吃蒸米糕（像蛋糕一样的小饺子）配南印酸豆汤（一种以扁豆为原料的蔬菜炖菜）和薄饼（一种大而平的美味煎饼），北方吃烙饼（由小麦面团制成的扁平面包）和蔬菜咖喱。

妇女们在照料菜园或从井里打水时穿着传统的纱丽。北方的男人则穿着腰布（宽松的裤子）和头巾。许多人从事铁匠、木匠或陶工的工作。在许多村庄，电仍然是一种奢侈品，互联网或良好的手机信号也是。村里交通不便，但日子平静祥和，偶尔会举办大型的地区性节日庆祝活动来热闹热闹。印度的村庄总体来说是一个欢乐、友好、迷人的地方，但那里的生活却不轻松。

商业活动围绕着村里的商店展开。在这里，人们购买谷物、杂货、家庭用品、烟草和化肥等各种商品。店主还经常在需要的时候提供贷款。考虑到印度的村庄较为分散以及印度人在品味和文化上存在较大差异，所以了解当地知识对于供应这个庞大而分散的市场的消费品公司来说至关重要。它们需要知道在哪里卖什么东西，以及如何把它运到那里。

泰米尔纳德邦比克什米尔（印控）更富有、历史更悠久，这也影响了它们之间的消费趋势；泰米尔纳德邦的医疗规模更大，而克什米尔的摩托车规模更大。在南部，微波炉在售卖时会附带一套工具，用来做早餐的蒸米糕；而印度最大的涂料公司亚洲涂料（Asia Paints）会为南部潮湿地区供应特殊产品，因为那里的墙壁会经常出现裂缝，甚至会长出植物。经营企业也是如此，各地都不一样。在西部的古吉拉特邦，连接一家工厂的电网需要 32 天，而在东部的奥里萨邦则需要 95 天或更长时间。所以，印度市场的公司需要为每个邦制定一套专属策略。印度斯坦联合利华公司（Hindustan Unilever）深知这一点，于是设计出了"巧占印度农场市场"的战略。①

---

① 联合利华将印度分成 14 个集群，并围绕这个结构调整其营销和分销计划。

该国的汽车工业亦是如此，2019 年印度的汽车工业全球排名第四。[1] 印度人喜欢中小型汽车，而中国消费者喜欢运动型多用途汽车。有些人可能认为在这个快速增长的经济体中，汽车会很畅销，但事实是，印度国内的汽车销售一直很低迷。[2] 但摩托车的销量恰恰相反，占印度每年车辆销量的 80%。两轮车则更实惠，更适合在乡村的小巷里穿行，或者在孟买、班加罗尔或德里的拥堵交通中穿梭。大部分摩托车需求来自农村，市场主导企业英雄摩托车公司（Hero MotoCorp）[3] 的广告遍布小城镇和村庄。

各有所长

"印度能取代中国成为世界工厂吗？"印度的主流报纸《铸造》（*Mint*）曾刊登这样一个头条。[4] 逻辑似乎很简单：中国的成功是建立在工厂和出口的基础上的，所以印度应该也能够沿着同样的路走下去。但是实际上印度面临着重重困难，因为印度企业和官员的运作方式与中国截然不同。[5] 这也是为什么一些印度企业是亚洲最赚钱的企业之一。

说印度的官僚机构效率不高，其实有些轻描淡写了。根据印度政府自己的估计[6]，它分配给无数生活在乡村和乡镇的印度人用来改善生计和福利的资金，大部分都没有到位。相反，这些钱被庞大的官僚机构抽走。官僚机构不仅贪污，而且运转得非常缓慢。例如，位于德里的中央政府签署了新的规章制度后，各个邦或城镇的官僚们会自行执行这些规章制度。就算

---

[1] "Automobile Industry in India", IBEF 2020, https://www.ibef.org/industry/india-automobiles.aspx.
[2] 从 2016 年到 2020 年，印度汽车销量的平均增长率仅为 1.29%。
[3] 该公司是与本田的合资企业，2019 年的市场份额超过 50%。
[4] Kwatra, 2020.
[5] 这个问题有很多答案。我们这里讲的是来看看进入印度工业的障碍。另一个问题是缺乏领头公司，萨翁·雷（Saon Ray）和斯米塔·米格拉尼（Smita Miglani）在 ICRIER 工作论文上发表了相关研究（Ray and Miglani, 2020）。
[6] Mohanty, 2018.

在德里获得了建设水泥厂或钢铁厂的批准，农村当地官僚机构也可能会层层加码，要求农民们办理额外的许可证。这些不同层次的官僚机构往往是各自为政。在新冠疫情流行时，就在与德里接壤的哈里亚纳邦重新开放与首都新德里的边界的当天，德里封锁了与哈里亚纳邦的边界。

对于普通市民和企业来说，这可能是一种看似无望的、互相扯皮的经历。2005 年，全球第四大钢铁企业韩国浦项钢铁（Posco）签署了一项协议，在印度东部的奥里萨邦成立了一个大型钢铁项目。据称，该项目将帮助发展排名垫底的奥里萨邦走上高速增长的轨道，并将使印度成为全球钢铁超级大国。12 年过去了，这家韩国企业在经历了无数的波折，特别是无休止的讨论和监管障碍后，正式退出了印度市场。工厂最终也没有建成。

然而，事情也有另外一面。有一些精明的企业高管知道如何在几乎不可逾越的政府迷宫中穿行，他们将这种技能发挥得淋漓尽致。大公司可以游说政府，以确保自己在起草新的行业规则和法规时拥有发言权，从而获得巨大的竞争优势。繁文缛节也是将新进者挡在利润丰厚的市场之外的一种非常有效的方式，因为获得所有所需的执照对不了解情况的人来说非常难。对于新进者来说，在他们考虑开始在公平的竞争环境中参与竞争之前，需要跳过所有的监管障碍，这可能需要花费数年甚至数十年的时间。

印度斯坦联合利华有限公司就是一个很好的例子。该公司成立于1931 年，是英荷消费巨头联合利华的子公司，原名印度斯坦植物油制造有限公司，截至 2019 年拥有 20 个不同类别的 35 个品牌。该公司建立了一个庞大的商店和销售点网络，通过该网络销售立顿冰茶、力士肥皂、拉克美化妆品等各种产品。印度斯坦联合利华有限公司的产品在大城市的豪华购物中心和遍布全国乡村的简陋夫妻商店均有出售。在为印度数亿农村消费者提供服务方面，该公司几乎没有竞争对手，这也是为什么它的利润率是整个亚洲最高的公司之一的原因，其利润甚至超过了腾讯等中国巨头和韩国三星等全球品牌。①

　　泰坦（Titan）公司也是同样的模式，该公司以旗舰品牌塔尼什克
（Tanishq）为主，通过1 400家门店销售手表和珠宝。②对许多印度人
来说，珠宝是权力、繁荣和威望的象征。此外，它们既方便收藏又能保
值，人们相信它们有升值空间。在印度，结婚时送黄金是个根深蒂固的
传统。印度每年全国的黄金需求有约50%来自婚礼。泰坦是新娘和新
郎的必去之地。这是一个高利润行业，几乎无人能复制它在全国的销售
网络。③

　　泰坦公司是塔塔集团（Tata Group）的一部分，塔塔集团是印度另
一个随处可见的品牌。塔塔集团创建于1877年，当时贾姆塞特吉·塔塔
（Jamsetji Tata）收购了一家工厂，开始生产纺织品。它是第一家提供养老
金和意外保险的公司，这在当时闻所未闻。这些利润让贾姆塞特吉得以在
孟买定居，并在那里购置房产，开始全面拓展业务。他是钢铁和电力工
业的先驱，被认为是印度工业之父。他创办的水电站发展成为现在印度
最大的发电公司——塔塔电力（Tata Power）。他的侄子杰汉吉尔·拉坦
吉·达达布霍伊·塔塔（Jehangir Ratanji Dadabhoy Tata）继续发展公司④，
到他的继任者拉丹（Ratan）在1991年接班时，印度已经向外国投资者敞
开了大门。⑤塔塔是一个非常强大的本土品牌，通过进军海外并收购诸如
捷豹-路虎（Jaguar-Land Rover）和哥鲁氏钢铁（Corus Steel）这样的大手
笔展示了自己的财务实力。

---

① 印度斯坦利华的资本使用回报率（一种衡量盈利能力的指标）在2019年达到了惊人的129%，2018
年达到了131%，2017年达到了139%，是亚洲平均水平（约12%）的十倍多。资料来源：印度斯坦
杠杆2019—2020年年报。
② 泰坦是全球第五大综合自有品牌手表制造商，但并不是所有的商店都有塔什尼克品牌。
③ 泰坦的投资资本回报率（另一个衡量盈利能力的指标）在2018年和2019年为35%，在2020年为
32%。来源：Titan Presentation，2020年10月28日。
④ 集团中独立公司的数量从1938年的14家增加到1991年杰汉吉尔·塔塔下台时的95家。
⑤ 拉丹于2012年退休，赛勒斯·米斯特里（Cyrus Mistry）成为新主席。几年后，因为一些信托基金上
的争执，米斯特里被驱逐，拉丹回来了。2017年，现任董事长纳塔拉詹·钱德拉塞卡兰（Natarajan
Chandrasekaran）接任。

这样的市场引导者还有很多，例如工程公司诸如拿丁集团（Larsen & Toubro）、亚洲涂料公司，牙科保健供应商高露洁印度公司（属于美国巨头高露洁棕榄旗下）和消费品公司雀巢印度公司（瑞士跨国公司雀巢的子公司）。这些公司都有利润丰厚的业务，涉及大量现金。如果投资者想在亚洲寻找利润丰厚、现金增值的投资，印度的大型本土公司是一个不错的起点。

虽然有些公司在殖民时代就已经存在，但最大的一家公司是个后起之秀。1977年，德鲁拜·安巴尼（Dhirubhai Ambani）进入商界时，他的小型纺织和涤纶初创企业名下只有一张桌子、一把椅子和1 000卢比。1985年，他将公司改名为信实工业（Reliance Industries），开始向石油化工、发电和电信领域扩张。现在信实工业是印度最大的公司。2002年德鲁拜去世后，他的两个儿子穆克什·安巴尼（Mukesh Ambani）和阿尼尔·安巴尼（Anil Ambani）为争夺家产闹得人尽皆知。最终，他们的母亲介入调停，家族企业被一分为二：穆克什获得了石油、天然气、石化、炼油和制造业务的控制权，而阿尼尔则获得了电力、电信和金融服务业务的控制权。后来，阿尼尔陷入债务困境，他的旗舰公司信实通信不得不申请破产。穆克什出手相救，在2016年创办了一家名为"吉奥"（Jio，在印地语里是"生活"的意思）的新电信公司，并开始了价格战，把整个电信行业搞得天翻地覆。

但在此之前，一些新的电信公司也在市场上崭露头角，还包括印度国内最大的银行。

点击应用程序

想象这样一个场景。一个印度电视广告以一个广角镜头开始，镜头聚焦三个学生，其中一个明显比另外两个年龄大，他们在杂货店买冰激凌时闲聊几句。其中一个年纪较小的学生坚持要付钱，但学长不肯。当学长在钱包里翻找现金时，年轻的学生走上前，通过他的支付软件 Paytm 扫描了一个二维码。年长的学生很困惑，看着店主。店主告诉他这是新的支付方式。广告的结尾，学长眉头紧皱，赞助商用画外音说道："扫描二维码，直接从银行账户付款。"

如果说印度企业的制胜法宝是在全国范围内分销商品，那么互联网和新的支付系统已经彻底改变了企业进入利润丰厚的农村市场的方式。大多数印度人几乎无法获得基本的银行服务[①]，但现在情况有所改变。2014年，印度启动了可能是有史以来最雄心勃勃的普惠金融计划——Pradhan Mantri Jan Dhan Yojna（JDY），旨在让所有印度人都能使用银行，并提供特殊的储蓄账户、借记卡和移动银行应用程序，以吸引人们参与。

该计划奏效了。人们纷纷排队注册，许多家庭第一次拥有了银行账户。该计划之所以能取得这样的成功，秘诀在于印度的数字身份证（Aadhaar 卡），这是一种识别系统，其数据库中存储了十多亿印度人的指纹和虹膜。印度人只要拿着数字身份证去银行开设一个账户，就可以使用银行或其他支付服务的应用程序，从印度任何地方即时转账和收款。在此项目实施的头两年里，印度新开设的银行账户高达 2.55 亿个。[②]

如今，数以百万计的夫妻店可以使用二维码进行数字支付。即使是简陋的街头小吃，只要点击一下应用程序，就能付款。[③] 这种调动当地储蓄的方式，对股市也是一大利好。突然之间，人们也只需点击一下鼠标就可以投资公募基金或在网络平台上购买股票，小规模的国内投资者因此迅速在印度股市占据一席之地。

一些银行很快地赶上了新潮流。与印度国家银行（SBI）相比，由印度住房开发金融公司持股的私营银行 HDFC 和印度工业信贷投资银行

[①] 2017 年，印度只有 20% 的成年人在金融机构存钱，而且在这些有账户的人里，也有近一半是不活跃的。

[②] 也就是说，在 2016 年底。

[③] 截至 2019 年，印度支付软件 Paytm 拥有超 4 亿用户（Agarwal, 2017）。

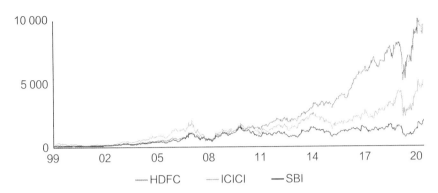

图 6-6　过去 20 年里，HDFC 和印度工业信贷投资银行等私人银行的股票表现好于印度国家银行等国有银行。
注：2000 年 1 月 1 日股价为 100。股票代码分别为 HDFCB IN、ICICIBC IN 和 SBIN IN。
来源：雅虎财经。

（ICICI Bank）等私营银行规模很小，但其精巧的网站、以消费者为导向的模式使它们迅速占领市场份额。[①] 许多大型国有银行禁锢于传统思维，连不良贷款问题也无法解决，只能原地踏步。

　　就像移动电话跨越传统电信网络，将平价通信服务引入印度农村一样，印度支付软件和其他电信公司等新玩家将数字银行带给了没有银行账户的人群。农村地区的数百万印度人通过这些公司获得了第一次正式的银行业务体验。而精明的印度电信公司在吸收了庞大的客户群体后，很快就开始涉猎电子支付业务，以拓展金融业务。[②]

　　和亚洲其他地区一样，印度人争先恐后地购买最新款手机，从 2G 开始，慢慢发展到 3G 和 4G。每个人都连接上了网络，电信业蓬勃发展。直到 2016 年，当时由穆克什·安巴尼经营的现金充裕的信实工业，成立

---

① 例如，2020 年，住房开发金融公司银行拥有 5 000 多家分支机构和近 1.5 万部自动取款机，分布在近 3 000 个城镇。印度工业信贷投资银行拥有 5 324 家分行和 15 688 台自动取款机。相比之下，印度最大的银行印度国家银行拥有 22 141 家分行和 58 555 台自动取款机。
② 2020 年初，印度每月有近 13 亿笔电子支付，超过了使用信用卡的支付数量。在截至 2019 年 3 月的一年里，信用卡支付占银行交易的 19%。来源：《经济学人》，2020 年 5 月 9 日。

了一家名为吉奥的新电信企业。信实工业进行了一场豪赌，开始在全国范围内铺设高速 4G 网络，并以极低的价格提供手机合约，几乎没有印度人能抵挡这种诱惑。在其他国家，负责竞争法的官员可能会对此进行调查，但在印度却不是这样。信实工业的竞争对手为了留住客户，不得不削减高达 66% 的资费。结果，电信业的利润大幅下降，股价也随之大幅下跌。

一些公司因此而倒闭，而另一些公司则因为利润蒸发而决定退出这项业务。最后只有三家公司幸存下来：信实工业的吉奥、巴帝电信（Bharti Airtel）和沃达丰创意（Vodafone Idea）。于是，这三家公司得以共享整个巨大的市场。[①] 它们再次开始收割利润，投资者也很快就回来了。毕竟，投资少数几家公司就瓜分整个市场的行业，极有可能会带来丰厚回报。

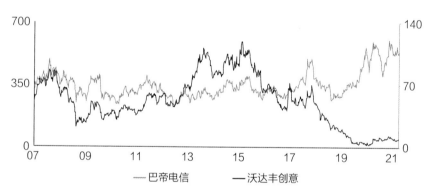

图 6-7　过去几年，印度电信业公司的股价表现出现了非常大的差异。
注：股票代码分别为 BHARTI IN 和 IDEA IN。巴帝电信的股价显示在左边的坐标轴上，沃达丰创意的股价显示在右边的坐标轴上。来源：雅虎财经。

印度外卖公司祖玛塔（Zomata）也从中受益，并于 2020 年 7 月上市。它的首次公开募股是印度在当地发展互联网行业的第一步。但在这一点上，印度也不同于中国或西方——对于印度家庭来说，外面的菜既不健

---

① 2019 年，这三家公司的收入占总收入的 90% 以上。

康、味道也不好，更多是吃着玩的，比如周末逛商场的时候可以吃。这就是为什么外卖在印度几乎不存在的原因。

股市之运作

2030 年和 2040 年的印度将与今天大不相同。印度将会有更多，特别是年轻人会追随中国农民工大军的脚步，涌入城市寻找工作，只是速度会慢得多。盈利的核心依然是向数以百万计的人销售产品，而消费者分散在大城市、大小城镇、无数语言和经济状况各不相同的村庄，因此，企业需要了解他们真正想要什么、需要什么。与此同时，印度的制药公司将提升其全球经济影响力，软件工程师大军亦是如此。

但这种增长模式也伴随着诸多问题。首先是资金问题。印度需要投入大量资金改善学校，修建更好的公路和铁路。作为世界上最大的能源消费国之一，石油价格过高总是会拖累它的经济增长。外国投资可以解决这一问题。其次是严重的官僚主义。再次，气候变化可能也是一个重要因素。季风气候对农业影响极大，而数百万农村家庭的生计都依赖于农田。

投资者们要谨慎。有一个常见的谬论：印度的经济增长向哪里发展，股市就向哪里发展。但事实并非总是如此，部分原因在于印度的经济结构（或者说缺乏结构）。印度非正规企业的数量庞大，他们雇用了绝大多数劳动力，其中许多企业的规模很小。而很多规模较大的企业都没有上市。换句话说，就像在亚洲其他地区一样，股市不能很好地反映真实的经济状况。要正确理解它，我们需要从底层往上看。

有印度特色的各种企业值得关注。在印度，国际制药公司、电脑技术公司、银行、汽车和摩托车制造商、电信运营商以及成群结队的当地零售商和工业公司在展开竞争。印度有亚洲最不赚钱的企业（电信业如今仍属于这一类），也有最赚钱的企业，尤其是那些在印度农村地区建立了庞大分销网络的零售商，它们已将新入者远远甩在身后。

　　印度市场不缺活力。电信和银行业的交叉预示着印度进入了金融科技的世界。初创企业推出了新的支付系统，动了许多大型银行的奶酪，尤其是那些负债累累的国有部门。新兴的银行灵活地向市场推出新型支付应用程序。与此同时，在吉奥和其他电信运营商的价格战之后，电信行业正转亏为盈。

　　简而言之，印度市场绝不会让你觉得无聊乏味，它就像这个国家一样，像一杯精彩纷呈的鸡尾酒，其多元化在亚洲无与伦比。与亚洲其他国家不同的是，没有一家大公司能在印度股市占据主导地位：前五大公司仅占总市值的 30% 多一点。这是相当低的——在中国，这一比例为 40%；在市场最集中的印尼，这一比例超过 60%。

　　这对市场的运转有着巨大的影响。如果一家大企业在某一年陷入困境，另一家可能会获得大丰收。如果当地公司的日子不好过，那出口商可能会顺风顺水。因此，印度股市的总利润增长非常稳定。在整个亚洲，只有新加坡的利润增长比印度更稳定。[①]收入增长如此稳定，可印度又是亚洲最不稳定的市场之一。[②]这在很大程度上与卢比有关。印度需要资金来促进经济增长，企业和政府于是转向债券市场以向外国投资者借款。这就带来了风险：一旦情况不妙，外国人就会退出市场，卖掉他们的卢比。因此，卢比是亚洲最不稳定的货币之一，也就不足为奇了。[③]

　　更不稳定的是，印度大部分石油都是进口的，油价的快速波动会迅速让投资者感到不安。卢比的波动在股市中被转移和放大——货币贬值有利于软件和制药公司等出口商，但对当地企业不利。其结果是，印度股市的股价波动与收益的稳定性形成了鲜明对比。

[①] 市场上排名前十的上市公司的收益的标准偏差按年计算为 20%。在亚洲，只有新加坡比美国低，为 19%。中国为 24%，韩国为 42%。

[②] 2002—2020 年期间，富时印度指数月回报率的标准差为 6.6%。对于富时亚洲指数（不包括日本、澳大利亚和新西兰），这一比例为 5.0%。以这一标准衡量，印度股市的波动性要大得多。

[③] 在亚太区域，澳大利亚、印度尼西亚、韩国、新西兰和菲律宾的货币对全球波动的变化表现出相对较高的敏感性。参见 Mccauley *et al*, 2007。

　　还有一些实用的指标。例如，印度股市有时会强劲领先于美国股市 [①]，因为印度许多制药出口商和 IT 企业都在美国拥有大量业务。与此同时，中国股市在亚洲北部有强大的影响力，但是在孟买几乎感受不到。这也说得通，因为很少有印度公司在中国拥有大量业务。

　　总之，印度提供了巨大的机遇，同时也面临着巨大的挑战。这个国家的经济转型很可能会受到新的商业模式、法规、官僚主义以及气候变化等的破坏。因此投资者需要聪明一些——尽力寻找那些能够驾驭各种周期、使机会最大化的公司。这需要敏锐的眼光、坚韧的心态和愿意长期等待的耐心。就像 1985 年的那一天，拉克什·金君瓦拉把自己的第一笔钱投进了印度股票，30 年后，他因此成为当地的名人和亿万富翁。

---

① 从 2016 年到 2020 年底，印度 SENSEX 指数与美国标准普尔 500 指数之间的五年相关性为 0.66。这只比东盟国家的相关性高一点，但远低于中国台湾和韩国。与上海股市的相关性要更低，为 0.38。

第七章 中国台湾与韩国

中国台湾：机械制造与玛奇朵

台北这座城市的兴起源于权宜之计。1949年，大约两百万人从中国大陆涌入台湾岛，立即造成了当地住房短缺。台北市地处盆地，周边有阳明山环绕，这些新来的人最初以为他们最多住几年而已，谁知后来逐渐定居此地，并开始建造房屋和作坊，迅速给这里注入了活力。在发展初期，甚至直到20世纪90年代，人们都并未发现它的美，旅游指南里经常把台北称为"亚洲丑小鸭"。

2002年，我在一家国际银行担任研究部主管，被派往台北工作三年，我带着妻子和年幼的儿子来到此地，首先映入我们眼帘的是一大片公寓楼——混凝土盒子，被雨水冲刷过的灰色，楼宇大小比例都差不多。这里的汽车修理店似乎比咖啡店还多，其次是作坊。大部分店铺都很小，灯光昏暗，外面挂着又大又亮的招牌，还有卖电器零件的，做这些工作的人似乎都更爱机械零部件而不是玛奇朵咖啡。

即使在那个时候，台北的发展也很迅速。这些作坊和工厂的产品在世界各地都颇有销路，这座岛的财富随之逐年积累起来。在此过程中，台北也逐渐展现其城市自信，著名地标建筑台北101大厦正是其城市自信的完美体现。坐落在经常遭受地震和台风袭击的盆地中央，竹节形状的台北

101 大厦高耸入云，即使在今天仍然像灯塔一样引人注目。台北的建筑从实用性转向了理想性，从以便利为主转向了拓展探究，这座城市也慢慢从一个机械部件爱好者的城市转变成玛奇朵爱好者的城市。

但我们对台北的第一印象并不准确。很快我们就发现，台北可不仅只有高楼大厦和工业砂砾。我们后来成了夜市的常客，那里熙熙攘攘，到处都是刺激感官的景象、声音和气味，初来乍到的人们尤其感到新鲜。现如今，这里还和当年一样，烤鸡的香气会与菠萝和臭豆腐的味道混合在一起。臭豆腐被美食家形容为"闻起来像旧袜子""变质的蓝纹奶酪"，甚至像是"腐烂的垃圾"。品尝这道当地特色美食是需要时间慢慢习惯的，若只听这个小吃的名称，我肯定也不可能去尝试。

成群结队的人在这些夜市里缓慢穿行，偶尔停下脚步，品尝小推车和摊档上数不清的各类小吃——猪血糕、炭包咸鸭蛋和牛肉面。除了小吃，还有各样的商品——鞋、包、衣服、玩具和游戏——也都在这里展出。夜市点缀着这座城市的夜生活，成为台湾岛的独特活力。

我的工作也同样吸引人。台湾股市一直以科技股为主，但这是 2002 年全球科技股崩盘以后的事。突然间，投资者们渴望发掘长期以来被忽视的传统企业。银行决定，由我和刚加入台湾团队的年轻聪明的新加坡分析师何康（Kang Ho）一起寻找这些投资机会。从北边的台北到南边的高雄，我们行遍全岛，参观了许多工厂和零售店。

就在这时，我开始意识到中国台湾是一个独一无二的地方。我们离台北越远，就越能看到台湾特有的景象——奇特的槟榔交易。"槟榔妹"坐在路边霓虹灯照耀的玻璃窗里，穿着性感地向疲惫的卡车司机兜售槟榔。据说槟榔可以改善心情，提振精神，当然，也可以有效缓解宿醉。这种交易如此受欢迎，以致大片土地被用来改种槟榔。年轻性感的槟榔妹的存在引起了社会学者们的忧虑，也成为议会辩论的中心，甚至常招致警方调查，因为无论是就她们自己而言还是就本地区而言，警方都担心这些女孩可能暴露过多了。

　　参观访问途中，我们与许多企业进行洽谈，以前很少有投资团体来访问这些企业。其中一家公司专门为美国航空航天局（NASA）的航天飞机生产高质量橡胶环。另一家是全球螺栓行业领导者，后来决定进军槟榔行业，这倒也在意料之中。我们访问的第一批公司中，有一家成了台湾长盛不衰的企业之一——自行车制造商，捷安特。

　　捷安特的总部隐蔽在东海岸附近的稻田和蔬菜农场之间，距台中大约一小时车程，地址从未变过。一条小路通向工厂，一到门口，就有保安带着我们穿过停车场，来到主装货区，这里摆放着一排排待出口的自行车车架。工作人员带着我们参观，同时也被告知工厂的部分区域谢绝参观。一切都非常保密。

　　1972 年，捷安特开始生产钢架，并于 20 世纪七八十年代为一些世界顶级品牌组装自行车，其中包括美国单车行业领先企业施文（Schwinn）。20 世纪 80 年代，捷安特作出一个重大决定，推出了自己品牌的自行车，与其客户正面竞争。几年之内，这个不起眼的车架制造商就得到了自行车爱好者的认可，令其以前的主要客户深感懊恼。[1]

　　捷安特深知，要想在竞争激烈的自行车市场上生存下来，必须大胆创新。1987 年，捷安特率先批量生产碳纤维车架，这是当时最先进的自行车技术。[2] 很久之后，捷安特成为首批销售山地车的公司之一，2008年又设计出女性专用自行车。后来它又加入了电动自行车热潮。现在，捷安特是全球顶级自行车品牌之一，其竞争对手包括美国单车品牌闪电（Specialized）[3]、美国单车品牌崔克（Trek）和美国自行车厂佳能戴尔（Cannondale）。销售自行车可能没有电脑芯片、机器人甚至槟榔更有吸引力，但捷安特证明了智慧营销和大胆创新可以转化为持续稳定的增长。多

---

[1] 很多客户意识到，捷安特在自行车制造方面的卓越表现意味着，他们从该公司订购自行车才是更好的选择，直到今天仍然如此。

[2] 致自行车爱好者：这款单车就是捷安特 Cadex 980C。

[3] 目前台湾另一家自行车制造商美利达工业（Merida）持有这家公司 49% 的股份。

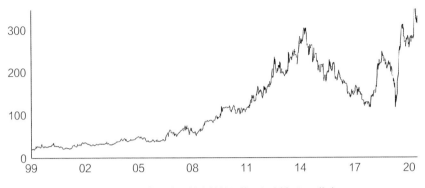

图 7-1　2003 年以来，捷安特的股价已经上涨了 16 倍多。
注：捷安特证券代码是 9921 TT。来源：雅虎财经。

年来，捷安特这家自行车制造商的股价表现优于许多科技公司。

芯片蓬勃发展

中国台湾的股市相对来说是亚洲股市家族中的新成员，于 1962 年 2 月 9 日开市。尽管有捷安特这样的成功厂商，但台湾股市一直以来的主导力量是科技行业，这主要归功于一位非凡人士的开拓之举。这个故事可以追溯到 1986 年，当时一位名叫张忠谋的年轻人被任命为中国台湾工业技术研究院（ITRI，工研院）的院长，该机构在改变台湾的工业格局方面发挥了重要作用。张先生是这项工作的最佳人选。他曾就读于哈佛大学、麻省理工学院和斯坦福大学，还曾在德州仪器公司就职。

在张忠谋的领导下，工研院建立了台湾第一家半导体晶圆制造厂。1987 年，该制造厂发展成一家公司，台积电（TSMC）就此诞生。最初，台积电是中国台湾、荷兰电子巨头飞利浦和其他私人投资者组建的合资企业，现在成了台湾证交所最大的公司，也是全球最大的芯片代工制造商。其产品被广泛应用于各个领域，如智能手机、电视、汽车以及飞机，台积电每年的股东大会都会成为全球科技分析师的朝圣之地。

台积电建立了自己独特的半导体代工业务模式。把芯片设计交给别人，自己只专注于制造定制晶圆，其中包含数千个电子元件，这些元件被放置在一个微小的硅晶片上。[①] 台积电为苹果、谷歌和高通等科技巨头生产芯片，几十年来在先进半导体领域一直是无可争议的全球市场领头羊，紧随其后的是联华电子（UMC），台湾联华电子也是张忠谋在工研院培养起来的企业。

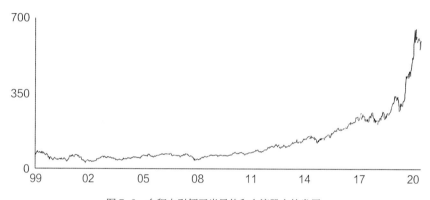

图 7-2　台积电引领了半导体和台湾股市的发展。
注：台积电证券代码是 2330 TT。来源：雅虎财经。

　　另一家起源于中国台湾的大型全球科技企业是富士康，其正式名称为鸿海精密工业股份有限公司，是全球最大的电子产品代工制造商之一，也是苹果手机的顶级装配商。1974 年，企业家郭台铭向母亲借了 7 500 美元，创办了这家公司。富士康是进军中国大陆的先行企业，其庞大的工厂在大陆拥有超过 100 万名员工。其他中国台湾的创业企业也很快跟进，包括为美国品牌组装和开发电脑产品的和硕联合科技股份有限公司。

　　这些公司大多在昆山周边选址。昆山市位于中国东部沿海，在上海和苏州之间，被称为小台北，有 100 多万台湾人在这里工作和生活。这些公

[①] 半导体制造的一个关键问题是微电子元器件在晶圆上的封装密集程度。过去是以节点数来衡量密集程度，但现在节点数已经没有意义了。最近的技术节点如 22 纳米、16 纳米、14 纳米以及 10 纳米纯指使用特殊技术制造的某一代芯片。最新的尖端半导体是由台积电生产的"5 纳米"半导体。

司在大陆蓬勃发展。

　　世界各地企业都愿高价购买台积电生产的最新芯片，而富士康与和硕却采取相反的经营方法。它们的服务，例如组装苹果手机，要价低廉，其业务实际上属于车间大批量重复生产。[①] 富士康与苹果有大量业务往来，多家台湾科技公司也与苹果有业务往来，比如生产耳塞式耳机、头戴式耳机、扬声器和麦克风的美律实业，以及生产智能手机和笔记本电脑镜头的全球领先企业大力光电。我们将在后面的章节讲到，苹果庞大的供应链对当地股市表现所产生的重大影响。

孵化器

　　台积电和联华电子等台湾科技巨头成了许多新科技企业的摇篮，其中一家是致茂电子股份有限公司。2003 年的一天，天气晴朗、炎热，我和何康前去参观这家企业。公司一位经理兼创始人明先生为我们作了详细的介绍，他们主要是为科技公司生产定制各类测试设备，包括电池、电力系统和液晶显示屏等。

　　明先生深谙待客之道，带我们参观了工厂之后，又把我们领进了一间灯光明亮的会议室。一位年轻女士把热气腾腾的开水倒入装着乌龙茶叶的陶瓷壶里，几分钟后又把茶水斟入几个小茶杯中。这是明先生白天最喜欢喝的饮品，不过到了晚上，我发现他更喜欢喝一款价格昂贵的法国红酒。寒暄过后，我们开始聊天。那天，他说我们的来访让他感到惊讶，因为以前从未有外国投资者前来问津。当时，该公司的主要股东是创始人和几个朋友以及几名当地投资者。几年后这种情况发生了变化，因为越来越多的外国投资者发现这家公司利润丰厚。

　　在我们品茶的时候，明先生告诉我们，该公司的几位创始人都曾在联

---

① 这在利润率和投入资本回报率（RoIC）中可见一斑。2019 年，台积电的息税折旧摊销前利润率（EBITDA）为 62%，投入资本回报率为 29%。息税折旧摊销前利润率是衡量公司整体财务业绩的指标。而鸿海集团 2019 年息税折旧摊销前利润率仅为 3.4%，投入资本回报率为 12%。

华电子工作过。20 世纪 80 年代初，他们决定离开联华电子，在一个车库里成立了自己的公司。他们夜以继日地工作，以完善测试产品，最初他们的资金只够维持几个月，好在第一批订单来得很及时，这家初创公司才得以继续运营。这很冒险。他们的资金是从朋友和家人那里借的，如果到期无法还钱，每个人的名声都会受损。明先生开玩笑说，他当时已经考虑 B 计划了，那就是去乡下种地。不过后来，这家年轻的公司生存了下来，并蓬勃发展，于 1996 年在台湾证券交易所上市。25 年过去了，现在对于私人银行家和昂贵的勃艮第红酒经纪人来说，明先生可是一个珍贵的目标客户。

就像台北最初的建筑是以方便和实用性为主一样，中国台湾的科技公司往往专注于各类技术零部件，追求制造精良。以台达电子和亚德客为例，台达电子公司是全球节能设备的领导者，其产品广泛应用于动力电子设备和自动化领域；亚德客是机器人气动器材的主要供应商。上银科技是另一家零部件生产商，主要是为机器人和自动化工厂提供组件。台湾是一个满是工程师和机械师（还有槟榔妹）的岛屿。

但台湾企业很少表现出扩张的雄心，也几乎不曾打算成长为拥有强大国际品牌的商业帝国。它们更乐于安居本土。亚洲另一个以科技股为主的地区，韩国，情况则完全不同。要了解其中的缘由，我们需要追溯到 1953 年朝鲜战争结束之时。

韩国：灾难、财阀、计算机

1953 年，朝鲜停战协定签署后，朝鲜半岛正式分裂。当年，韩国极端贫困，国家安保严重依赖美国。内战带来的毁灭性灾难使许多城市成为废墟。韩国制定计划，打算以建立强大的工业基础来重建经济。新建立的工厂着力生产机器、塑料、洗衣机和电视机等产品，其目的是打开国内消费市场，并向美国和欧洲客户出口。鼓励外资企业投资，允许外企在本土自由经营，但前提是为本地雇员提供技术培训。为此，政府于 1982 年设立若干研究机构，并启动了一项国家研发计划。[①]

韩国第一个证券市场是大韩证券交易所，但在战时被迫关闭了。随着国力的复苏，韩国决定重开交易所，于是韩国证券交易所（KSE）于 1962 年 4 月 1 日开门营业，与发生在阿姆斯特丹的世界首次股票交易正好时隔 360 年。韩国证券交易所有很多老牌大企业，韩国综合股价指数 Kospi 200 也成为衡量其市场整体表现最知名的指数。1996 年，科斯达克（Kosdaq）市场成立，科斯达克指数也随之产生，专门扶持寻求融资的初创企业。科斯达克指数比韩国综合股价指数风险更高、波动更大，而且经常被拿来与美国的纳斯达克进行比较。

经济振兴催生了大型商业集团"财阀"的出现，这些集团得到了政府的大力支持，在帮助韩国摆脱贫困方面发挥了重要作用。韩国财阀深受日本大财团的影响。许多财阀的源头可以追溯到日本侵占时期，即 1910 年至 1945 年。韩语财阀这个词由"富人"和"家族"两个词组合而成，强调了一个信息，即统治这些商业帝国的都是富裕家族。直到今天，韩国财阀企业的关键管理职位几乎一直由董事长（即大家长）的亲属担任。韩国著名财阀有三星、现代和 LG，其他还包括韩进海运、锦湖轮胎、乐天和 SK 集团。

在 20 世纪六七十年代，财阀集团可以轻而易举获得资金，并涉足各个领域，如汽车、造船、钢铁、石油、化工和人寿保险等。[②]起初，韩国产品在国外市场颇受质疑。我记得 20 世纪 80 年代在荷兰电视节目中看到，为了推销，韩国汽车甚至免费赠送，不计成本。时代飞快变迁，现在诸多韩国品牌受全球消费者欢迎，这对股市意义重大，我们稍后会回到这个话题。

---

① 1982 年，韩国启动了国家研发计划，包括补贴和税收抵免政策，目的是让研究项目真正进入工厂、投入实践。

② Chung, 2007.

　　这些产业巨头中，财阀中的财阀要数三星。朝鲜语中，"三"意指强大，"星"代表永恒，如同天上繁星。和许多亚洲成功企业一样，三星在初创时只是个不起眼的小公司。1938 年，创始人李秉哲（Lee Byung-chul）开了一家小型贸易公司，主要销售蔬菜、鱼干、面条等。朝鲜战争后，他创办了一家制糖厂，业务先后扩展至纺织业、零售业、保险和金融业。20 世纪 60 年代末，三星一跃进入消费类电子产品领域。

　　1987 年李秉哲去世，其子李健熙（Lee Kun-hee）继承了公司，他把三星打造成了一家全球性企业。1993 年，李健熙向员工提出其著名的口号"除了老婆孩子，一切都要改变"，然后引领公司进入了一个质量重于数量的新时代。两年后，他下令焚烧所有他认为有缺陷的三星产品。如今，三星已成长为全球科技和电信领域最知名的品牌之一，其品牌价值甚至超过百事、耐克和美国运通。

　　三星产品的出口量约占韩国总出口量的五分之一，被视为"汉江奇迹"的核心，韩国也因此从世界上最贫穷的国家之一转变为如今的经济巨人。汉江流经韩国首都首尔，"汉江奇迹"这个概念是时任韩国总理张勉（Chang Myon）于 1961 年提出的，是借引"二战"后联邦德国经济复苏所提的"莱茵河奇迹"。

　　另一家财阀 LG（乐金），最初被称为 Lucky-Goldstar（乐喜金星），也经历了类似的演变。它最初是韩国主要的牙膏制造商，20 世纪 60 年代通过生产低价收音机、电视、冰箱、洗衣机和空调进入电子行业。1995 年，该公司更名为 LG，后来成为世界上最大的电子消费产品的生产公司之一。集团子公司之一的 LG 化学现在是电动汽车电池的主要生产商。

　　海力士芯片（Hynix）在 20 世纪 80 年代曾隶属于现代集团，后来独立出来，专门生产电子元件、通信设备、半导体和存储设备。海力士生产的芯片最初只用于个人电脑和笔记本电脑，但随着电气化的发展，从冰箱到汽车等都需要使用芯片，内存芯片的需求量大增。海力士现在是仅次于

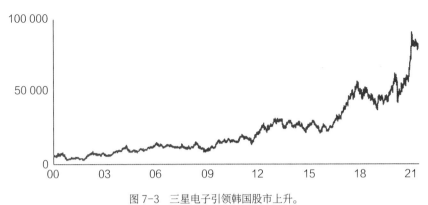

图 7-3　三星电子引领韩国股市上升。
注：三星电子证券代码是 005930 SK。来源：雅虎财经。

三星电子的世界第二大记忆芯片制造商和第三大半导体公司。[①] 海力士的主要产品是用于计算机处理器的动态随机存取存储器（DRAM）。DRAM的价格波动很大，因此海力士的业绩和股价也经常是起起落落，其主要原因取决于供需平衡。

但培养这些庞大的家族企业帝国也会产生负面影响。大家族往往会排挤小企业，横行霸道，企图在各行各业都分一杯羹，不管是否对经济有益，甚至不顾是否可行。同时他们也都是借贷大户。事实证明这些因素加起来就是有毒资产。1997 年亚洲金融危机席卷而来，韩元暴跌。一夜之间，许多财阀发现他们根本没有现金来偿还贷款，其商业帝国就像沙堡一样崩溃了。

以海太（Haitai）为例。这是一家生产棒棒糖、饼干和软饮料的生产商，曾推出韩国首款泡泡糖"超级薄荷"，后又雄心勃勃地进军电子和建筑业。为了扩大规模，该公司在错误的时间借入了大量资金，后于1997 年破产。2004 年，它被韩国的另一家企业皇冠糖果公司（Crown

---

① 通常，动态随机存取存储器（DRAM）芯片和闪存（NAND）芯片之间有明显区别。DRAM 需要电能来维持其内存。NAND 芯片时间长了会磨损并丢失内容，其限制因素之一是写入数据和删除数据的次数是有限的，使用一段时间后需要更换。一般来说，DRAM 比 NAND 的价格更贵。

Confectionery）收购，其著名的糖果品牌才得以幸存。海太 Oh Yes! 品牌巧克力蛋糕仍然是韩国最受欢迎的零食之一。

尘埃落定后，三星、现代、大宇、LG 和 SK 这五大财阀仍屹立不倒，但另外 11 家公司不得不关门。韩国普通民众为此付出了巨大的代价。很多人失业，自杀人数飙升。首尔市政府官员甚至在一座大桥的栏杆上涂上油脂，以防止人们跳桥自杀。

不过，韩国人具有在危机中发现机会的能力。新一代企业家开始创业，开创了又一波新兴企业。他们大多在更易筹到资金的创业板科斯达克市场上市。到 2000 年，这些新企业的上市数量远远超过了普通企业。[1]

满足这些初创公司的资金需求，要依靠拥有大量储蓄的韩国人。国外投资者在金融危机后基本上放弃了韩国股市，而许多韩国人则在此时开始重返股市。众多小型散户投资者纷纷涌入科斯达克[2]，及时地为这批初创企业提供了资金。事实证明，这是一项精明的投资。其中一些初创企业后来迅速成长为大型本土公司，比如被称为韩国谷歌的搜索引擎 Naver，还有 Daum——最初在网上销售保险，后通过其内部的新闻推送和即时通信应用程序，发展重塑为一个门户网站。

但是，对于细心的观察者来说，亚洲金融危机给韩国造成的伤害仍然清晰可见。为了防止被收购，许多韩国公司构建得像堡垒一样，一些公司还拥有亚洲最复杂的所有权结构。以三星帝国为例，它的所有权结构就像一碗韩式杂菜拌面，为了使其财阀家族能以尽可能少的投入支出获得最大的控制权，其所有权层层包裹、环环相扣。外部投资者的影响力很小——一切都由财阀家族决定。[3]

---

[1] 准确来说，是 137 比 14。1998 后新上市企业增长与 20 世纪 90 年代初的区别在于公司类型的不同。早期大多数新上市公司都是普通企业。但在 2000 年，"新企业"（科技初创企业）有 116 家上市，而普通企业只有 62 家；2001 年，在新上市企业中，新企业数量与普通企业数量为 137 比 14。见 Shin, 2002。

[2] 2000 年，他们占有高达 58% 的市场份额，其次是当地机构投资者，持股 37%。

[3] 三星电子的第一大股东是三星生命保险，但实际控股公司是三星第一毛织，它也是三星生命保险的第一大股东。

但这些复杂的交叉持股容易引起资本使用不善。资金被锁定在对本公司的投资上，而不是用于建设工厂、投资新技术或支付股息。[1] 这也是为何韩企处于亚洲利润最低的企业之列。韩国股票的平均交易价格因而也低于亚洲其他地区。这也是韩国在亚洲一直属于低价格市场的原因之一（北方邻国的敌视及其长期以来的核威胁，也不利于韩国市场）。

不过，这种情况正在改变。一些韩国商业帝国已经放下了吊桥，以吸引海外投资者购股。乐天集团、农协、现代百货、大林集团等提高了公司的管理标准，甚至三星集团也像现代重工业集团一样减少了交叉持股。这是向前迈出的一大步。但大量的交叉持股仍然存在，依然是韩国（以及日本）的独特标志。韩国的低股价仍将持续。

起起落落的悠悠球

2001 年中国加入 WTO 时，韩国是第一批在中国开设工厂的国家之一。在低成本劳动力和不断改善的基础设施的吸引下，韩企纷纷来此生产智能手机、汽车、电视显示屏和化妆品。中国和美国逐渐成为韩国最重要的两个出口市场。因此，韩国股市对中国和美国股票交易的动向自然非常敏感。[2] 只有中国台湾和中国香港与中国大陆（内地）的经济关系要高于韩国与中国大陆的经济关系。

专注于科技的传统财阀帝国和成长为本土巨头的科技初创企业现在主导着韩国综合股价指数，这对韩国股市的表现影响重大。科技企业的利润波动往往比销售冰激凌或饼干的公司的波动更大。这不仅是因为科技设备的需求（和利润率）每年都可能发生巨大变化，还因为科技公司需要巨额投资注入，才能确保在技术竞赛中不至落后。除了高额的年度研发预算外，建设一个新的半导体工厂大概需要 40 亿至 50 亿美元。

---

[1] 平均而言，中国台湾企业支付的利润分红要比韩国企业高得多。
[2] 亚洲市场中韩国股市与中国股指和美国股指的相关性最高。2015—2020 这五年间，韩国综合股价指数与美国标准普尔 500 指数的相关度高达 80%。它与中国的相关度在过去五年是 42%。

这就是为什么我们把韩国股市比作起起落落的悠悠球，它是亚洲股市波动最大的市场之一。对一些投资者来说，这很难接受，但对另一些投资者来说，这是机遇。目光敏锐、头脑冷静的投资者，对这种快涨快跌的股票很感兴趣。

韩流万岁

和中国台湾一样，韩国市场远不止几个科技公司，也有很多其他有趣的股票。这些股票受益于席卷亚洲和一些西方国家的"韩流"。韩国在荷兰电视节目中免费送低端汽车的时代已经一去不复返了。如今，大多数与韩国文化有关的东西都代表着现代、时髦、前卫、酷。

这一浪潮始于韩剧和肥皂剧，随后是音乐、美食、电影、网游、化妆品，甚至整容手术等。一切都始于一部故事情节独特的电视剧——《来自星星的你》，它于2013年至2014年播出，讲述了一个400年前来到地球的帅气外星人，与一位现代韩国女演员的爱情故事。这部电视剧在亚洲非常受欢迎，甚至有人想要翻拍成好莱坞电影。大约在同一时间，鸟叔的《江南style》成为YouTube上首个点击量高达十亿次的音乐视频。

近来，男团防弹少年团（BTS）的发展也如日中天，在美国、英国和欧洲各地粉丝众多。2019年，防弹少年团在伦敦温布利球场的音乐会门票在90分钟内售罄，后来不得不加一场。男团成员的一条推特曾在十分钟内获得100万次的浏览量，在一个多小时内发展至500万次的浏览量。2020年，该男团的经纪公司在韩国证券交易所上市，其股价在第一个交易日就翻了一番。

韩流还在继续蔓延。2020年，韩国电影《寄生虫》成为第一部获得奥斯卡最佳影片的非英语电影，也是韩国电影首次获得该奖。韩流也蔓延到网游，尤其是MOBA，即多人在线战术竞技游戏。韩国的顶尖游戏选手因此有机会成为世界明星。经常有超过1亿人次的观众在观看《英雄联盟》等重磅游戏的直播。[1]韩国选手李相赫（游戏 ID：Faker）成为电子竞技界的利昂内尔·梅西。

韩国传播出口"酷"的非凡能力，让这个国家，特别是首都首尔，成为一个必去的旅游胜地。疫情之前，数百万亚洲人会定期去韩国旅行，其中大多数是中国人，不过也包括我妻子的一群印尼密友。他们去著名韩剧取景地参观，购买他们喜欢的偶像明星使用的化妆品。在那里，游客们可以尽情享用韩国小吃，去烧烤餐厅和南部海岸附近的济州岛的热门赌场。胆子较大的游客还会预约整形医生。最热门的手术是注射肉毒杆菌以减少皱纹，以及双眼皮手术，让眼睛看起来更大更圆。

中国游客赴韩旅游人数从 2004 年略低于 500 万跃升至 2019 年的 1 700 多万，但 2020 年之后新冠疫情限制了国际旅行。在此之前，大批游客为这里的购物中心和免税店带来了巨大收益，如韩国新世界免税店，以及上市公司爱茉莉太平洋集团旗下的雪花秀等韩国化妆品品牌。

老龄化与单身化

除了科技公司和美食，中国台湾与韩国还有另一个共同点：社会加速老龄化。创造经济奇迹的一代人——20 世纪八九十年代制造电视、冰箱、轮船、汽车和半导体的工程师和机械师——现在已经六七十岁了。由于生活水平的提高，他们比自己的上一代人更加健康长寿。到 65 岁之际，这一代人的预期寿命约平均延长了 25 年，以后很快会增长到 30 年。[2]这意味着他们需要更高的养老金来支撑漫长而宽裕的退休生活。

问题是这代人能够享受到高额养老金的人并不多。韩国于 1987 年才开始实行养老金制度，而后全球第三大养老基金——韩国国家养老基金

---

① Custodio, 2020.
② 经济合作与发展组织（养老金）2017。

（NPS）于 2007 年成立①，对于现在才开始领取政府每月基本养老金的大多数人来说为时已晚。基本养老金在支付完食物和电费之后就所剩无几了。一小群老年人会聚集在首尔历史悠久的宝塔园（又称塔谷公园）以领取慈善机构分发的牛血汤和食盒。这些老年人受新冠疫情的打击尤其严重，因为许多类似的慈善活动因疫情取消。

不过下一代人有更充分的准备。首先，他们工作的时间延长了：虽然法定退休年龄是 62 岁，但韩国男性平均会工作到 72 岁，算是世界之"最"（日本是 71 岁）。许多人还努力储蓄，积累了可观的财富。这对管理这些储蓄金的地方金融行业来说是一个福音，韩国国家养老基金目前约占韩国股市的 13%。在中国台湾，人们为保障退休后的生活而购买储蓄产品，国泰人寿和富邦人寿等保险公司因此迎来大量资金的流入。随着时间的推移，这些公司已成为亚洲股市最大的投资者之一。

除了老龄化，中国台湾和韩国的另一个人口趋势是越来越多的人独自生活。我 2002 年抵达台北时，我的工作是领导一个由 12 名分析师组成的研究团队。团队成员大多数是 30 岁出头的单身女性，伊芙琳就是其中之一。她是一名沉着冷静的投资分析师，专门研究台湾各银行的资本实力及其利润，这让她成为一名非常有价值的证券投资顾问。伊芙琳拥有自己的公寓，常和密友一起去度假。有一点是明确的：她没有结婚的打算。我曾经问过她为什么。"因为男人，"她笑着说，"我不想把薪水交给丈夫，而这正是大多数男人所期望的。"

中国台湾和韩国单身户的数量急剧增加②，这一趋势也开始在亚洲其他地区显现。在中国，"三代同堂"的概念已经不那么普遍，2019 年，近五

---

① 韩国 1988 年开始实施一项全国养老金计划，该计划惠及有十名及以上雇员的企业员工。1992 年，强制性保险范围扩大到雇员人数在五人及以上的公司。1995 年扩大到农村地区的农民、渔民和个体经营者，最后于 1999 年 4 月扩大到城市地区的个体经营者。2003 年以后，这一覆盖范围逐渐扩大到全职员工少于五人的公司和工作场所。韩国国家养老基金管理以上所有养老基金。
② 2015 年，中国台湾 30 至 39 岁的人群中有 40% 未婚，韩国每十个家庭中就有三个是单身户。

分之一的中国家庭属于单身户。①

　　这也催生了各种各样的机会。台湾的一位农民开始生产一种新的木瓜品种，重量只有市场上常见木瓜的一半左右，因为原品种木瓜太大，一个人吃不完。为独居者准备的食谱和关于独自旅行的手册越来越受欢迎（约80%的购买者是女性）。中国台湾的"社长连锁商店"和韩国的GS零售等便利店推出了受单身人士欢迎的商品，如韩国料理dosirak——单人份午餐。各类商品零售商，无论是家具、衣柜还是电饭煲，都开始追求小巧美观。韩国现代汽车也加入了这一行列，推出了一款空间紧凑的运动型多功能车"Venue"，其目标客户是20—30岁左右、追求单身生活的人。

中国台湾和韩国股市是如何运作的

　　如果你对所有最新电子产品都感兴趣，了解DRAM和NAND的区别，关注纳米技术的发展，热衷于苹果产品发布，那么你会爱上韩国和中国台湾的科技公司。如果你也擅长观察股价变动趋势、了解交易技巧，那么中国台湾和韩国这两个股票市场就是为你量身打造的。

　　不过它们也适合其他类型的投资者——科技股的当日交易者、对波动较缓趋势有敏锐眼光的长期投资者，以及旨在寻找全球主导品牌的投资者或小而灵活、高利润企业的投资者。这两个市场也足够大且多样化，既可以满足每天运作数十亿美元的大庄家，也适合持有几千美元的小投资者。

　　在中国台湾，大部分科技界人士都在围着苹果转。iPhone、iPad、Mac、iPod和Apple Watch的许多零部件都是当地公司代工生产的。对一些公司来说，苹果是它们最大的客户，因此，台湾股市对苹果的供应链、产品发布和销售增长高度敏感。韩国的情况却与此不同。

　　两个地区的共同之处在于，它们比亚洲其他地区都更依赖美国和中国

---

① Rude, 2020. 在全球范围内，预计到2040年每十个家庭中就有一个是亚洲的单身户。

大陆^①——它们最大的贸易伙伴。还有美国债券收益。它们往往对美国债券市场的起伏最为敏感。如果美国经济进入高速增长期，债券收益率走高，那么受益最大的往往就是这两个市场。这也是为何中国台湾、韩国两个市场的走向经常相同，不过台湾市场相对更稳健一些。中国台湾股市的波动一般没有韩国股市那么剧烈。韩国股市之所以会出现下跌抛售然后迅速反弹的现象，部分原因在于韩国企业的收益波动更大。

再加上僵化的财阀帝国和偏低的年度股息分红，因此几十年来韩国股市的估值远低于台湾股市。台湾股市对盈利能力和股息的精准关注，使其市场成为选股者的快乐猎场，这里有很多商业模式清晰的高质量公司供投资者挑选。

如前所述，除科技市场外，中国台湾市场和韩国市场还涉及很多其他领域，如中国台湾的自行车制造商、韩国的男团乐队。^②这些非科技公司的发展动力往往与科技股的大不相同。它们通常受益于消费人群的结构变化，就像板块运动一样。不过这些变化通常是可以预测的，因为其变化是逐步展开的。

随着社会老龄化的加剧，其股市的性质也在发生变化。韩国和中国台湾本土投资者现在是股市的主导力量，不同于 20 世纪 90 年代，他们也开始放手投资亚洲其他股市。是的，这其中有很多是由资产管理公司、养老基金和保险公司运营的机构资金，但同时我们也看到了散户投资者的崛起。2020 年新冠疫情爆发后，韩国股市 80% 以上的交易量都是本土的散户投资者在推动。中国台湾也是如此。

这对地区财富经理人、保险公司、证交所和股票经纪人来说是个好消息。本地散户更愿意投资零售业、免税店和化妆品品牌，而不是大型科技

---

① 从技术层面上讲，中国台湾股市与中国大陆和美国股市指数具有高度相关性。台湾加权指数与美国标准普尔 500 指数之间五年内的相关性高达 77%，几乎与韩国的 80% 相当。过去五年，中国台湾与中国大陆的相关度为 57%，是亚洲最高的地区之一（香港比台湾略高）。

② 在中国台湾，2020 年 12 月科技公司占有 54% 的市场，银行占 13%，剩下的是消费品、工业和化工企业。在韩国，科技公司占 36% 的市场份额，金融占 8%，剩下的是各类零售商和工业企业。

公司。因为他们每天都在购买此类产品，所以更了解这些品牌。久而久之，这将有助于此类市场的扩展，可以引来更多小型股票交易。

中国台湾与韩国市场虽然有诸多相似之处，但也有明显的不同。韩国的大型企业通常是家族企业，会在全球市场获取大量投资。韩国的三星、现代、起亚、LG 等大品牌的产品，从阿姆斯特丹到里约热内卢都有展销。台湾的情况就并非如此。大多数人很难说出三四个以上始创于中国台湾的消费品牌。[①]

尽管如此，台湾代工产品在生活中却随处可见。各类零部件、芯片和镜头等产品保证了电脑和智能手机运行顺畅。台湾股市的构成反映了当地企业重权宜、轻美观，重工程制造、轻品牌建设，重机械部件、轻玛奇朵咖啡的思维方式。我认为这种情况短期内不会改变。

现在，我们将注意力转向雅加达、曼谷和马尼拉，这些地方的市场与台北和首尔的市场相去甚远。在这里，人们关注的焦点是本地买家，而非全球品牌或高端技术。

---

① 台湾品牌：捷安特自行车、电脑制造商宏碁和华硕、规模小但知名度高的硬盘和路由器制造商技嘉、友讯集团，以及软件制造商讯连科技。

第八章　东南亚股票市场

印度神曲当嘟乐、迷宫和悖论

爪哇（Java）以其古老的传统、迷人的街景、壮丽的风景和热情好客的居民吸引着来自世界各地的游客们。这里土壤肥沃、物产丰饶。光秃秃的土地上种植着香蕉树，岛上栽满了鸡蛋花树、椰子树和芒果树，还有深绿色的稻田。它很繁忙——爪哇的人口比墨西哥和日本还多。

1990 年，我还是一名学生背包客。当我在岛上游玩的时候，我就被它迷住了。我住在廉价的宾馆里，乘公共汽车和火车在岛上来回穿梭。窄窄的单车道如蜘蛛网般横跨整座岛屿。小房子星罗棋布地点缀在这片风景中，它们离大路尚有点距离。爪哇一直以来的国土面积都不算辽阔，农场、村庄、餐馆、清真寺和城镇拥挤无章、布局参差，很难想象这里曾是统治一方的强盛古国。但仔细观察，你会发现爪哇前伊斯兰时代的痕迹随处可见——取名为阿朱那（Arjuna）或比马（Bima）的卡车和名为辛塔（Sinta）的商店，这些名字都来自几千年前的印度梵文史诗。

作为来自荷兰一个小镇的年轻旅客，我对此敬畏不已。寺庙里可以看到圆锥形的火山。我喜欢坐在街道边，手里拿着克雷泰克（kretek）香烟，看人们各自忙碌着——孩子们穿着熨烫整洁的校服去上学，女人们卖冰激凌、零食或炒饭，还有哇扬戏（wayang），男人们则喜欢随手帮忙指挥混乱的交通。当太阳落山时，穿着纱布和白色头巾的男孩们从我身旁经过。前往附近的一座小清真寺时，我可以听到马格里布（mahgri）祈祷者的呼唤声响彻全场。

爪哇民风开放，我很快就交到了朋友。在爪哇岛中部的日惹市（Yogyakarta，印度尼西亚爪哇中南部特区），一群寄宿在那里的学生邀请我住在他们家的一间空房间里。他们热情地接待了我，我相信这是印尼人所独有的。与我最亲近的两个人是伊达姆（Idham）和卡塞普（Cacep），他们和我一样，都处于大学的最后一年。伊达姆学的是工程学，但没有人知道卡塞普将来会做什么——他对此讳莫如深，尽管多年后我听说他获得了商学学位。

白天，当他们在上课时，我就在城市里游览或参观寺庙。晚上，我们会在一块帆布下临时搭建的餐馆里碰面，并一起抽克雷泰克香烟。阵阵异域风情的香料和烤肉的香味从移动餐厅的厨房里逸散而出，然后悠悠穿过街道。之后，我们会走在日惹纵横交错的街道和小巷里。伊达姆和卡塞普教我学习他们的语言，向我解释他们的习俗，介绍当地的美食，告诉我他们的信仰、担忧和希望。慢慢地，爪哇向我敞开了大门，在这个过程中，我爱上了这个地方，也爱上了这里宽容、好客的人们。

有一天，我的学生朋友向我介绍了当嘟乐（dangdut），这是印尼特有的一种音乐表演（I-pop）。这种音乐像是电子乐、宝莱坞（Bollywood）和中东流行乐的混合体，节奏很奇怪，既合拍又不合拍。事实证明，当嘟乐不仅仅是音乐和舞蹈，它对整个东南亚地区都具有借鉴意义。

表演当嘟乐的男性会穿着敞开的衬衫和紧身牛仔裤，脖子上戴着长长的项链，脚上穿着橡胶丁字凉鞋，昂首阔步地走来走去。但真正让人眼前一亮的是女演员。按照爪哇人苗条的标准，她们都是性感尤物，腰肢惊人得灵活。她们脚踩高跟鞋，衣裙旋转飘逸。她们那抖动的臀部动作一直以来都是议会辩论的焦点，伊斯兰委员会也在讨论，甚至国家安全委员会也介入调查，因为他们担心这些动作可能会引发大规模的骚乱。当嘟乐一直都是头条新闻。

1982 年，当嘟乐明星 Elvie Sukacsih 受邀在一个宗教集会上表演。事实证明，这是一个政治上的神来之笔。成千上万名狂热的粉丝把现场围堵得水泄不通，以至于当地安全部队担心人群中会爆发骚乱。2003 年，一位名叫伊努尔·达拉蒂斯塔（Inul Daratista）的年轻女子出现在国家电视台上，她那抖动的臀部和性感的尖叫声令社会上较为保守的一部分人为之震怒。医生警告女性不要在家里尝试这些动作，印尼穆斯林委员会也呼吁禁止这种行为，议会成员还曾试图起草针对这种淫秽行为的法律。五年后，一位美国学者根据这一争议写了一篇论文，探讨了"女性的身体是如何成为宗教权威、言论自由、女性权利和印尼政治领导层未来公开辩论的焦点"[1]。

据我了解，爪哇的情况比较复杂。当嘟乐广受欢迎，但遭到了穆斯林神职人员的抵制，这一现象反映了在一个保守的社会中，在定义道德和何谓可接受行为之间存在不同看法。它总体上反映了爪哇以及南亚地区的矛盾。整个地区一直处于新和旧、宗教和世俗、极端和温和、城市和乡村之间的斗争中。

我很快就尝到了这种滋味。虽然我在爪哇遇到的人都很开放和友好，但在那个年代，整个地区的入境官员却是另一拨人。西方游客成群结队地来到东南亚，但并不是所有人都受到了欢迎，尤其是那些留着长发、穿着宽松裤子、闻起来好像一周都没洗澡的人。当我出现在马来西亚西海岸的美丽岛屿槟城（Penang）时，我通过了入境官员的测试，尽管我的背包里包着一条印尼蜡染布裙。但还有很多人没有通过入境测试。相反，他们的护照上盖了一个大大的印章："SHIT"（Suspected Hippie In Transit，疑似嬉皮士过境旅客）。他们有三天时间离开这个国家，很多人因此选择临时

① Andrew Weintraub, *Dance drills, faith spills: Islam, body politics, and popular music in post-Suharto Indonesia*, Cambridge University Press, 2008.

去泰国。

我没有被吓倒，而是步履不停地在这片我为之着迷的城市里漫游。后来，作为一名股票分析师，我仔细研究了在东南亚国家联盟（ASEAN）上市的小型股票。东盟由赤道附近的众多国家组成，是一个松散的联盟组织，其中包括印度尼西亚、泰国、新加坡、马来西亚、菲律宾、越南、文莱、柬埔寨、缅甸和老挝。这是一个多元化的组织，新加坡是其中最富有的国家之一，而柬埔寨则是最贫穷的国家之一。

但东南亚的大部分地区都有很多共同之处，例如，在成千上万个小城镇和村庄里，居住着越来越多的中等收入家庭，单行车道如迷宫般在各地交错相通，就像我作为背包客去过的那些地方一样。这些国家加在一起，形成了一个约六亿人的庞大消费市场，在数值方面，可比肩印度、俄罗斯或巴西。东盟国家苦于把产品运至自己所预期的国内消费市场，但一旦产品抵达，随后便会暴露出许多问题。

这一地区最大的股市是印度尼西亚、泰国和新加坡，其次是马来西亚、越南和菲律宾。老挝和柬埔寨的市场非常小——只有少数公司会在那里交易——文莱和缅甸的市场仍处于规划阶段。在 20 世纪 90 年代中期，泰国、马来西亚和印尼是组织当之无愧的中心，而中国则备受冷落。1997年亚洲金融危机爆发，随之中国于 2001 年加入世贸组织，使情况发生了翻天覆地的变化。中国引领着该地区数十亿美元的投资基金流动，而东南亚地区的市场规模无疑还是太小。

百富勤的出租车案例和一个鼓舞人心的三明治小贩

亚洲金融危机的起因让人不禁想起欧内斯特·海明威（Ernest Hemingway）1926 年的小说《太阳照常升起》（*The Sun Also Rises*）中的一段对话。"你是怎么破产的？"比尔（Bill）问。"两个阶段，"迈克（Mike）说，"先是慢慢地，然后是突然地。"这段对话也被认为是马克·吐温（Mark Twain）和 F. 斯科特·菲茨杰拉德（F. Scott Fitzgerald）的作品，但它的起因并不是问题的关键。

直到 1997 年 7 月初那决定命运的一天来临之前，泰国和印尼市场都是每个人投资的首选。当时，随着股市的持续繁荣，大牛市的持续时间可能长达十年之久。这是一条双向道路。为了吸收该地区流动的所有资金，许多东南亚公司开始大举借贷，或争相在当地交易所上市。可问题是，借来的钱并不是都有明智的投资去处。[①]

当泰国政府让泰铢贬值时，许多泰国和印尼（以及韩国）企业多年来收购的巨额美元债务突然变成了有毒资产。泰铢一落千丈，泰国企业意识到，偿还美元贷款所需的巨额泰铢远远超出了它们的能力。一夜之间，大批企业破产，进而引发了跨越国界的连锁反应。印尼盾和韩元也被卷入了这一漩涡，尾随泰铢一起进入了洪流。结果当然是灾难性的。

年轻鲁莽的香港投资银行百富勤（Peregrine）与 Steady Safe 公司（一家印尼出租车营运商）之间的一笔交易，成为该地区所有问题的缩影。结果证明，这家公司既不 Steady（稳定），也不 Safe（安全）。百富勤由英国前赛车手菲利普·托西（Philip Tose）创立，在李嘉诚等一系列香港大亨的支持下，托西将该业务发展成为除日本以外亚洲最大的投资银行。如果在东南亚有一笔大交易——合并、收购或一家新公司上市，百富勤都会参与其中，不管客户是谁。

这家以猎鹰家族中速度最快、最致命的成员命名的公司并非人人都喜欢。1997 年 11 月，《经济学人》杂志上的一篇文章说："百富勤虚张声势的风格，以及它愿意与政府亲近的态度，让它受到了大量的诋毁。"[②]

---

① 例如，泰国的平均股本回报率从 1992 年的 13% 下降到 1996 年的 5%。在同一时期，泰国资本回报率（税前）从 9% 下降到 5%，在印度尼西亚，从 12% 下降到 10%。更多细节请参见 Pomerleano，1999。

② "Peregrine: hawk turned prey"，*The Economist*，22 November 1997.

导致百富勤倒闭的主因是其在 Steady Safe 的个案中表现失误。Steady Safe 是一家名不见经传的印尼出租车公司，由印尼声名显赫的出租车经销商乔皮·维德贾亚（Jopie Widjaya）经营。他的梦想是把自己利润丰厚但单调乏味的雅加达出租车公司（有 4 000 辆车），变成一家涉足铁路项目、轮渡、房地产和收费公路的建筑集团。为了争取业务，维德贾亚与当权者交往甚密，比如他与苏哈托（Suharto）总统的长女西蒂·哈迪扬蒂·鲁克马纳（Siti Hardiyanti Rukmana）就关系匪浅。他的出租车生意看起来十分稳定安全，在百富勤旗下那些漫不经心的银行家看来，它的一切都不会出错。

为给业务扩张提供资金，Steady Safe 以无担保过渡性贷款的形式向百富勤借了 2.6 亿美元现金。随着印尼盾汇价大跌，Steady Safe 根本无力偿还债务。随着整个亚洲市场的萎缩，百富勤的雄心最终化为乌有，只好宣布破产。当时，Steady Safe 的股价已跌至几乎为零。奇怪的是，这引发了一场购买狂潮，人们争相购买其纸质股票，以作为纪念品。不知为何，Steady Safe 并未遭遇灭顶之灾，在雅加达拥堵的街道上，它的出租车仍随处可见。该公司目前仍在雅加达证券交易所（Jakarta Stock Exchange）上市。就像当嘟乐一样，让人有点困惑。

美国传奇投资家沃伦·巴菲特（Warren Buffett）总是走在时代的前面。例如，1992 年，他说：“只有潮水退去时，你才会发现谁在裸泳。”巴菲特先生是在安德鲁飓风（Hurricane Andrew）——美国佛罗里达州有史以来最具破坏性的风暴之后发表上述言论的，安德鲁飓风之所以能给保险业造成重创的原因之一，就在于保险业的内部缺陷。当然，他也可能是在影射亚洲金融危机的严重后果。

整个亚洲地区的企业都被打得措手不及。像 Steady Safe 一样，大多数企业都摊手告诉银行，这些贷款现在是银行自己的问题了。在印度尼西亚和泰国，人们冲向银行柜台和 ATM 机提取存款。侥幸取出存款的人们开始买入黄金和美元，将印尼盾和泰铢的汇价进一步压低。这场危机逐

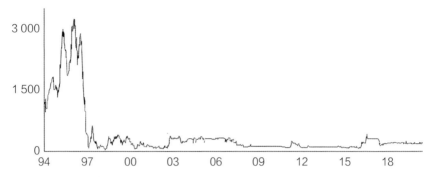

图 8-1　1997 年亚洲金融危机后，Steady Safe 的股价再也没有恢复，百富勤亦是。
注：Steady Safe 的股票代码是 Safe IJ。

渐失去控制，并很快蔓延到韩国。股市暴跌，中国香港房地产的价格也暴跌。

　　由于公司倒闭，数百万人失去了工作。震怒之下，印尼学生走上街头表达他们的不满，要求总统苏哈托辞去职务。几天后，我看到当坦克驶过雅加达时，学生们会投以石块袭击，还看到军队向学生开火。整个城市都笼罩在一片紧张不安的气氛下，发动政变的谣言四起。最终，1998 年 5 月，苏哈托总统在近 30 年的独裁统治后下台。亚洲金融危机导致了一个政府分崩离析。

　　在国际货币基金组织（IMF）的资金支持下，东南亚的政客和政策制定者匆忙应对这次经济危机。面临倒闭危险的银行获得了巨额资金注入，大量债务被注销，幸存下来的企业得以重新开张。到 2000 年，东南亚的股票市场开始缓慢复苏，但从中汲取的惨痛教训从未被遗忘。即使在今天，许多泰国和印尼公司也不愿意承担债务，尤其是美元债务。

　　如果说百富勤被视为典型的失败融资案例，那么有一个人则成了复原力和复苏的象征。西里瓦（Sirivat Voravetvuthikun）于 1974 年从得克萨斯大学奥斯汀分校毕业，后来在曼谷找到了一份股票交易员的工作。事实证明，他对选股非常内行，以至于在 20 世纪 90 年代就已经声名鹊起，在业内素有"幽灵"的称号。只要经过他的指点，公司的股价就会上涨。到

20 世纪 90 年代中期，他已是千万富翁，过上了优渥的生活。

　　然而，危机带走了他的万贯家财，只留下一大堆债务。无奈之下，西里瓦求助于他的妻子维拉勒克（Vilailuck）。他的妻子想出了卖三明治的主意，三明治是用她最喜欢的日本面包品牌山崎（Yamazaki）面包做的。很快，他便现身于曼谷街头，在脖子上挂着一个黄色的泡沫盒子，兜售着这种美味的零食，每天赚着几百泰铢。后来，他慢慢建立起了自己的新公司——西里瓦三明治（Sirivat Sandwich）。如今的他经营着一家连锁咖啡店和一家餐饮公司。他从走街串巷的小贩跃升为曼谷知名企业家的故事十分鼓舞人心，成为泰国乐观和坚韧的象征。

　　无独有偶。在泰国，康民国际医院（Bumrungrad）和曼谷杜斯特医疗服务公司（Bangkok Dusit Medical Services）等医院的当地高端医疗市场已经消失。相反，它们专注于一种新型的顾客群，为每年蜂拥至泰国的游客提供年度健康检查，如有需要，还会进行额外的手术，价格比中国香港、东京或纽约便宜不少。这种医疗旅游大获成功。在菲律宾，企业利用菲律宾人精通英语的优势，在以前严重依赖旅游业的宿务岛（Cebu）建立了消费者呼叫中心。

　　然而，尽管资本仍在向东盟各国的银行注入，银行经理仍在与遭受重创的企业重新谈判债务偿还计划，但世界其他地区的情况早已不同。电子商务和移动技术成为新的热潮。该地区培育本土科技公司的时间较晚，除了少数几个外，这样的公司都没有出现在东南亚股市中。在这个相当小的领域里，新加坡冬海集团（Sea Ltd.）表现得十分出色。

　　2009 年，在全球金融危机最严重的时候，该公司由企业家李小冬（Forrest Li）创立。当时的全球金融危机让亚洲金融危机看起来只是一个小小的波动。冬海集团的第一款产品是电子游戏的通信工具，其业务后来扩展到电子商务（Shopee）和数字支付（SeaMoney）领域，现在已是东南亚最大的互联网平台，中国的腾讯（Tencent）也持有该公司的股份。其他一些成功的互联网公司也涌现了出来，例如印尼的摩托车配送公司

Gojek，但它们并没有上市。

　　缺乏大型科技公司这一事实意味着，东南亚地区的股市主要是由 20 世纪 80 年代以来就已存在的"传统"公司组成——以食品生产商、饮料装瓶商、烟草生产商、电信运营商、银行和当地企业集团为主。[①] 大多数都是长期稳定运营的企业，每年都不会有很大的变化。但也有一些大宗商品企业的利润波动可能会很大——比如棕榈油种植园、煤矿或炼油企业——但它们往往是少数，而且这些股票市场通常"只考虑本地"。

新城镇、新市场

　　随着时间的推移，1997 年金融危机的阴霾慢慢消失了。随着经济的复苏，各国政府开始重新启用并实施修建公路、铁路、医院和学校的计划。改善国家各个地区基础设施的举措将对股市产生重大影响。

　　到了 20 世纪 90 年代中期，我不再背着背包到处旅行，而是打扮得西装革履。作为雅加达的一名股票分析师，我经常从一个城市飞到另一个城市，拜访大多数西方投资者从未听说过的一些公司，从而对该地区有了全新的认识。我参观了菲律宾的水泥厂，在吉隆坡接受了媒体采访，还参观了曼谷的银行和购物中心。最难忘的一次是参观泗水（Surabaya）附近的克雷泰克卷烟厂。厂里巨大的大厅里弥漫着烟草、汗水和丁香的香味，成千上万的妇女一边听着当嘟乐一边卷烟。

　　这些香烟在印尼各地广受欢迎，通常在小摊贩商店里按条出售，是一个庞大的消费产业。故事从 1850 年左右的爪哇小镇库杜斯（Kudus）

[①] 这里有一些例子。食品生产商：泰国的正大集团（Charoen Pokphand）、印度尼西亚的印多福（Indofood）、菲律宾的 Universal Robina。饮料装瓶商：泰国的 Thaibev、菲律宾的 San Miguel。烟草制造商：印尼的 Sampoerna 和 Gudang Garam、英美烟草（BAT）马来西亚分公司。电信公司：印尼的 Telkom Indonesia、泰国的 AIS、马来西亚的 Axiata、菲律宾的 PLDT 和 Globe。银行：印尼的中亚银行（BCA）、泰国的暹罗商业银行（Siam Commercial Bank）、菲律宾银行。当地大企业集团：印尼的阿斯特拉国际、菲律宾的阿亚拉集团、马来西亚的森那美和杨忠礼集团（YTL）。

开始，有人想出了一个绝妙的主意，即把干丁香花蕾加入手工卷烟中，以缓解他的胸痛。[1] 它是否有益健康还不得而知，但克雷泰克公司却从中发现了商机并开始大量投入生产。其他的同类大品牌还有桑波娜（Sampoerna）、盐仓（Gudang Garam）和奔都尔（Bentoel），无论是在大型广告牌上、电视上，还是在播放着当啷乐的卡车后面的贴纸上，它们的广告随处可见。这些企业的股票都在雅加达证券交易所上市了。

在那个年代，拜访印尼内陆地区的工厂可不是一件容易的事。首先，你必须远离以拥堵而闻名的雅加达交通，挑战在纵横交错的蜘蛛网一样的爪哇单车道中穿行。后来，连接爪哇北部沿海所有主要城市的跨爪哇高速公路计划被批准。在经过一些严重的工期延误后，这条新公路终于在2019 年正式通车。突然之间，之前需花费数小时甚至数天的旅行被大大缩短了时间。这种建设更好的道路、桥梁和机场的尝试不仅发生在爪哇，也发生在马来西亚、泰国、越南和菲律宾。

基础设施的改善带来了各种各样的新机会。以前，工厂大多建在港口附近，以避免卡车被困在交通堵塞中。现在，工厂可以建在距离更远的内陆，这意味着那些找工作的人不必再去雅加达、马尼拉（Manila）或曼谷，而是可以留在附近的工厂。女性也加入了求职大军。她们通常不像她们的母亲和祖母一样，生养那么多的孩子。随着家庭规模越来越小，她们有了更多的时间去工作。在大城市之外，人们购物的方式、地点和购买的东西都发生了改变，而且改变会一直发生。

新城镇和高收入也带来了强大的消费力，而这种消费力往往遵循一个类似的模式。

首先是从摩托车转向汽车，最好是一辆能载着整个大家庭（包括侄女和侄子）去购物中心度过周末的汽车。几乎每个菲律宾人、泰国人或印尼人都开过丰田 Avanza，这可能是该地区最受欢迎的家用汽车。这些汽车

---

① Hanusz, 2000, pp.10-12.

Handel en Industrie.

DE BEURS.

Koersnoteeringen van de

Makelaars K. Goelst & Co.
te Batavia.

AMSTERDAM, den 1sten November.

	Gist.	Heden.
Certificaten N. H. M.	173 %	173 %
Javasche Bank	238 »	238 »
Ned. Ind. Hand.	216 »	217 »
Koloniale Bank	127 »	128 »
N. I. Escompto Mij.	136 »	137 »
Handelsv. Amsterdam	187 »	187 »
Internationale	195 »	196 »
Pref. Paleleh	110 »	109 »
Gew. Paleleh	41 »	41 »
Redjang Lebong	238 »	238 »
Pref. Ketahoen	43 »	43 »
Gew. Ketahoen	31 »	32 »
Simau	352 »	352 »
Totok	44 »	44 »
Gloenboek	69 »	70 »
Ned. Scheepvaart Unie	146 »	147 »
Rott. Lloyd	139 »	139 »
Kon. Paketv. Mij.	155 »	156 »
Java Ch. Japan.	108 »	116 »
Sem. Ch. Tram	215 »	215 »
Sem. Joana Tram	177 »	177 »
Bat. Electr. Tram	86 »	86 »
Ned. Ind. Spoor	303 »	305 »
Tarakan Petr. Mij.	10 »	110 »
Oost Borneo	83 »	83 »
Kon. Petr. Mij.	505 »	513 »
Geconsolideerde	214 »	223 »
Linde Teves	217 »	217 »
Poerworedjo	92 »	92 »
Prolongatie-rente	4 %	4 %

图 8-2　世界上最早的上市公司——荷兰东印度公司的遗迹在雅加达随处可见。这是一张 1935 年的照片，照片上的这座 U 形建筑属于荷兰贸易公司（NTS），也被称为 De Factorij，是荷兰银行（ABN AMRO）的前身。

荷兰贸易公司是由荷兰东印度公司在 18 世纪末期破产后幸存下来的业务组成的。这座建筑位于城市北部的科塔（Kota）火车站对面，现在是曼迪利银行的企业博物馆，即曼迪利银行博物馆（Museum Bank Mandiri）的所在地，"Factorij"的字样仍然醒目地挂在大楼正面。

从 1912 年至今，本例中的股票经纪人——位于巴达维亚（现在的雅加达）的 K Goelst & Co 公司开始在当地报纸上发布股票价格。

是由丰田的合作伙伴生产的，比如印尼的阿斯特拉国际。阿斯特拉国际是东南亚最大的生产汽车和摩托车的集团，其部分股权由总部设在中国香港的怡和集团所有。

买了车之后，又该买一幢更大的房子了。这对房地产公司来说是个好消息。泰国房地产开发商 Land and Houses 在 1997 年的亚洲金融危机中遭受过重创，但有幸从新加坡政府投资公司①（the Government of Singapore Investment Corporation，简称 GIC）筹措到了资金。GIC 是新加坡的主权财富基金。这使得该公司能够在需求回升之际重启其房地产业务。它现在是泰国曼谷及其周边地区的主要住宅和共管公寓的开发商之一，在清迈（Chiang Mai）、大城府（Ayutthaya）和普吉岛（Phuket）也有大型房产项目。②菲律宾阿亚拉地产（Ayala Land）的情况与它类似。该公司隶属于阿亚拉集团，其业务范围包括银行（菲律宾群岛银行，Bank of the Philippine Islands，简称 BPI）、电信（环球电信，Globe Telecom）和公用事业（马尼拉水务，Manila Water）。

所有入住的新业主都需要置办很多东西，所以他们会去泰国的合普诺公司（Homepro）和印尼的哈德瓦公司（Ace Hardware）购买油漆、灯具、橱柜或厨房设备。对于这些新兴、快速发展的城镇和城市里的购物中心的经营者来说，这是一笔巨大的生意——其中就包括印尼的马泰哈利公司（Matahari）和罗摩衍那公司（Ramayana）（都是印度古老史诗中的梵文名称）、菲律宾的 SM 超级商场，以及菲律宾的 Puregold 和印尼的 Alfamart 等小型便利店。

麦肯锡（McKinsey）③商业咨询公司的一项研究认为："到 2030 年，东南亚预计将有多达 9 000 万人搬到这些快速扩张的城市里。到那时，宿务（Cebu）预计将成为该地区的第四大洗涤剂市场，泰国的孔敬（khon

---

① GIC 目前持有该公司 8% 的股份。
② Land and Houses Annual Report, 2019.
③ Woetzel, 2014.

Kaen）将成为第六大面部保湿产品市场，雅加达东部的印尼城市勿加泗（Bekasi）将成为第六大纸尿裤市场。"[1]

　　基础设施的改善也促进了旅游业的发展。例如，普吉岛国际机场升级和新航站楼落成后，其年旅客吞吐量翻了一番。这帮助普吉岛在十年内从背包客天堂转变为高端旅游目的地，该岛现在已配备了众多五星级酒店。旅游业为泰国经济作出了巨大贡献。在疫情爆发前，旅游业的总体收入约占泰国 GDP 的 12%。

　　比尔·海内克（Bill Heinecke）是这个国家最不可能从繁荣的旅游业中获益的企业家之一。从姓名可知，他不是泰国人。这个美国人在上高中的时候就在曼谷用水桶和拖把开始了自己的办公室清洁生意。他现在是美诺国际集团（Minor International）的董事长。美诺国际是一家上市公司，经营着连锁豪华酒店、食品公司和家居专卖店。近年来，美诺虽受到了疫情的打击，但在海内克的执掌下，它挺过了亚洲金融危机和全球金融危机，所以预计会和泰国旅游业的其他行业一起迅速实现反弹。

　　但拥有更好的交通系统也有其不利的一面，这使得新来者更容易进入这些市场。在菲律宾和印度尼西亚等群岛周围，狭窄的单行道、堵塞的交通和拥挤的港口，给分销货物和产品带来了各种各样的障碍。这些障碍正在慢慢被打破。对于一些行业和领域来说，这可能不是个好消息。在这些行业和领域，本土企业已习惯于独享市场，外来企业几乎很难生存下来——然而，这种情况正在改变，东南亚也是一样。

　　以印尼的水泥市场为例。在中国安徽海螺集团的子公司印尼海螺水泥公司（Conch Cement Indonesia）参与竞争之前，这本是一个高枕无忧的本地行业。有了这家中国公司雄厚的资金支持，这家新来公司在收购了一家当地生产商[2]之后，很快就成了印尼第三大水泥生产商。印尼国内企业

———————
[1] Woetzel, 2014, p.7.
[2] 指印尼霍尔希姆（Holcim Indonesia）公司。截至 2019 年底，水泥公司 Semen Indonesia 和 Indocement 控制了当地综合和研磨工厂 70% 的装机容量。印尼海螺水泥公司是第二大生产商。参见 Perilli, 2019。

不得不撸起袖子，以牺牲利润率为代价来应对日益激烈的竞争。[1] 同样，当来自韩国的竞争对手乐天在雅加达开设新的大型超市时，当地零售市场也发生了动摇，利润再次受到影响。

然后，东南亚的互联网市场开始繁荣兴盛。

网络情缘

也许是由于雅加达、曼谷和马尼拉等城市的人非常善于社交，再加上可怕的交通堵塞，迫使人们不得不在远离家人和朋友的车里待上几小时。不管是什么原因，印尼人、泰国人和菲律宾人都痴迷于网络聊天和刷推特（Twitter）。印度尼西亚也是世界上最喜欢使用 Facebook 的国家之一。[2] 2019 年，在 Facebook 的全球用户中，6% 以上是印尼人。考虑到年龄在 15 到 49 岁之间的人口中，只有四分之一的人能接触到网络，这已经是一个不小的成就了。

他们不只是聊天或看当嘟乐视频，在推动社会公正和披露政府官员不当言行方面，他们也取得了惊人的成果。在泰国，有的 Facebook 用户喜欢统计一位政府部长在公共场合佩戴的昂贵手表的数量——11 块劳力士手表，由此引发了人们的质疑：一位拿着公务员工资的前任将军怎么能买得起如此昂贵的配饰？

推特和网聊的热度对任何在线销售商品的人来说都是一个好消息。以前远在城镇和乡村的数百万消费者，现在突然变得触手可及。有些令人惊讶的是，该地区的银行是最先发现这一绝佳商机的企业。在亚洲金融危机结束之后，它们经历了彻底的改革，修复了资产负债表，状况比之前好多

---

[1] 例如，在印度尼西亚，水泥公司 Semen Indonesia 的 EBITDA 利润率从 2010 年和 2011 年的 35% 和 33% 下降到 2018 年和 2019 年的 21% 和 22%。百货商店 Matahari 的利润率从 2011 年和 2012 年的 30% 和 31% 下降到 2018 年和 2019 年的 26% 和 21%。

[2] Wahyudi, 2018.

了。它们想要扩张，但面临着一个老问题：菲律宾和印尼的许多人过去没有（现在仍然没有）获得过银行账户、信用卡或抵押贷款等最基本的银行服务。在东南亚的大部分地区，只有不到 50% 的人拥有银行账户。[①] 但是他们都有手机。

数字银行已经到来，且发展迅速，竞争也愈发激烈。调查显示，有一半无法使用数字银行的人希望能尽快享受相关服务。电子钱包（一种与银行账户相连的电子卡）一类的支付平台如雨后春笋般涌现。[②] 新加坡 Grab 等叫车应用都开通了移动支付功能，其本地支付软件 GrabPay 现已进入马来西亚和菲律宾。与此同时，像 Ayannah 这样的汇款公司也已经在菲律宾推出了新的应用程序，新加坡冬海集团旗下的 Shopee 也在该领域里玩得风生水起。中国的数字巨头也发现了这些市场，腾讯和阿里巴巴开始与印尼本土的 Tokopedia 展开竞争。简而言之，这是一个相当拥挤的市场。

然而，尽管竞争如此激烈，银行还是表现得极为出彩。熟练的数字操作和在快速增长的城镇和城市签约新客户的能力，已经让该地区的一些银行成为世界上最能盈利的银行之一。[③] 对于印尼的 Telkom、泰国的 AIS 和马来西亚的 Axiom 等电信运营商来说，争相上网也是个好消息。社交媒体和电子商务活动的快速增长，也必然导致移动数据的爆炸式增长，使 Towers Bersama 等电信塔运营商得以安安稳稳地坐下来计算利润。现在，第一批科技公司正计划在雅加达股市进行首次公开募股。

但数字革命还没有结束。越来越多过去把钱存在家中保险柜的人第一次把钱存入银行账户，同时还开始购买共同基金和股票。因此，当地投资者已成为影响本国股市的一支不可忽视的力量。在泰国，散户投资额已经

---

① 在泰国，四分之三的泰国人会通过移动设备访问银行，而在印尼，移动设备的渗透率只有 70%。参见 "ASEAN needs smart regulation to boost financial inclusion", *Nikkei Asian Review*, 6 January 2020。

② 从 2014 年到 2019 年，印尼的移动支付用户增加了 2.5 倍，如今他们占银行开户总人口的 32%。印尼 BCA 的移动交易从 2017 年底的 3 亿笔增加到 2020 年底的 17 亿笔。来源：BCA 网站。

③ 印尼 BCA 2019 年的息差超过 6%，资产回报率为 4%，股本回报率为 18%。这是亚洲多数银行的两倍左右。亚洲金融危机后对坏账的大规模清理也起到了作用。

超过了传统上主导市场的大型国际基金，目前约占日交易量的一半。有明显的迹象表明，印尼也发生了类似的情况。在新加坡和马来西亚，当地的养老基金已经主导了各自的市场。[1]

人们普遍认为，这些散户会按小时押注股票，但事实并非总是如此。他们当中的许多人也会进行长期投资，只是与外国投资者不同的是，他们在市场出现波动时不会仓皇而逃，从而造成汇率的大幅波动。马来西亚已成为该地区最稳定的股市之一，原因很简单：当外国人抛售股票时，马来西亚一家大型养老基金则会将其视为买入的机会。[2]

邻居越南

越南是东南亚少数几个没有遭受 1997 年亚洲金融危机风暴的国家之一。当时该国经济仍处于发展的早期阶段，多数企业为国有，因此没有美元债务。没有股市崩盘，也没有经济衰退。这个国家的国内危机直到 2007 年才爆发。原因似曾相识：随着经济的开放，外国投资者意识到了该国的增长潜力。大量资金快速涌入，极大地提高了风险。

这些巨额资本的流入导致了信贷的快速增长。再加上公共部门支出的增加，以及能源和食品价格的飙升，造成了高水平的通胀和巨额贸易赤字。2007 年经济过热之后，越南的经济形势于 2008 年上半年开始恶化。银行坏账泛滥，货币贬值，2000 年才开放的新兴股市市值蒸发了 70%。就像 1997—1998 年的经济危机一样，但这次只发生在越南。与印度尼西亚和泰国的经历一样，外国投资者纷纷逃离，政府不得不注销贷款，向银行

---

① 例如，在马来西亚，有退休基金公司（KWAP）或雇员公积金（EPF），以及单位信托基金和共同基金，如公共互助基金（Public Mutual）或联昌信安资产管理公司（CIMB）。在新加坡，有中央公积金（CPF）和雇员公积金（EPF）。两者都是固定缴款计划，是东南亚其他养老制度的先驱。

② 2000 年至 2020 年期间，富时（FTSE）马来西亚指数月回报率的标准差为 3.7%，是整个亚洲地区的最低水平。富时亚洲（不含日本、澳大利亚和新西兰）指数为 5.0%，富时印尼指数为 6.8%，富时泰国指数为 6.1%。

系统注入资金。

然而，投资界的记忆是出了名的短暂。几年来一直无人问津的股市，迅速从默默无闻变成了亚洲最有前途的前沿市场——成为领先孟加拉国和斯里兰卡的新市场。越南在经历了大风大浪的考验后，又重整旗鼓。原因很简单，这个国家具有得天独厚的优势：除了毗邻中国之外，越南正在开放经济以吸引外国工业，它拥有许多深水港和大量年轻、勤奋、受过良好教育的工人。像中国一样，它有成为世界工厂的潜质，吸引了许多世界一流集团与数千外资企业来此投资经营。

其中最大的品牌是三星。该公司在越南雇用了十万多名员工，帮助越南成为仅次于中国的全球第二大智能手机出口国。仅三星一家的出口量就占越南出口总额的五分之一。[①]它的工厂更像城市，而不是生产中心，其间拥有各种各样的商店、餐馆和其他设施。其中一家韩国宠物店甚至可以为外派员工的宠物提供治疗。

这是个双赢的局面。三星已将供应链多元化，不再仅局限于中国。越南是一个充满吸引力的选择，因为越南的劳动力更年轻、成本更低廉。改变产业格局的不仅仅只有三星。LG 电子、英特尔（Intel）、苹果、富士康（Foxconn）等海外大企业也纷纷效仿。

越南的经济环境随之发生改变。人们的收入提高了，孩子少了，家庭规模也变小了。越来越多的女性加入了劳动力大军。就像十年前的印尼和泰国一样，随着道路交通的改善和工作机会的增加，小城镇开始发展。餐馆、酒店和商店纷纷开张，消费者从购买摩托车转向汽车、新房子，也开始在网上办理银行业务，并到海外度假。

越南的股票市场从 2015 年开始升温，始于越南取消了对外国人购买房地产的限制。一夜之间，这个拥有美丽海滩、美味食物和繁荣经济的国

[①] 2018 年，三星越南分公司的出口刚超过 600 亿美元，是越南出口总额的 25%。来源：*Hanoi Times*, 21 December 2018。2020 年，当冠状病毒冲击全球经济时，三星越南分公司的出口总额约为 570 亿美元，占越南出口总额的 20%。来源：*Nhân Dân*, 25 April 2021。

家变成了亚洲的房地产投资热点。随着股票市场的飙升，越南许多本土公司纷纷开始上市融资，政府也开始出售濒临倒闭的国有企业的股份。很快，这个市场每天的股票交易量就超过了一些东盟邻国。其中最大的上市公司是银行、房地产公司和一家大型乳制品公司，都是本地企业。

但仍存在一些限制。例如，政府要求某些行业的某些公司的外国投资比例不能超过49%，以防止股票在达到所有权限制时溢价交易，但也明确表示，它们将努力解决其中的一些异常现象。如果真是如此，预计该国股市将成为该地区股市大家庭的正式成员，并快速提升为完全的新兴市场。

孟 加 拉 国

达卡（Dhaka）总是异彩纷呈。[①] 孟加拉国的首都达卡是一个交通秩序混乱、街道如迷宫般的老城，有我所见过的最糟糕的交通（这解释了一些事情）。身穿鲜艳纱丽的妇女们沿街兜售小吃，比如 fuchka（一种夹有鹰嘴豆、酸奶、罗望子糖浆和辣椒的脆面包），其味道非常不错！但喧嚣和嘈杂也会隐入肃穆，正如这里壮观的宫殿和寺庙。粉红色的达卡寺（Dhakeshwari）是以这座寺庙里的女神达卡命名的。虽然初来乍到会有点难以接受，但愿意探索的人会发现这座城市充满了魅力，人民也十分亲切友好。

在中东工作的孟加拉国人会源源不断地向国内汇款，从而使该国的纺织业发展成为世界第二。在其带动下，孟加拉国的经济正在快速增长。随着非洲廉价替代品的出现，该国需要减少对服装业的依赖，好消息是它已经吸引了一批新的投资者。韩国的三星电子公司和日本的本田公司已经在该地开设了工厂，开始大量生产手机和摩托车。这个国家似乎正在效仿越南的做法。

---

① 到 2030 年。达卡将成为亚洲最大的城市之一，排名第四，仅次于德里、东京和上海。见联合国经济和社会事务部人口司，《2018 年世界城市化展望：亮点（2019 年）》。

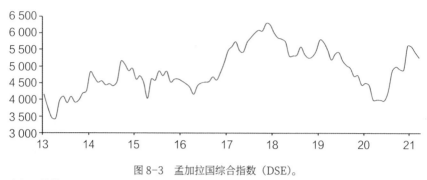

图 8-3 孟加拉国综合指数（DSE）。
来源：慧甚。

它有两个证券交易所。达卡证券交易所（the Dhaka Stock Exchange，简称 DSE）是最大的，也是最古老的一个，在该国于 20 世纪 70 年代宣布独立之前，它已于 1954 年开始交易。第二个是吉大港证券交易所（the Chittagong Stock Exchange），于 1995 年开始运营。规模最大的股票包括移动电话运营商 Grameenphone、电器制造商 Walton、英美烟草孟加拉国公司（British American Tobacco Bangladesh）和当地制药公司 Square Pharma（另一个快速增长的国内行业）。

尽管孟加拉国还没有吸引许多外国投资者的注意，但孟加拉国证券交易所正在崛起。到 2021 年，其总市值达到 460 亿美元，市值超过 10 亿美元的股票有 7 只，而 2015 年只有 4 只。日交易量达 1.25 亿美元——对大投资者来说当然不算多，但也已经足够了。

悖论：东南亚股市是如何运作的

1997—1998 年和 2008—2009 年席卷这些市场的冲击波同时也塑造了它们。是的，它们已被中国超越，错过了作为科技巨头崛起的机会，但仍然享受着数字革命带来的许多好处。他们还为投资者提供了其他地方不常见的各种投资机会，上至克雷泰克香烟制造厂和泰国医院，下至一些最赚钱的小银行。

许多规模较大的公司之所以能取得成功，是因为它们有一个简单的商业模式，即它们能在小城镇和乡野村庄中寻找到商机，这些地方也是大多数消费者生活和工作的地方。除了少数石油和大宗商品股票外——在泰国，泰国国家石油全球化工公司（PTT Global Chemical）和石油勘探公司PTTEP是两家最大的上市公司——推动股票市场发展的多是当地企业。

东南亚市场也是该地区最集中的市场，这进一步加剧了上文所述的现象。印尼前五大公司占据了整个市场 60% 以上的份额。相较而言，在中国，前五大公司的集中度仅为 38%，而在亚洲市场集中度最低的印度，这一比例仅略高于 30%。简而言之，是少数以本地市场为导向的大型股票引领了东南亚的股票市场潮流。

本土优于全球的主导地位带来了另外两个优势：稳定的收入和多样化。大多数公司销售产品和提供诸如面条、香烟、摩托车和电信服务等业务，这往往会产生非常稳定的收入流。东南亚的股市也为投资者分散投资提供了机会。这些规模较小的市场有自己的节奏，不受美国和中国等全球巨头的走势所控制。[①] 在美国和中国股市下跌的年份，印尼和泰国股市也可见的上涨。但在中国香港、韩国和中国台湾市场，情况则不然。如果中国内地（大陆）股市大幅下跌，这些市场往往会受到打击。

在这些市场投资的一大缺点是需要面对当地的货币问题。除了新加坡，这些国家都没有庞大的国内储蓄池以进行该地区亟须的投资。尽管最近这些国家的基础设施有所改善，但仍不完善。因此，它们不得不通过债券市场向外国投资者借款。缺乏国内储蓄会产生很多负面影响。例如，外国投资者一般极其善变。当市场下跌时，他们往往会选择撤资，这反过来

---

① 这可以通过观察这些市场之间的相关性来进行衡量。菲律宾与美国标准普尔 500 指数和上海证券综合指数的五年相关性（从 2016 年 1 月 1 日至 2021 年 1 月 1 日）最低，分别为 0.61 和 0.28，其次是印度尼西亚，分别为 0.64 和 0.30，然后是马来西亚，为 0.64 和 0.36。最高的是泰国（0.76 和 0.32）和新加坡（0.77 和 0.49）。

又会使货币贬值，产生恶性循环。在当地储蓄规模大到足以满足这些国家的国内投资需求之前，这种危机不太可能会被解除。

和当嘟乐一样，东南亚也是一个对比研究的重点地区：新与旧、城市与农村、稳定与波动。这意味着它可能既错综复杂，又令人困惑。首相和总统有时会试图通过发表相互矛盾的声明来平衡这些对立的力量，这些声明有时会劝退一些投资者，但当他们发现最新的政策声明达到了与预期相反的效果时，他们很快就会再回来。

以印尼总统佐科·维多多（Joko Widodo）——通常称其为佐科维（Jokowi）——为例。他是一位才华横溢、直觉敏锐的政治家，在成为雅加达市长和2014年成为印尼总统之前，他就住在河边的一间棚屋里，靠卖家具为生。他是在变革的希望浪潮中当选的。佐科维一边承诺要进行大幅度的改革以重振外国投资，一边又不断促进自给自足，呼吁限制进口，甚至鼓动印尼人去"憎恨外国产品"[1]。他的第一本英文传记名为《矛盾的人》（*Man of Contradictions*）[2]，想想也有道理。

这些市场为何如此具有吸引力，源于一个真正的悖论。虽然这些公司往往是稳定的，但货币或股票市场不一定。利润增长是该地区最稳定的市场之一，但汇率的大幅波动，又使这些市场成为该地区最不稳定的市场之一。[3]与此同时，它们提供了其他地方所没有的不寻常的股票组合，也提供了多样化的投资组合机会。对于股民来说，这些市场的定价有时会出现严重错误，就像这个地区本身一样，经常逗弄人。

这就是为什么把它们视为亚洲北部大市场的一个附属品可能会大错特错的原因。

---

① Dian Septiari, "Jokowi's 'hatred' of foreign products raises eyebrows", *Jakarta Post*, 6 March 2021.
② Bland, 2020.
③ 印度尼西亚前十大股票的年利润增长标准差为22%，菲律宾为23%，马来西亚为28%。泰国的收益波动率要高得多，标准偏差为67%，其部分原因是泰国股市由两家大型石油公司所主导。这些市场大多表现出比中国内地（大陆）（24%）、中国香港（28%）、韩国（43%）和中国台湾（42%）低得多的收益波动性。印度最低，为20%。所有年度增长数据的计算涵盖了从2000年至2020年的范围。

第九章　日本

股票市场

阶段一

长冈美惠子（Mieko Nagaoka）过去并不爱游泳，但从医生那里得知游泳有助于膝盖的伤病恢复，她于是决定尝试一下，那时她已经80多岁了。起初，她游完一圈都觉得吃力，但渐渐地，她越游越远，速度也越来越快。期颐之年，她成为世界上第一位完成1 500米自由泳比赛的百岁老人。虽然成绩落后世界纪录一个小时，但就年龄而言，她是当之无愧的冠军。美惠子写了一本书，名为 *I'm 100 Years Old and the World's Best Active Swimmer*（《百岁的我，是世界上最活跃的泳者》）[1]。105岁时，长冈美惠子不仅持有18项世界纪录，并且仍在游泳赛场上乘风破浪。

日本已进入人口统计学家所谓的"超老龄化"社会，65岁及以上的老年人占总人口的28%以上。[2] 日本可能是第一个需要面对"超老龄化"困境的国家，但北亚其他地区很快也将加入这个行列。首先是中国台湾地区，其次是韩国，几年后，将是中国其他地区。因此，日本的现状或许可

---

① 该书由日本光文社（Kobunsha）于2014年出版。
② 数据源于2019年。

以帮助我们了解人口结构变化对其邻国的影响。可以预见的是，人口结构变化对股市的相关板块有益，债券市场将迎来发展机会。

在日本，有许多与美惠子年纪相仿的老人。长期以来，老年人都被视为家庭和社会的负担，但他们并不想给别人添麻烦，日语称之为"meiwaku"，该词也可以描述许多社会弊病，例如垃圾邮件或打电话时旁若无人地高声嚷嚷。许多老年人不再整天坐在家里看"肥皂剧"，而是开启了一种元气满满的生活方式。他们继续工作、远足，竭尽所能地保持一个活跃的生活状态。在东京，80多岁还开出租车的人随处可见。现在，日本近一半70岁以上的老年人仍在工作或参加志愿者活动、从事社区服务，或者培养自己的爱好。[1]

实际上，老龄化现象令人堪忧。各大报刊的头条都在预测老龄化将引发的灾难——"日本的人口在急剧下降"[2]。人口老龄化会加剧养老体系的负担，人们的寿命越长，医疗服务的成本就越高，但是对于商人和投资者来说，这也为他们创造了新的机会。

以日本的机器人为例，它们有助于人们保持愉悦且健康的生活状态。松下（Panasonic）和奈良的Atoun公司开发了一款智能助行器，这是一种看起来像小背包一样的机器人套装，主要帮助老年用户外出走动。Sohgo安全服务公司开发了一款便携式电子设备，只有拇指大小，可以追踪走失的老人或者缺少陪伴护理的痴呆患者。近年来，日本认知障碍症患者的数量不断攀升，而患者缺少必要的照料，一旦走得稍远些，就找不到回家的路，这类问题在日本日趋严重。在东京的养老院，机器人能为老人跳舞、唱歌或进行语音聊天，让老年人不再感到孤独。帕罗（Paro）是一款毛茸茸的机器海豹，当有人抚摸它时，它会轻声哭泣；人形机器人派博（Pepper）能够引领老年人进行日常锻炼；DFree是一种可穿戴式

---

① Cabinet Office, Government of Japan (2019), "Annual Report on the Aging Society: 2019 (Summary)".
② Ingber, 2018.

传感器，它通过超声波来检测人们膀胱的变化，能帮助尿失禁人群正常排尿。

护理机器人不仅适用于老年人群，它还有诸多功效。我第一次与机器人交流是在 2015 年，日本一家酒店的电梯里。我们似乎都要去五楼，所以我决定问问它："你要去五楼吗？"或许答案太过明显，机器人没有回应我。到五楼后，机器人等我先下电梯，然后绕过柱子，朝走廊尽头走去。客房服务到了，客人打开门，机器人掀开餐盘盖，给客人递上热气腾腾的美食。任务完成后，机器人返回电梯。这一情景令我印象深刻，我随后预订了客房服务。想象一下，如果在我房门前为我递上刚煮好的拉面的女服务员是个人形机器人，这该多令人惊诧。

当然，机器人的兴起对日本的影响远不止于老年服务和酒店服务。机器人能够提高生产力，降低劳动成本，现在还能帮助各国各行业完成大规模的生产任务，包括农业生产、餐饮配菜、仓储保管和工业制造。日本号称机器人王国，尤其在高端汽车制造方面位列世界前列，下文会对此进行详述。日本的现状表明，诸多对世界末日临近的担忧都是无稽之谈。老年人非常清楚他们比父母那一辈寿命更长，因此需要大量现金来度过更长的退休期。[①] 如前文所示，养老金难以满足多数人的需求，这就是韩国、中国台湾及其他地区延迟退休的原因。[②]

通过简单的计算，我们可以估算出整个亚洲人口在 2050 年之前需要留出多少预算才能让老年人过上舒适的退休生活——竟有 157 万亿美元之多。[③] 纵观市场，它相当于苹果公司市值的 157 倍。

由于以上资金都需要进入资本市场，因此，亚洲老年人将成为股票、

---

① 第七章关于韩国和中国台湾地区的介绍中提到，韩国人现在工作到 70 多岁，还要注意这仅是一代人变化。1960 年，日本人的预期寿命为 67 岁，在经合组织的成员中处于最低水平，亚洲其他国家的死亡率高于日本。1960 年，中国人的预期寿命仅为 44 岁。

② 中国香港于 2000 年推出退休金制度，虽然韩国自 1986 年起就出台了退休金法，但到 2007 年才成立国民年金公团。这意味着大多数 40 岁以上的韩国人面临退休金短缺问题。

③ Lee *at al*, 2011, p.16. 2010 年该数值为 26 万亿美元。

债券、黄金、房地产，当然还有护理机器人的主要客户群体。对于银行、保险公司、股票经纪人、财富经理以及开发提醒患者何时排尿的传感器制造商来说，这无疑是个好消息。大量现金最终会变成银行存款，至少一开始会是这样。但是，当银行存款过剩时，存款利率就会下降，抵押贷款利率和债券收益率也会随之下降——众所周知，它们都是相互关联的。当利率变为负值时，客户必须付费才能将钱存入银行，反之，银行不会从企业贷款中获得任何回报。[①] 于是，股票顺势成为新兴的投资方式。

日本对此情况了如指掌，因为它曾经历过。

阶段二（裸泳）

20 世纪 80 年代后期，东京经济空前繁荣。即使在某个普通的星期二，也会有数百名穿着宽松西装的男人携着身材妖娆、浑身上下珠光宝气的长发辣妹，排队进入俱乐部参加派对，彻夜狂欢，直到天亮。特别是东京朱莉安娜（Juliana's Tokyo）舞厅，人们远道而来，只为日后能炫耀他们曾去过那里。

日本其他地区也毫不逊色。大阪的家庭主妇们啜饮着撒有金粉的咖啡，名古屋的商人在午餐时享用着非常昂贵的波尔多酒。那个时代真是纸醉金迷。据报道，东京的皇宫比法国的所有房产都要值钱。日本游客和商人成群结队地飞往纽约、巴黎和伦敦，抢购最新的路易威登手包和阿玛尼西装，同时在那里购置一些优质的房产。

西方国家对日本的发达程度有目共睹，代表企业有索尼和东芝及其畅销产品随身听、VHS 录像机和 Betamax 磁带。除了电子产品，日本还拥有世界上最大的汽车工厂，日产、本田和丰田的汽车遍布美国和欧洲国家。1989 年底，三菱房地产公司收购了纽约洛克菲勒财团的控股

---

① 这一过程也会影响通胀预期。自 2013 年，日本央行采取积极措施应对通胀问题，尽管如此，日本仍然是七国集团中通胀率最低的国家。主要原因在于通胀预期和工资需求的持续下行压力。

股权，此前也有一系列收购操作，包括美国其他著名公司，例如凡士通（Firestone Tire & Rubber）和哥伦比亚电影公司（Columbia Pictures）。

日本的股市估值如下：普通日本公司的市盈率（PE）在 50 倍至 70 倍之间，而世界其他国家约为 15 倍。20 世纪 80 年代末，全球市值排名前十的公司中有八家是日本公司。日本的股票市场相当于全球股票市场的总和。[1] 在 1989 年底著名的洛克菲勒财团交易还未签订时，日本股市就已达到了顶峰。东京的日经 225 指数——亚洲运行时间最长的股票指数——在年末达到 38 915 点，较 1980 年的 6 315 点增长了 6 倍。

推动股市上涨的因素包括超低的利率、银行和市场上流动的大量资金，以及政府的大规模支出项目。[2] 然而，随着日本央行提高利率吸收流动资金，情况发生了逆转。最初，人们对此并不担心，认为这只是市场再次走高之前的暂时回落。正如买空者所说，没有人想让该政党崩溃，尤其是政府。

事实证明，他们的想法严重错误。人们很快就发现，"明斯基时刻"已经到来，它标志着某个增长周期结束后资产价值的大幅崩溃。股票和房地产市场出现逆转，开始缓慢崩溃。最后，日经指数在 2009 年 2 月触底至 7 416 点，20 年来下降了 80%，与该党在 1980 年成立时的水平相差无几。该事件距今已过去几十年了。截至 2020 年底，日经 225 指数仍比 1989 年的峰值低约 30%。[3]

事实证明，很多公司也在股市上进行了投机性押注，结果都失败了。报纸上充斥着企业破产或银行的投资蒸发的消息。有些人从日本黑帮那里贷款，黑帮成员都是些花臂文身、崇尚暴力的小混混[4]，他们追讨

---

[1] 日本股市巅峰期间，其市值占全球股市市值的 45%。
[2] 这在很大程度上也是由于 1984 年《广场协议》（Plaza Accord）后，汇率的重新调整使融资条件变得非常宽松。经济泡沫过后，政府需要出台一揽子救助政策来支持企业和银行，促使其资产负债恢复正常。结果，政府负债累累，而公民拥有大量资产，因此所得税、商品价格及服务税一直在稳步上升。
[3] 2020 年 12 月 31 日，日经 225 指数为 27 444 点，比 1989 年 12 月的峰值 38 915 点还低 29.5%。
[4] Sugawara, 1995.

逾期债务的手段包括用切肉刀砍断借贷人的手指。1993年，阪和银行副行长小山丰三郎（Koyama Toyosaburô）被枪杀，人们普遍认为凶手是某黑帮。[1] 另一些人则痴迷于购买复杂的金融产品，股价只要上涨，这些产品就很值得购买，但市场一旦转向，它们就成了烫手山芋。这种情况太普遍了，以至于记者们发明了一个新词：财术（zaitech），也称"金融工程术"。

几年后，由于银行系统消化了大量的不良贷款，大型银行被迫合并。正如上文提到的，有"奥马哈先知"之誉的沃伦·巴菲特曾经说过，当潮水退去的时候，才知道谁在裸泳。[2] 在日本，似乎每个人都在裸泳。在泡沫经济崩溃后，日本陷入长达十余年的经济萧条期，我们称其为"失去的十年"。

永别了，武士；私营企业，你好

有史以来，日本一直都是非常独立的岛国。日本人在中世纪击退了蒙古人，并在十五六世纪击退了欧洲人。在很长一段时间里，他们只与荷兰东印度公司（VOC）进行交易，该公司于1602年在阿姆斯特丹成立了第一家证券交易所，并且只在长崎港的出岛（日本江户时代幕府执行的锁国政策所建造的人工岛）上进行交易。[3] 这种与世隔绝的交易模式并没有阻止他们创建自己的金融市场。1730年，幕府将军德川义宗授权位于大阪的堂岛交易所进行大米期货交易，这是世界上第一个有组织的期货市场。[4] 明治维新于1868年结束了幕府对日本的统治，当时日本再次向世界敞开了大门。

---

① Hill, 2003.
② 巴菲特在2008年用这句话形容因房价下跌而大受打击的大型金融机构的愚蠢行为。
③ 1641年，幕府将军允许荷兰人迁往长崎湾的出岛，但遭到了皈依基督教的日本人的抵抗，双方爆发了冲突。荷兰人支持幕府，随后获准留在出岛。当时，日本禁止其他欧洲人登岛。
④ Moss and Kintgen, 2009.

图 9-1　堂岛大米交易，正式交易关闭后仍有人赖着不走，于是只好用泼水的方式驱赶他们。作者：安藤广重（1797—1858）。来源：欧湖岛檀香山艺术博物馆，日本木版画，赠予詹姆斯·阿尔伯特·米切纳，1991（23082），编号：5421。

在明治天皇的统治下，武士阶级逐步衰落，政府将幕府开发的小型产业卖给出价最高的人。这些"明治人"建立了大型企业集团，并传给了他们的儿子。就这样，一个与政府关系密切且庞大的家族企业网络诞生。[1] 这些财阀（又称"金融集团"）成为日本商业活动的中心，由住友、三菱、三井和安田四大财阀掌管。几十年后，它们成为韩国财阀制度的模板。

1878 年，日本政府批准在包括东京和大阪在内的几个主要城市开设新的证券交易所。东京证券交易所建在桥兜町（Kabuto-cho），该地区也

---

① Addicot, 2017.

是众多证券经纪商的所在地，类似于纽约的华尔街或孟买的达拉尔街。在那时，穿着和服的男孩们告诉股票经纪人客户的买卖指令。投资者在1920年至1924年间第一次真正体验到了熊市，当时正是第一次世界大战之后，日本经济开始放缓。当然，二战之后的情况要糟糕得多。

二战后，各个城市的股票市场合并为一个新的交易所，1949年定名为东京证券交易所。监测该市场动态的指数是日经225指数，这是亚洲第一个股票指数。自1950年以来，它一直由《日本经济新闻》（简称《日经》）计算。东证指数是日本另一个广为应用的指数，于1969年投入使用。①

随着日本经济走向崩溃，以道格拉斯·麦克阿瑟将军为首的美国实施了一系列经济改革。②家族式的财阀因权力过大，被视为畸形的垄断企业，有些财阀已被瓦解。"冷战"期间，日本视再工业化发展为头等大事，由此，美国很快改变了路线，因为当时的美国需要一位强大的亚洲盟友。因此，财阀重新受到青睐，尽管这次他们以特定的银行形式而非家族的形式存在，与此同时，政府鼓励财阀之间相互合作。

它们被称为"keiretsu"，意为"经连会"。主导日本企业发展的主要企业集团仍是富友、三井、三菱、住友商事、三和和第一劝业银行。其中，富友旗下有札幌啤酒厂、日产和佳能，而索尼、富士胶片、三得利威士忌和东芝则属于另一经连会。经济衰退期间，为了避免员工失业，各个公司间经常调配员工。

该计划奏效了。日本成了战后最成功的案例之一。到了20世纪70年代后期，日本已成为制造业强国和世界第二大经济体（现已被中国超越），为1989年达到顶峰的股市狂热奠定了基础。③日本经连会家喻户晓，其产

① 日经225指数是一个价格加权股票指数，类似于美国的道琼斯指数。它由225只股票组成，于1950年9月首次报价。东证股价指数是对浮动股作出调整的市值加权指数（类似于美国的标准普尔500指数），基期为1968年1月4日，市价总额为100点。该指数于1969年7月1日开始计算。
② 1945年至1952年间。
③ 1984年《广场协议》后，融资条件非常宽松，对此也有所帮助。

品销往世界各地。因此，东京证券交易所近一半的利润来自国外，并且股市交易容易受日元走势以及美国和中国等市场的影响。

同韩国一样，日本的财阀之间交叉持股，几乎垄断了市场，将其他公司拒之门外。这种情况就像一座吊桥，能够保护管理者免受股东的批评或反对。管理者安排员工在经连会各企业间轮调，同时与供应商和客户保持着长期联系，尽管此举并不会显著改善企业盈亏。资深业内人士掌控着董事会和高管层，他们不只是股东代表，更像是集团的一家之主。这样一来，对于业内人士而言，他们不必实现股东的利益最大化，只需作出对自己或经连会最有利的选择即可。

因此，日本企业的利润及股息往往比亚洲或美国其他公司要低得多，经常在亚洲各种企业管理排名中垫底。[1] 难怪在过去十多年，日本股票的交易估值低于美国同行。然而，这种企业间交叉持股的情况正在慢慢改变。

东芝、丰田、日产三大企业的辉煌与磨难

日本一些大型企业的背后都有一段不同寻常的经历，其中往往伴随着一段丑闻或流言蜚语。以三井旗下的东芝为例，该公司最初成立于1875年（明治初期），在东京创建了第一家工厂，主要生产当时的一项新发明——电话。这家工厂名叫田中制造所，最终于1939年同其他工厂合并为东芝。[2] 第二次世界大战后，东芝以生产创新产品闻名，产品囊括了世界上第一台彩电、可视电话以及笔记本电脑和DVD。到2015年，东芝开始涉足其他领域，包括半导体、家用电器、核能和医疗设备等，其股票是东京证券交易所规模最大的股票之一。

2015年5月，东芝遭遇变故。有人揭发该公司做假账，且未实时公布其费用和其他成本，以此夸大公司的利润率。在此之前，东芝一直享有

---

① 日本企业经常拥有大量的现金流，收购的企业似乎盈利能力不高。参见 Jones, 2015。
② 这一名称直到1983年才被采用。在此之前，公司名为 Tokyo Shibaura Denki。

良好的企业管理信誉，因此，这些指控确实让日本国民大吃一惊。调查指出，问题出在东芝的企业文化。高管给部门负责人下达了高得不切实际的利润指标，还暗示他们必须达成。因此，要想实现这些目标（保住饭碗），部门负责人只能伪造大批账目。假账风波后，东芝的首席执行官虽已引咎辞职，但该公司一直受到其他几起丑闻的困扰。[1]2021 年，三家私募股权公司开始对东芝进行恶意收购，鉴于继任的首席执行官车谷畅昭（Nobuaki Kurumatani）与其中一位竞标者之间的关系，他被迫离职。[2]那时东芝的股价仍低于 2015 年 5 月的水平。

丰田汽车公司没有遭遇类似问题。作为如今全球最有价值的汽车公司之一，丰田一开始从事的并非汽车产业。发明家丰田佐吉（Sakichi Toyoda）是丰田自动织机的创立者，有日本托马斯·爱迪生之称。他的儿子丰田喜一郎（Kiichiro Toyoda）起初在其纺织公司工作，但很快就有了扩大公司规模的想法。1933 年，丰田喜一郎成立了一个汽车部门，两年后，公司开始销售汽车。

第一款车型丰田 AA 致敬（可以说是仿制）雪佛兰轿车。1936 年，公司更名为丰田，因为丰田在日语中有八画，而八寓意着发财和好运。

长期以来，丰田一直对制造新能源汽车持谨慎态度，仍倾向于制造汽油/电动混合动力车，而这正是它擅长的市场。但它正在开发自己的电池技术，在适当的时候应该能在新能源汽车市场上引起轰动。除此之外，由于传统汽车制造商竞相与科技公司合作，丰田还持有东南亚网约车公司 Grab 的股份。[3]

其他汽车公司的经历更为坎坷。多年来，汽车行业最大的丑闻要数卡洛斯·戈恩（Carlos Ghosn），他同时拥有巴西、黎巴嫩、法国三国国籍，

[1] 据透露，在第一次被曝违规后，东芝的账目丑闻自 2008 年以来一直存在，由此，东芝的利润出现了 12.2 亿美元的漏洞。数月后，即 2015 年 7 月 21 日，东芝首席执行官田中久雄辞职。
[2] 车谷畅昭在当选东芝首席执行官之前曾担任 CVC 日本业务负责人。CVC 是提出将东芝私有化的私募股权公司之一。由此，东芝面临利益冲突指控。车谷畅昭于 2021 年 4 月辞职。
[3] 参见 Reuters, 2018 年 6 月 13 日。

是世界领先的汽车联盟雷诺–日产–三菱的负责人。2018 年，有人指控戈恩涉嫌过少申报自身的高收入。当事人认为指控并不属实，只是企业内部斗争的一部分，目的是阻止他策划合并雷诺和日产，因为日产可谓是日本汽车工业"皇冠上的明珠"。戈恩虽被保释，但由于诉讼进程一拖再拖，他确信自己永远无法得到日本检察机关的公正审判。[1]

戈恩的逃亡经历足以拍摄一部好莱坞惊悚片——在伊斯坦布尔和贝鲁特阴暗咖啡馆的会面、酒店房间的秘密会议，以及专门解救高管于水火之中的前特种部队军官。在从东京秘密前往大阪的途中，戈恩藏身于大件行李中，躲过了海关检查，随后被装上私人飞机。他成功地回到了自己童年的家园黎巴嫩，而当地与日本没有签订引渡条约。尽管发生了如此戏剧性的变化，但雷诺–日产–三菱联盟终究幸存下来。

安倍经济学与"三支箭"

日本的大企业虽然在国际舞台上取得了惊人的成就，但并未促进国内经济的发展。1989 年股市崩盘后，日本经济发展陷入困境。历经"失去的十年"，日本进入了 21 世纪。随后，全球金融危机接踵而至，经济和股市受到极大影响。鉴于此，公众、政治家和决策者们都强烈意识到必须采取相关的措施。

2012 年，安倍晋三当选日本首相，他在竞选中明确表示国家要进行彻底改革。安倍的计划被称为安倍经济学，具体表现为"三支箭"，这源于一个古老的武士故事。前两支箭相对通俗易懂：活跃扩张的政府支出财政政策和量化宽松的货币政策（QE），日本央行赎回债券而释放出大量资金。[2]但在释放资金、刺激财政之后，改革难点出现，此时需要射出第三

---

[1] 该假设有其合理性，因为几乎所有在日本审判的刑事案件都以有罪判决告终；日本的定罪率为 99%。参见 Toshikuni, 2019。
[2] 安倍的计划是让日本央行实施大规模量化宽松（QE）政策，赎回债券，释放大量资金。2013 年，利率已经为零，并在 2016 年达到 -0.1%。

支箭，安倍承诺进行大规模的结构性改革，以重塑因生产率低下、劳动力市场僵化和人口老龄化而停滞不前的经济环境。

该计划中部分政策的目的在于提高日本公司的盈利能力。日本政府过去曾尝试过这一举措，但收效甚微。法律规定公司高管需缴纳更多股息并取消交叉持股，但未取得明显效果。安倍政府计划编制一个新的股市指数，即日经400指数（JPX-Nikkei400），由日本400家运营得最好、盈利最多的企业组成。[1] 为了向日经400指数注入发展动力，日本大型国有政府养老基金表示将投资成分股公司。

安倍的"三支箭"旗开得胜。各企业纷纷发行股票，加入日经指数。每年夏天，日经指数都会公布哪些股票加入，哪些被剔除。其中，被剔除的企业将登上各大主流报刊的头版头条，因此，日经指数也被称为"耻辱指数"（东芝在2015年中招）。[2] 而没有达到日经指数标准的企业会对此倍感困扰。

这样做大有裨益，尤其对于企业管理的敏感领域而言。诸多企业因此任命了更多独立董事，成立了薪酬委员会，主要负责对企业高管的薪酬政策提出建议。日本企业的经营方式或许因此慢慢改变。[3] 虽然评判委员会对此仍无定论，但情况如果属实，日本企业的盈利能力可能会提高，股票市场的估值折价可能低于美国。[4]

国际货币基金组织认为"安倍经济学改善了日本的经济状况，促进了

---

① 每年，日经400指数都会选出400家盈利最多、流动性最强的公司。

② JPX日经400指数选择标准的独特之处在于除了少量"定性调整"外，其算法明确且透明，均基于公开的财务业绩数据。虽然JPX不公布基础排名，但榜单的重复率很高。基于这些特点，JPX日经400指数与日经225指数截然不同。日经225指数的选择标准不透明，由日经（Nikkei Inc.）旗下的日本顶级金融刊物决定。另见Chattopadhyay，2018。

③ 股票指数激励管理者作出改变，这可能也适用于东亚经济体，如中国大陆、韩国、新加坡或中国台湾地区。这些经济体与日本有着共同的文化根源，都存在资本效率低下和实际股东权利薄弱的问题。Chattopadhyay，2018.

④ 一位日本基金经理表示："日本企业现在比以往任何时候都便民。随着公司股价上涨，人们的投资回报不断上升。长期持股可以获得更高的收益。"

结构性改革"①，尽管这种方法"尚未彻底解决通货紧缩问题"。经济增长并不强劲，尤其在新冠疫情席卷日本后，情况变得更糟。2020 年年初，股市开始下跌，但与其他国家一样，受疫情影响，债券收益率暴跌，股市开始回暖。

日本新任首相菅义伟（Yoshihide Suga）之前一直是安倍的副手。他也注重改革，希望继续推行"三支箭"政策。菅义伟的首要任务是整合规模较小的区域性银行（数量太多），推动手机降费，有效促进日本电信业走出舒适圈。Docomo 作为日本最大的移动运营商之一，迅速宣布了一项针对低收入用户的 5G 服务计划，极具竞争力。甚至在新政策宣布之前，电商巨头乐天株式会社为了挑战老牌企业，打算以低成本进入市场，此举引发诸多关注。

在日本，推行改革是可行的，但实施起来并非易事。

麻雀虽小，五脏俱全

日本股市普遍缺乏能够主宰美国股市的科技巨头，也无法与以科技股为主的纳斯达克相提并论。虽然日本有四家企业的市值超过 1 000 亿美元，但美国约有 81 家这样的企业。软件银行集团是一个例外，它现在是"新兴日本"的典型代表。该公司于 1994 年上市，当时还是小盘股，但通过成功运营，如今已成为日本规模最大的公司之一。软件银行集团的创始人（现任董事长）是孙正义（Masayoshi Son），曾留学美国。该集团旗下的科技风投基金愿景基金（Vision Fund）拥有中国阿里巴巴集团的大部分股份。其他电商巨头包括乐天株式会社、煤炉（Mercari）和走走城（Zozo Town）。其中，走走城的创始人是著名企业家前泽友作（Yusaku Maezawa），他希望自己成为 2023 年首位绕月旅行的私人乘客。②

---

① 国际货币基金组织亚太部于 2017 年 7 月 31 日发布。
② 2018 年，Space X 首席执行官埃隆·马斯克宣布，到 2023 年，其公司将把前泽作为第一个私人客户送上月球。

然而，即使有软件银行集团这样的巨头以及电商网站的兴起，都不能掩盖一个简单的事实。日本企业的成功很大程度上源于其追求精工细作的传统，甚至在日语中有专词形容这一现象，即"kaizen"，意为"持续改进"。此概念可以应用于所有运营流程，从质量控制、及时交付到使用先进、高效的设备以消除浪费现象，体现了日本人对细节的重视。因此，除了著名的工业巨头外，日本还拥有大量规模较小的专业公司，它们都是股票认购人时刻关注的潜在投资对象。

基恩士（Keyence）是工厂自动化领域的领头羊，大金（Daikin）是空调领域的佼佼者，日本电产（Nidec）主要生产电动机、牧田牌无线吹叶机和树篱修剪机。与此同时，日东电工（Nitto Denko）或许并不家喻户晓，但其工业制造实力强劲，作为一家百年企业，生产了数千种产品，适用于全球各行各业。此外，日本的视频游戏公司广为人知，诸如京都的任天堂（Nintendo）、大阪的卡普空（Capcom）、东京的世嘉飒美（Sega-Sammy）和科乐美（Konami）。

另一范例是发那科（Fanuc）。该公司 1972 年从富士通（日本大型电子集团）分离出来，其工厂和办公室位于富士山脚下的山梨县忍野村。该公司最初专注于海外的自动化、维护和维修服务，帮助日本的汽车制造商和机械制造商走向世界。早在 1977 年，发那科就开始出口工业机器人，多年来，它逐步发展为全球领先的专业数控机床生产厂家，占据全球大部分市场份额。[①]

因此，发那科如今在机器人和自动化领域处于世界领先地位。该公司的杰出创始人稻叶清右卫门博士（Dr Seiuemon Inaba）于 2020 年去世，享年 95 岁，被誉为日本的工业机器人之王。从生产加工到成本控制，他十分注重细节，确保每分钱都花在刀刃上。[②] 该公司不愿负债经营，其

---

① 具体指计算机数控（CNC）设备。
② 发那科的营业利润率为 17%，对于制造商而言，十分可观。

资产负债表上有大量现金，因此受到批评（在日本，许多其他公司亦是如此）。

2011年3月，日本发生特大地震并引发海啸，福岛核电站因此瘫痪，发那科成为新闻焦点。尽管供应链受到严重干扰，该公司仍向客户保证不会推迟任何订单，给全球的汽车制造商和智能手机生产商吃了一颗定心丸。但发那科刚作出承诺，就得知了急需的半导体无法交付的消息。因此，稻叶先生要求工程师修改产品设计，确保生产无须半导体的产品。员工们加班加点，就是为了能够按时交货。此事奠定了发那科在业界的声誉，各企业都想与之合作。

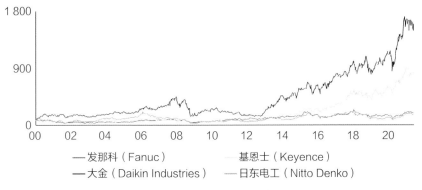

图9-2　日本小型企业的股票表现。
注：2000年1月1日股价设置为100。股票代码为6954 JP（发那科）、6861 JP（基恩士）、6367 JP（大金）和6988 JP（日东电工）。资料来源：雅虎财经。

日本到处都是"发那科式"的公司。它们的股价依各行业变化驱动，例如园艺工具制造、机器人生产、视频游戏开发或空调生产等，而非受大盘市场的制约。这也意味着股市大盘下跌时，上述规模较小的股票可以上涨（反之亦然）。① 事实上，自1989年经历股市巅峰后，日本的股市持续

———————————

① 日本小盘股与全球股市的相关性普遍较低。

下跌，但某些小盘股猛涨。虽然日经 225 指数在 20 年内下跌了 80%，但基恩士上涨了 50 倍，日本电产上涨了 35 倍，高端婴儿用品生产商贝亲（Pigeon）上涨了 33 倍。[①]

这给我们狠狠上了一课：股市可能会长期低迷，但总有一些企业会披荆斩棘。因此，我们应与时俱进，敏锐捕捉市场发展新趋势。

日本股市的运作方式

东京朱莉安娜舞厅可谓是 20 世纪 80 年代末的"皇冠上的宝石"，如今已恢复营业。它于 2018 年在大阪重新开放，顾客年纪虽大，但他们很快活跃于舞池中，重温过去的辉煌，再现了那个时代的东京。但是，过去的美好时光真的会再现吗？毕竟 30 多年过后，日本股市仍比 1989 年的水平低 30%。我们虽有理由保持乐观，例如企业管理似乎正在改善，但是了解日本这个特殊市场的经济增长点从未像如今这样紧迫。日本市场有以下三大特点。

首先，日本市场对全球经济周期高度敏感，因此具有周期性。日本的股票市场高度集中在汽车和硬件行业，这些行业会对美国、中国和欧洲各大市场的动态作出反应。[②]日本企业习惯于避免大规模裁员（例如前文提到的经连会对员工的调度），因此，当需求快速变化时，企业利润更受影响。鉴于此，股指波动更大，甚至对全球经济的周期性更加敏感。汽车和硬件股的反应往往比石油、钢铁或铜等大宗商品慢一些，后者几乎完全由经济数据驱动。因此，日本有时被认为是"晚期周期性"市场。我的一个朋友曾把日本股市比作飞机的尾轮——最后离地，率先着地。

其次，日本市场与时俱进。随着时代发展，经连会这种老旧经营模式被摒弃，取而代之的是更智能化、现代化的企业风格。如果老旧的企业经

---

① 数据统计时间为 1989 年 1 月至 2020 年 12 月。
② Schuenemann *et al*, 2020.

营架构真的能够被摒弃，日本企业可能会派发巨额股息。倘若如此，投资者将举双手赞成。此外，为了提高在全球市场的竞争力，诸多企业也开始注重其产品质量。

最后，日本市场的发展正如前文提到的百岁游泳冠军长冈美惠子的事迹。在人口老龄化的背景下，高度专业化的小型企业迎来商机，这反映了日本企业在细节和生产流程方面的优势，这也是它们处于世界领先地位的秘诀。

日本市场过去几十年的发展给我们上了一课。其一，当市场发展到异常狂热时，不要把所有的现金都投入到股票中。其二，当股市像日本那样逐渐紧缩时，最好将投资目光转向正在研发新技术或开拓新市场的小型企业。综上所述，日本的股票市场经常被视为投资者选股的经典案例。

第十章　与时俱进的炒股之旅

小贩、咖喱、蜘蛛网

新加坡的麦士威美食中心在建筑风格上并未获得多少好评。美食中心位于牛车水（新加坡的唐人街）中心，楼层低矮，并不起眼。但美食街里的元素令人赞不绝口：小吃街香气四溢，十分诱人，人群熙熙攘攘，十分热闹，还有重头戏——美味的小吃。其中的菜品令人垂涎欲滴，包括香辣蟹、鸡肉沙嗲、蚝饼、鱼片粥和各式面条，都是摊主现场烹制，他们支上桌子，小吃街灯火通明。这里融合了各种众所周知的亚洲美食，包括中国、马来西亚和印度的菜品，可搭配冰镇啤酒，通常只需几新币。

人们通常将亚洲股市比作一条热闹的小吃街——左边是海南鸡饭，右边是印度的咖喱，中间是沙嗲——但这并不准确，因为其规模远远大于个别摊位。相反，亚洲的股票市场就像一张庞大的蜘蛛网，可谓牵一发而动全身。网络间的联系称作投资"风格"，只有纵观市场全貌时才会显现出来。亚洲股市的选择性很多，因此，倘若我们要了解市场全貌，可以从最容易理解的元素——"规模"开始。

随机应变的股票盘子

假设亚洲股市刚刚崩盘，就目前而言，市场崩溃的原因并不重要，我们只需要知道投资者们纷纷逃之夭夭。随着股价暴跌，投资者们抛售了亚洲板块的股票并将收益兑换成美元，这种做法总能保护自己不身陷囹圄。由此，亚洲国家的货币疲软，美元走强。市场处于危机之中，在崩盘后进入了新周期的第一阶段——"剧变期"。在此期间，大多数多头市场（牛市）转变为空头市场（熊市）。

现在，假设一段时间后，有迹象表明情况发生逆转。这种转变始于"置换"阶段，只有少数投资者青睐于低估值的投资，开始回购市场股票。起初，投资者们选择逆流而上。虽然大多数投资者都在抛售股票或早已清仓，但他们的做法恰恰相反：将美元兑换成印度卢比、印度尼西亚盾或韩元来购买股票。随着更多的资金回流市场，这些亚洲国家的货币走强，美元走弱，股市再次开始上涨。

起初，大多数投资者会选择某地区发行的大盘股：韩国的三星、中国台湾的台积电、印度的印度斯坦联合利华、印度尼西亚的印尼电信或在中国香港上市的腾讯。这些股票的流动性高，是在市场大幅调整前后最容易购买的股票。根据经验，大盘股在亚洲股市复苏的早期阶段会处于领先地位，它们之间貌似有种无形的联系，表明大盘会再次走高。

随着越来越多的投资者重返股市，市场继续复苏并转向"扩张"阶段。区域货币继续走强，价格增速开始加快，投资者开始购买小型企业的股票，原因很简单：引领市场的大型企业的股价现在看起来很贵。中盘股和小盘股都是更便宜的替代品，顷刻间成为投资者青睐的选择。对于拥有诸多小型上市公司的市场来说，这是个好消息：例如前文介绍的日本，对中国和东南亚市场亦是如此。更大胆的投资者可能会关注风险较高的"前沿"市场，如越南、孟加拉国和斯里兰卡。

从痴迷大盘股到疯狂寻找小盘股，这一转变与美元的走势齐头并进。换言之，当美元走低时，投资者往往会对小盘股感兴趣，从而提振当地货币及其持股估值。该现象影响着整个亚洲股市，就像一根无形的线，联结着整个地区。

债券收益率

这是一个非常重要的元素。如前文所示，债券收益率的变动往往为市场走向定下基调。切记，股票市场就像债券收益率和利润之间的一场拔河比赛。对于大多数公司来说，利润增加是好消息，但更高的债券收益率却不是，尤其是在利润未发生任何实质性变化的情况下。但是，也有例外情况。例如，债券收益率越高，银行受益越多，因为它们可以以更高的利率放贷。也就是说，银行的利润同债券收益率呈正比。因此，在这种情况下，新加坡和泰国等银行主导的股市往往表现得更好（2021 年上半年的数据可证明）。

某些公司对债券收益率的敏感远超其他公司。债券收益率提高时，这些公司的股价下跌得更多，而当收益率下降时，股价涨得更快。切记，债券收益率忽视了未来市场的利润。某些目前未盈利的公司有望在未来获得巨额利润，譬如某些初创企业或投资尚未成为主流的新兴技术的公司。

以新能源汽车行业为例。人们普遍认为新能源汽车会在未来的十年左右发展成为一个巨大的市场，但就目前而言，由于技术尚未成熟，上路的新能源汽车相对较少。2020 年，不少新能源汽车制造商亏损，而他们股票的估值取决于其在未来的盈利前景。贴现率为这些预期利润贴上了价格标签，就像超市货架上的寿司一样，放置时间越长，折扣就越大。

贴现率由债券收益率决定。因此，债券收益率越高，贴现率越高。这意味着我们赋予预期利润的价值较低，对于那些将所有价值都与预期利润挂钩的公司来说更是如此。债券收益率上升，这些公司的股价将比其他市场下跌得更快。2020 年年底和 2021 年年初债券收益率上升时，就出现了上述情况。中国新能源汽车股价虽大幅下跌，但收益较高的其他消费品品牌的表现仍然亮眼。

商品、出口、治理

这一次，假设中国经济正在飞速发展，本土的建筑公司正忙于建造高层公寓大楼，铺设最新开设的高铁轨道。全国各地的工厂都在高速运转，工业和消费类企业需要大宗商品——石油、钢铁、铜、铝、锌和棕榈油，并且价格正在飞涨。

然而，大宗商品价格上涨并不意味着股价一定上涨，不同的股票市场反应不同。以油价上涨为例，对于泰国的炼油商而言，这是个好消息，因为泰国股价会因此走高，中国的少部分炼油厂也会从中受益。但对于石油进口大国印度来说，情况正好相反。当油价大幅上涨时，印度股票往往会面临压力。[①] 在这个例子中，大宗商品价格无形中影响了亚洲不同地区的类似股票（炼油厂），同时会给整个市场（印度）带来长期的消极影响。

还有许多其他衔接市场的元素。有时出口商很受欢迎，但在其他情况下，服务于国内市场的公司会很受欢迎。毫不意外，汇率波动在该情况中起着重要作用。如果出口商受重视，中国台湾和韩国——亚洲两大（科技）出口市场——往往比印尼（以国内市场为主）表现得更好。

"治理"也在无形中影响着市场。在出现重大市场丑闻之后，人们希望专注于声誉良好的大型企业，这种情况尤其明显。韩国和日本在公司治理排名中得分普遍较低，因为韩国财阀和日本经连会存在大量交叉持股。相比之下，印度和中国台湾公司的治理结构要简单得多，因此，当"治理"成为影响市场发展的重要因素时，它们往往表现得更好。

崛起的亚洲散户大军

也许是因为在新冠疫情期间封锁在家，也许是因为在线交易应用程序

---

① 这是现实的缩影。例如，当油价从低位上涨时，印度股市可能不会作出反应，但如果油价变动导致巨额亏损，股价可能会迅速下跌。金融极客称之为非线性反应。

激增，散户们倍感厌倦。但不管原因如何，与美国一样，亚洲国家有大量散户投资者进军股市。在韩国，散户交易额已超过 2020 年大型养老基金和投资机构的交易总和。[1] 即使在从未出现过散户的印度尼西亚，散户投资者的开户数量也在激增。就连我在雅加达的侄子阿努尔（Anur）和万迪（Vandi）也凑起了热闹，体会到股票大涨的滋味，他们才 25 岁。

这些散户投资者精通投资技巧，他们会参加群聊论坛，在线讨论市场的最新动向。不少人的投资款项来自银行、经纪人和亲朋好友的借款[2]，而这会给你的投资组合和婚姻带来相当大的痛苦。

随着大批业余炒股爱好者进军股市，加剧市场波动性，导致股价过度膨胀，一些专业的机构投资者对此表示担忧，但这种情况也有好处：多数新晋投资者往往更愿意投资被大型养老基金等忽视的小盘股。虽然有些人确实抱着"赌徒"心态，但是多数人可能会进行长期投资。不过，无论投资的动机如何，像阿努尔和万迪这样的散户都有利于改变亚洲股市的发展现状。

沉浸式炒股

旅行令人感到兴奋。在巴厘岛的一条小巷子里偶然走进一家商店，在新加坡的小摊上品尝街头美食，骑着租来的自行车在阳朔的稻田里放飞自我，抑或是在日本的中部地区泡温泉——旅行因此变得特别有意义。但在旅途中，我们也需要沉思：在某个时刻，坐下来放松休息，喝一杯清爽的麦芽酒，沉浸其中。我们的亚洲股市之旅亦是如此。

投资者可以从投资风格入手以了解大局。当投资者只着眼于某个单一

---

[1] 截至 2020 年年底，韩国散户投资者占股市总交易量的近 80%。当年的总交易量超过了前十年的交易量总和，居亚洲首位。2020 年，中国台湾的散户交易量占股市总交易量的 60%，印度为 58%，泰国为 40%，马来西亚为 35%。并非所有股市都披露了散户投资者的投资动向。

[2] 信用交易指从银行或经纪人处借钱购买股票。从 2010 年到 2019 年，信用交易额通常占韩国股市总市值的 12% 左右，这一数字在 2020 年上升到了 25%。

市场动向时，往往很难掌握全局发展趋势。如果大盘股不仅在中国受欢迎，在韩国、新加坡和印度也很流行，我们可以从中窥探投资者的心态。这对我们来说大有裨益。精准把握股市风格切换的投资者能够在大批投资者进场之前率先享受股价上涨带来的好处，这种感觉就如同我们在麦士威美食中心购买热销的海南鸡饭时排在第一位。

第十一章　责任型投资

浅谈环境、社会和公司治理

在过去的几年里，公司治理和为社会利益及保护地球投资已成为一个热门话题。这种全球趋势以各种名义进入亚洲——负责任的、社会的、道德的、绿色的或可持续的投资，金融业将其划分为一个类别：环境、社会和公司治理（ESG）。

起初，这些投资只是一种相当模糊的愿景清单，而如今已变成了十分明确的指导方针，并产生了实际结果。例如，一些资产经理人不再投资与化石燃料有关的公司，银行也不再向这些公司贷款，这使银行压力日增。概括地说，除了利润之外，投资者还应该关注公司对环境和社会的影响，以及公司的经营方式，这已成为一个投资热点。到 2020 年，全球与环境、社会和公司治理相关的投资总额已超过 40 万亿美元，相当于苹果公司市值的 40 倍。

与大多数新想法一样，这种点子实际上没什么特别。3 500 年前的犹太教文献中就论述了投资相关的责任。1613 年，荷兰东印度公司的股东们声称公司经营不善，这便是股东反抗的早期尝试。[①] 到了 18 世纪，美国

---

① Petram, 2011, p.32.

的贵格会（Quakers）和卫理公会（Methodists）向信徒们提出了明确的指导方针，告诉他们应该投资的企业类型。

上述因素早在 ESG 成为现代金融市场的通用货币之前就已经存在。1971 年，美国卫理公会的一些成员成立了派克斯世界基金（PaxWorld Fund），并且避免投资涉及军备、酒精和赌博的企业。[①] 20 世纪 80 年代，避免投资南非成为投资者们所面临的压力，因为南非当时盛行残酷的种族隔离政策。在提高投资者投资意识方面，环境灾害也发挥了作用。1984 年，印度博帕尔市的一家杀虫剂工厂发生气体泄漏，导致数千人死亡；五年后，"埃克森·瓦尔迪兹"号游轮上数百万加仑的原油泄漏到了阿拉斯加的威廉王子湾，这是在 2010 年深水地平线漏油灾难发生之前，美国历史上最严重的石油泄漏事件。

此后，全世界开始意识到气候变化的风险，2008 年至 2009 年，全球金融危机提醒投资者，即使是在最发达的经济体和市场中，公司治理标准仍然相当宽松。因此，气候变化和一系列的企业丑闻使得 ESG 的"环境"和"公司治理"变得更加重要。近年来爆发的新冠疫情凸显了"社会"的重要性。这场疫情展现了企业界最好和最坏的一面——当一些汽车制造商转而生产呼吸机时，人们也十分关注企业在疫情期间如何对待自己的员工。

关于责任型投资，亚洲有自己的独到见解。在过去的几年里，伊斯兰银行业和金融业在印度尼西亚和马来西亚蓬勃发展，推动了宗教股市指数的发展。其中包括雅加达伊斯兰指数[②]和马来西亚的四个伊斯兰教法指数，而在印度，达摩指数[③]迎合了印度教、佛教、锡克教和耆那教投资者。酒类和肉类加工企业以及一些国防和制药公司通常被排除在外。在达摩指数

---

① Louche *et al*, 2012.
② 第一只伊斯兰股票指数于 2000 年 7 月 3 日在印度尼西亚推出。
③ Louche *et al*, 2012.

中，金融股属于成分股，但在伊斯兰指数中却并非如此。[①]

但推动 ESG 议程进展的最大动力来自出生于 20 世纪八九十年代的千禧一代，他们对环境和社会问题的关注远远超过他们的父母。成长在数字时代，他们更有机会接触一系列不同的电子投资工具。人口统计学和技术的强大组合预示着 ESG 投资的未来。千禧一代将从婴儿潮一代手中继承数万亿美元——这是有史以来规模最大的代际财富转移。[②] 因此，随着亚洲 ESG 基金数量的增加，投资经理打来电话也就不足为奇了。现在的投资选择范围更深更广，例如，ESG 交易型开放式指数基金（ETF）现已上市——金融公司元大证券（Yuanta）于 2019 年 8 月推出了中国台湾第一个专注于 ESG 的交易型开放式指数基金。[③]

但是，"买者自负"这一老生常谈的原则仍然适用。明智的做法是，谨慎对待那些宣称属于 ESG 投资的产品。ESG 的概念仍然很宽泛，而且在很大程度上定义不清，一些基金持有的公司股份很难通过 ESG 的权威测评。同时，顾问和股票分析师正在努力解决如何在公司利润和估值方面衡量 ESG 因素的问题，这并不容易[④]，因为关键的数据点并非总是可用的，而且披露的程度各不相同。

中国平安保险集团的一份报告显示，如今越来越多的中国大陆公司发布年度 ESG 报告。2019 年，在蓝筹股中国证券指数（CSI）300 中，85% 的公司发布了年度 ESG 报告，高于 2013 年的 54%。然而，在这些公布 ESG 报告的公司中，只有 12% 的公司发布了经审计的报告。2020 年 6 月发布的《ESG 在中国》还指出，平均而言，沪深 300 指数成分股公司 ESG 披露的范围和质量在亚洲主要股市指数成分股公司中排名最低。

[①] 一项调查表明，宗教组织使用最多的负面屏蔽词包括核武器（70%）、军事军备（68%）、烟草（62%）、色情（60%）和堕胎（51%）。

[②] Srivinas and Goradia, 2019.

[③] Cruz, 2020.

[④] 伯格（Berg）等人在 2020 年研究了六大著名评级机构的数据——MSCI ESG KLD 数据库、Sustainalytics、Vigeo Eiris（穆迪）、RobecoSAM（标普全球）、Asset4（路孚特）和 MSCI，并发现了各种差异。

除了缺少数据之外，更主要的问题在于 ESG 投资的主观性。我认为一家公司的好坏与否反映了我个人的价值观，这可能与其他人的价值观不同。最好是对某个基金的可持续性作一些调研，看看它是否符合自己的偏好。从积极的方面来看，也许最大的好处在于社会责任型投资几乎没有负面影响。有证据表明，采用更好的 ESG 做法的公司不太可能经历股价的大幅下跌。[1] 这可能是因为具有社会责任感的公司往往经营得更好，不太可能陷入非议和产生法律问题。

我们很多人都希望为我们所在的世界作出积极贡献。一个可行的方法就是投资那些重视环境、社会和公司治理问题的公司。ESG 可能是亚洲金融市场上一股相对较新的力量，但所有迹象都表明它会越来越强大。随着 ESG 的发展，我们用来衡量其对股票价格影响的工具也将随之发展。

---

[1] Hoepner *et al*, 2016.

第十二章　亚洲的未来

神灵、风水和股市预测

在爪哇岛，神灵无处不在。我岳母家位于雅加达南部，当地传闻神灵就住在墓地附近。在雅加达市中心，也就是我所居住的地方，神灵住在厨房和花园后面的一条小巷子里。神灵喜欢躲在各种各样的地方——灌木丛、寺庙、房屋或山顶。它们出没于森林的各个角落，有的还对榕树情有独钟，藏身在榕树盘根错节的枝干中。

亚洲其他地方也有类似的古老信仰。印度有《毗罗经典》(vastu shastra)，它通常更注重建筑问题，是建设幸福家园的指南。菲律宾有占卜师 (manghuhulas)，中国香港的庙街也是如此。在作出重要决定之前，人们可以去香火缭绕的黄大仙祠寻求建议，这通常需要花费数元求签。

然而，相对赚钱的是香港传统的风水大师。风水是中国的一种传统文化现象，旨在将物体与周围环境保持一致，以创造和谐。人们还会咨询风水大师，以确定结婚或乔迁新居的吉日。在香港，风水无处不在。

人们认为香港汇丰银行总部前的两只铜狮——斯蒂芬 (Stephen) 和斯蒂特 (Stitt) 是财富和繁荣的守护者。

2020 年底，在清洗了这两只铜狮后，汇丰银行请来了一位风水大师。大师举行了仪式，并预言在"12 月中旬——即两只狮子的眼睛被涂成红色的 49 天后"汇丰银行将迎来好运。① 事实确实如此，此前汇丰银行股价已跌至 25 年来的最低点，而就在这两只铜狮被放回原位，眼睛涂满红色颜料的几个月后，其股价上涨超 30%。

不幸的是，在股票投资上，我们大多数人都没有这种超凡的远见。在鸡尾酒会、晚宴和烧烤会上，人们总是对股市有自己的看法并且想知道自己的预测结果如何。但他们混淆了预测的艺术，这是精神世界的东西，是比股票市场策略师更世俗的存在，后者生活在一个完全不同的宇宙，那里的一切都无法确定和预见。

我们生活在一个充斥着硬数据和电子表格的世界中，随着市场的变化和新信息的层出不穷，我们需要不断地重新评估自己的观点。当然，当我们犯错时，也要做好吃亏的准备。在进行预测时，一个非常有效的方法就是反其道而行之，回顾过去，看看我们可以从中学到什么。

后视镜

让我们先来看看亚洲股市自 21 世纪初以来的表现。假设我们在 2000 年 1 月在每个股市投资 100 美元。21 年后，按恒生中国企业指数（HSCEI）计算，这一投资会增长到 936 美元，在深圳股市会增长到 795 美元，在印度股市会增长到 746 美元，在印尼股市会增长到 626 美元，在泰国股市会增长到 746 美元。② 股票表现都还不错。

如进行一笔类似的投资，按美国标准普尔 500 指数（S&P500）计算，这笔投资将增值至 284 美元，但对日本股市投资 100 美元则只会增值至 104 美元。请记住，日本股市在 1989 年达到顶峰后便持续下跌，直到 2009 年才有所好转。与此同时，如投资新加坡股市，这笔投资将增值至

---

① 参见 Wang, *The Standard*, 2020 年 10 月 23 日。
② 这些是以美元计算的总回报、价格上涨和股息支付。

142 美元。这告诉我们，要得出结论并不容易——在 21 年的时间里，每个股市的表现都大不相同。我们无法从中预测未来的股市情况。未来 20年，情况很可能会发生逆转，日本和新加坡股市可能表现出色。

然而，我们可以从这些数据中吸取重要的教训。例如，一些东南亚市场表现最佳，因为它们直到 2000 年依然处于从亚洲金融危机中复苏的过程。这些国家的股价低廉，经济一蹶不振。股市崩盘后是买入这些市场股票的好时机。

接下来，我们来看看最近 20 年来亚洲表现最好的股票。这也是一个好坏参半的局面①，但有两类公司格外耀眼。第一类是从快速增长的行业中脱颖而出的全球领导者。中国的舜宇光学科技（Sunny Optical）就是一个很好的例子，它在相机、智能手机、汽车、安全监控设备和机器人等专用镜头方面处于世界领先地位。另一个是日本的基恩士（Keyence），它是机器人领域的领导者。这些公司中也有几家印度公司，如第六章提到的成功的 IT 和制药公司。

第二类是国内市场的领导者，这些公司拥有无与伦比的分销能力和强大的本土品牌。例如中国的腾讯、阿里巴巴和茅台，或者日本的立邦涂料（Nippon Paint）。还有一些公司，虽不在前十之列，但表现依然强劲，例如印度的印度斯坦联合利华和印尼的阿斯特拉国际。

历史告诉我们，过去 20 年里，关键时刻买入股票并关注（新兴的）全球或本地行业龙头是在亚洲地区赚取收益的最佳方式。我们可以将这些知识作为一种投资工具。现在让我们转至另一面，问问亚洲股市未来将会如何发展。我们需要在不同的时间范围内使用不同的投资工具。

如果我们关注近期——比如几小时、几天或几周的行情——主导股价的将是新闻。这可能包括盈利报告、合并或收购、产品发布、公司丑闻或

---

① 本书关注的是目前亚洲前 100 大股票中的强势股票。前十名包括巴贾吉金融、舜宇光学科技、好未来教育、阿里健康信息技术、申洲国际、腾讯、茅台、泰科源、网易以及 Celltrion。这些股票不涉及日本企业。日本的 M3、立邦涂料和基恩士等股票表现出色。

新法规的发布。债券收益率的波动也很重要，观察相对强弱指标（RSI）等技术指标也大有裨益。RSI 指标基于平均收益和损失，数值在 0 到 100 之间；该指数接近 70，表示在高价条件下过度买入，如果低于 30，则表示超卖，即卖价低于其真实价值。

中期展望跨越未来几个季度，可延续至一年或更长时间。要回答诸如公司价值增值、股市估值以及债券收益率的可能走向等问题，需要对盈利增长、估值和美联储的政策声明进行评估。但如果我们从长远来看，比如十年后的股价，情况会变得更加不明朗。我们对 2030 年知之甚少——哪些公司还会存在、医学的进步程度、气候变化的影响、收益情况、利率的高低——对上述内容进行预测看起来像是一个不可能完成的任务。

但是也有我们可预测的事情。例如，我们都知道人类人均寿命会延长十年，而且可以相当肯定的是科技将继续快速发展。这对消费领域、医疗保健和科技供应链有着巨大的影响。随着中国经济的增长，地缘政治前景可能也会发生剧变。这些结构性的转变至少可以让我们对 2030 年的情况有所了解。

先说人口统计。

为什么人口统计很重要

人口统计和天气有很多相似之处——似乎每个人都对这个问题有自己的看法。有人认为，地球人口过多，老龄化会导致社会崩溃；还有人认为出生人口太少。在亚洲的一些地方，如韩国和日本，人们担心人口水平的迅速下降将对这些国家的未来造成影响。

然而，与天气不同的是，人口统计为我们提供了很多确定性。我们可以相当精确地衡量不同社会的老龄化速度，并满怀信心地预测，到 2025 年，印度将超过中国，成为人口最多的国家。但人口统计还有更深层次的影响。尽管一个地区在语言、文化、宗教和食物方面可能千差万别，但共同的人口结构是一条将该地区联系起来的纽带。每天，在亚洲各地的餐桌上，中产阶级家庭聚在一起大快朵颐，分享自己的日常生活，并为彼此的成功举杯庆祝。随着收入的增加，这些家庭往往会降低生育，这促使人们普遍改变了以往的购物地点和消费方式。

随着越来越多的财政资源用于联系更加紧密、规模趋于小型化、结构更趋于核心化的家庭，新的目标就会成为焦点，不管你是印度人、韩国人还是泰国人。例如，这意味着需要将更多的收入用于旅游。中国内地人喜欢去韩国旅游，印尼穆斯林去麦加朝圣，中国香港人飞到泰国进行年度健康检查，印度人想去新加坡的赌场。这些家庭在幸福感上的花费也会更多——这些花费涵盖医疗保健、瑜伽、保险以及子女教育。

此外，还有一些趋势是亚洲某些地区特有的。其中一个最突出的现象是中国空巢老人数量增加，这些家庭的独生子女外出闯荡。而这些空巢老人将塑造中国的消费格局。[①] 到2030年，这一年龄在40至65岁之间、年收入超过5万美元的群体在数量上将超过美国的同龄人。而在2020年，中国空巢老人的规模仅为美国同龄人的三分之一左右，因此，空巢老人是一群快速增长的超级消费者。他们在海外旅行、高档餐厅、美酒、家庭装修和健身房会员的消费市场上占有一席之地。

我们可以相当肯定地预测另一种人口趋势：更多的亚洲人将从农村涌入城市，尤其是在中国和印度尼西亚。人口统计学家称之为"城市化率"，目前亚洲的城市化率为51%[②]，预计到2030年这一比例将升至58%。这并不奇怪，因为城市提供了工作、教育和发展机会，而简单、贫穷的农村生活在多年前就已经失去了吸引力。

令人惊讶的是，亚洲人将不再只是涌向上海、东京、雅加达或孟买等

---

① 据数据公司Global Demographics估计，到2028年，40到65岁群体贡献的消费额将占中国城市消费总额的55%。

② United Nations, Department of Economic and Social Affairs, Population Division, *World Urbanization Prospects 2018: Highlights*.

超大城市。许多人将前往规模较小、知名度较低的城市，比如印度尼西亚的望加锡、菲律宾的宿务、泰国的春武里和印度的苏拉特。随着大城市人口的饱和，这些城市将成为新移民居住、工作和消费的新增长热点。亚洲大多数城市人口将不会住在大都市，而是住在中型城市。[1] 中型城市的数量从 1990 年的 99 个激增至 2020 年的 269 个，预计到 2030 年将增至 330 个。[2]

除了家庭规模的小型化和城市化，还有另一股强大的人口力量在塑造亚洲的格局。老龄化可能是 21 世纪最大的社会变革。在这方面，日本处在领先水平，中国台湾和韩国紧随其后，中国大陆也不甘落后。日本的经验告诉我们，老年人喜欢保持运动，乐于使用机器人、延长工作时间，并会为了退休而进行储蓄，这对理财公司、保险公司、股票市场以及第九章提及的失禁护理设备销售商来说都是福音。

中国和美国

除了人口结构，在未来十年影响亚洲及其股市的第二个趋势是中美关系。中国在 2001 年加入世贸组织是一个很好的开始。专攻大国政治的政治学教授约翰·米尔斯海默（John J. Mearsheimer）认为，这是现代史上一个开创性的时刻：

在 20 世纪 90 年代和 21 世纪前 15 年期间，美国为使中国在经济上越

---

[1] 2018 年，55% 的亚洲人口集中在人口少于 100 万的城市。中等城市的人口增长是一个全球现象。还要注意的是，1990 年，有 10 个城市的居民超过 1 000 万，容纳了 1.53 亿人，占全球城市人口不到 7%。请注意，超大城市的数量增加了两倍，达到 33 个，其中大多数都在亚洲，包括 5 个最近才跻身超大城市这一行列的城市：班加罗尔、曼谷、雅加达、拉合尔和马德拉斯。预计到 2020 年，东京的人口将开始下降，而德里预计将在 2028 年成为全球人口最多的城市。到 2030 年，亚洲最大的城市将是德里、东京、上海和达卡。参见 United Nations, Department of Economic and Social Affairs, Population Division, *World Urbanization Prospects 2018: Highlights*。

[2] United Nations, Department of Economic and Social Affairs, Population Division, *World Urbanization Prospects 2018: Highlights*.

来越强大，做了很多了不起的事情。事实上，我们已经培养了一个潜在的竞争对手，这非常愚蠢。[①]

　　在他看来，为确保在亚洲地区的势力和影响力，美国和中国已经展开了一场竞争。这场竞争不涉及任何军事冲突，双方关注的焦点在于推动现代世界发展的关键技术。这场竞争的风险很高——获胜的一方可能成为21世纪占主导地位的超级大国。双方在计算机芯片领域展开了角逐，这种半导体可应用在个人电脑、智能手机、电动汽车、电视、洗衣机和冰箱等领域，更不用说军事应用了。

　　亚洲处于这一竞争的中心地位。韩国的三星电子是全球最大的半导体制造商，美国的英特尔紧随其后。三星是所谓的集成芯片制造商：它设计芯片，然后自己生产。这与中国台湾的台积电形成了鲜明对比。台积电是全球最大的纯代工企业：它生产由其他公司设计的芯片。高通（Qualcomm）和博通（Broadcom）等美国公司属于最大的"无晶圆厂半导体公司"，它们设计芯片并将芯片生产外包给台积电等公司。中国台湾的联发科（Mediatek）是另一家芯片设计公司，拥有大量的中国智能手机生产商客户。

　　尽管中国是基本计算机芯片的生产国，但现实情况是，中国大陆的电子行业在许多重要零部件，尤其是高端半导体上仍严重依赖美国、中国台湾、韩国和日本供应商。中国的领导人已将缩小芯片领域的技术差距作为主要的政策优先事项。

　　一个非常引人注目的竞争领域是5G，即第五代无线技术。[②]5G的超

[①] 详见"美国愚蠢地助长了中国的崛起：著名国际关系专家约翰·米尔斯海默"，《今日印度》，2020年6月20日。

[②] 1G技术在20世纪80年代为我们带来了"砖头机"，2G技术在20世纪90年代末带来了短信，3G技术在21世纪初带来了语音、视频和数据流量服务。2010年之后，4G技术带来了连续的视频流媒体播放体验和其他各种各样的应用；5G技术是一种超快的链接，甚至可以在几秒钟内下载一部高清电影；6G技术仍在工程师的设计阶段——将会提供更快的通信服务。

高速连接有很多用途。凭借 5G 技术，我们可以在几秒钟内下载一部高清电影，也可以同时播放多部电影，还可以使工厂里的数千个机器人和传感器同时进行交互。爱立信（Ericsson）、三星、诺基亚（Nokia）以及中国的华为（Huawei）和中兴（ZTE）都是 5G 设备的主要参与者，它们都需要三星或台积电生产制造芯片。

华为在全球 5G 无线基础设施中占据主导地位，处于中美两国科技力量交锋的中心。美国声称华为对其国家安全构成威胁，并对该公司实施了制裁，减少了其获取关键部件的机会，特别是计算机芯片。随着这场争端的蔓延，澳大利亚和英国等美国盟友已舍弃华为的 5G 网络。

随着这场地缘政治斗争的展开，我们可以看到，各国大力发展具有战略意义的技术不无道理。这是中国在芯片技术方面取得快速进步的原因。中国的主要芯片生产商是总部位于上海的中芯国际（SMIC），但与华为一样，该公司也受到了美国政府的制裁。除非中国政府提升国内科技水平的举措取得成果（中国已在半导体开发上投资数十亿美元），否则中国大陆的芯片领域仍将落后中国台湾、韩国和美国制造商数年。

自力更生也是亚洲其他地区的一个关键词。例如，印度希望确保自己有能力发展本国的制药业，并致力于在国内生产片剂、粉末和药物所需的原料。印度政府为此提供了资金支持，这对一些领先的上市制药商来说应该是好消息。

重要的不仅仅是技术，还有获取食物和能源的途径。培育安全、稳定、先进的种子品种是中国加强国家粮食安全的关键之举。尽管中国拥有丰富的金属和矿产资源，但仍需要从国外进口大量石油和天然气，为工厂供电，为房屋供暖。所以，中国正在相关领域大力投资，以确保其在可再生能源，特别是风能、太阳能和水力发电方面处于世界领先地位。

绿色能源也有助于减少多年来困扰北京等大城市的空气污染。中国政府在 2014 年正式向污染宣战，自那以后，空气质量有所改善，可再生能源在中国能源结构中的比重也有所上升。再次强调，低估中国政策支持的力量从来都不是明智之举。

印度作为另一个石油进口大国，也面临着严重的污染问题。在全球污染最严重的 20 个城市中，印度有 14 个城市上榜。[1] 难怪可再生能源会成为印度政策的重点。太阳能电池板和风力涡轮机价格的迅速下降意味着可再生能源如今比燃煤发电更便宜，而燃煤发电一直是印度最便宜的发电来源。

谈到政策支持，观察电动汽车行业就知道了。到目前为止，中国是最大的电动汽车销售市场，2020 年，中国的电动汽车产量占全球的近一半。虽然领先的车型是国际品牌，但中国企业主导着零部件供应链。1990 年，我第一次去深圳，那时的深圳遍地都是自行车。而现在，这座城市的电动汽车保有量全球第一，拥有最大的电动公交车和电动出租车车队。[2]

技术霸权之争还将持续多年。投资者应密切关注这一事件的走势，因为这可能会在亚洲股市催生众多的赢家和输家。

如何应对淘金热

"黄金！"旧金山的报纸出版商塞缪尔·布兰南（Samuel Brannan）高举着一块闪闪发光的金箔走在城市的街道上喊道。那是 1848 年的 3 月，美国加利福尼亚的淘金热如火如荼，大约 30 万人来到这里，希望发一笔横财。

各个国家的矿工在这里扎营，许多人还直奔最普遍的娱乐形式：喝酒和赌博。在采矿城镇，几张厚木板制成的桌子加上遮阳用的帆布足以支撑起一家喧闹的赌博酒馆。面对着一个用包装箱搭建的舞台，矿工们付费观看一些演出。一个很受欢迎的节目叫作"强盗头子"，一名观众形容这个

---

① IQAir, 2019.
② Li *et al*, 2020.

节目"充满了大量的打斗和糟糕的演讲"。

至于赚大钱，只有少数矿工能淘到金子，布兰南就是其中之一。但他没有亲自动手。布兰南在淘金热中成为第一个百万富翁，不是靠开采黄金，而是靠出售镐、铁锹和淘金盘。[①] 他的五金店赚取了巨额利润。列维·施特劳斯（Levi Strauss）和雅各布·戴维斯（Jacob Davis）也有着类似的经历。他们为在艰苦条件下工作的矿工缝制了结实且实用的工装裤。发明出第一款"牛仔裤"使列维·施特劳斯声名鹊起，但他和他的合伙人还有一个利润丰厚的副业，那就是出售铁锹、水桶和手推车。

这个故事的寓意很简单：不要淘金——这是一项危险、肮脏、劳累的工作，并不会改善你的生活。相反，出售淘金者需要的东西则会带来丰厚的利润，而且你不会缺少客户。或者投资供应链下游的娱乐行业也是可行的。

挑选股票和行业也是相同的道理。随着一个新兴的大型投资项目被炒得沸沸扬扬——例如清洁能源或电动汽车，每个人都想从中分一杯羹。投资者迅速涌入市场，导致在激烈的竞争之下投资成本上升，投资者伤亡惨重。想想那些镐和铁锹。如今，太阳能电池板或风力涡轮机的零部件以及电动汽车的电池组件也经历了类似的情况。它们可能并不显眼，但对投资者来说往往是更安全的赌注。

股票交易如何进行

杂货店的商品货架上清楚地标明了价格。但股票市场并非如此。股票价格不断变化，屏幕上的报价只是人们最后一次购买的价格。如果你依据屏幕报价购买或出售股票，并不能保证你会以这个价格买入或卖出。这是因为股票交易所只是在撮合买卖双方之间的交易。买家"要价"，而卖家"出价"。当出价和要价匹配时，交易随即发生。

---

① Bringhurst, 1997.

这通常是一个简单且有序的过程，除非股价出现快速波动。然后，监管部门会设置熔断机制让市场降温。例如，当沪深 300 指数一天内首次较前一次收盘上涨或下跌 5% 或更多时，沪深交易所将暂停交易 15 分钟。如果指数较前一次收盘上涨或下跌 7% 或更多，则暂停当天交易。

要了解股票交易是如何进行的，最好先了解一下购买股票的过程。

第一天：7 月 20 日

假设你购买了一家上市公司的 100 股股票。每股股价为 20 港元，所以购买总价是 2 000 港元。购买日期是 7 月 20 日，我们称这一天为交易日或"T 日"。一旦交易日结束，银行（或你的经纪人）会从你的账户中扣除 2 000 港元（外加手续费）。但是，你所购买的股票还没有进入到你的账户。

第二天：7 月 21 日

这就是众所周知的"交易日 +1"或"T+1"。这笔钱已经从你的银行账户中扣除，但你还没有收到股票。然而，在幕后，交易正在有条不紊地进行。证券交易所向银行收取购买金额和手续费。

第三天：7 月 22 日

这一天是"T+2"。这些股票从股票出售者的账户中取出并存入你的账户。在此期间，如果股价由 20 港元涨至 30 港元，那么你账户上显示的股票价值则是 3 000 港元（100 股 ×30 港元 / 股）。同日，从你的银行账户中扣除的 2 000 港元会进入卖方的银行账户中。

一笔交易需要整整三天才能完成。这种耗时的交易可能会在未来几年内淘汰，因为区块链这一新技术已经用于数字货币比特币的交易。区块链将交易时间缩短到几秒钟，这对传统股票市场产生了影响。例如，同一只股票可以在一天内交易多次，这极大地提高了市场流动性。[①]

畅想未来，祝君好运

那么，在经历了亚洲股市的漫长历程后，我们学到了什么？我们对2030年亚洲的面貌略知一二。亚洲的老龄化趋势会更加明显，技术将更加进步，更多的人将在小城市生活，人们普遍会更加富有并为自己投资更多。我们也从过去的经验中了解到，投资新兴行业的领军企业、难以击败的国内品牌和分销能力无与伦比的公司可以获得丰厚的利润。历史还教会我们，在亚洲股市暴跌之后对其进行投资。而且，就像在淘金热中赚钱一样，最好不要总是把注意力集中在金子上，铁锹、牛仔裤或酒馆等都有不错的利润。

这些信息都可作为亚洲股市投资工具。展望未来，我们需要在保持谦虚的同时灵活行事。未来注定充满惊喜，如果没有来自爪哇占卜师或者香港风水大师的建议，那么我们最好接受新的观念，并对市场行情迅速作出反应。

最后，我们要保持乐观。乐观的投资者往往能够驰骋股票市场，而债券投资者则倾向于在市场看跌中谨慎行事。而且，以我在亚洲长期生活和工作的经验来看，乐观主义者总是会享有更多的乐趣。

祝君好运。

---

① 亚洲国家采取了各种举措。例如，中国香港的港交所正与澳大利亚证券交易所合作开发一个专注于场外交易的区块链平台。在印度，印度国家证券交易所与印度工业信贷投资银行、IDFC 银行、科塔克-马亨德拉银行（Kotak Mahindra Bank）、RBL 银行和住房开发金融公司（HDFC Securities）一起使用区块链初创公司 Elemental 的区块链测试了解客户程序，并使用区块链测试实时信息更新。在日本，日本交易所集团（JPX）于 2016 年与 IBM 合作，探索区块链在低流动性市场的交易和结算中的应用。它还与野村综合研究所（Nomura Research Institute）合作，探索区块链技术在证券市场中的作用。在韩国，交易所推出了韩国初创企业市场（KSM），利用基于区块链的技术，初创公司的股票可以在公开市场上交易。详情请参见"The Potential for Blockchain Technology in Public Equity Markets in Asia"，OECD Capital Markets Series, OECD, 2018。

亚洲股市指数

孟加拉国：达卡广义指数（DSEX）

该指数下，2013 年 1 月投资额 100 美元，到 2021 年 6 月将为 135 美元

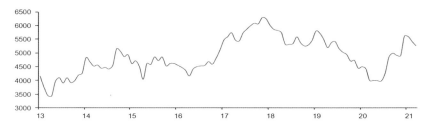

说明： 达卡广义指数反映了在达卡证券交易所上市的所有股票的表现。该股市近几年才引起投资者关注。孟加拉国与越南一样，被称为"边缘市场"。

行业分布

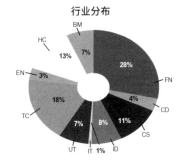

说明: FN= 金融; CD= 非必需消费品; CS= 消费必需品; ID= 工业; IT= 科技; UT= 公用事业; TC= 电信; EN= 能源; HC= 医疗; BM= 基本材料

该指数前五的股票：

公司名称	股票代码	净发行量（十亿美元）	日均交易量（百万美元）
Grameenphone Ltd	GRAM BD	6	1
British American Tobacco	BATBC BD	3	3
Robi Axiata Ltd	ROBI BD	3	3
Square Pharma	SQUARE BD	2	2
United Power Generation	UPGO BD	2	0

说明: 日均交易量指过去三个月净发行规模的日交易额。

跟随该指数的最大交易所交易基金

基金名称	编　号	净发行量（百万美元）
该股市无 ETF		

指数盈利增长

基于 10 强企业

时间段	2014—2019	2017—2019
DS 30 Index	14%	41%

来源: 作者的计算。

来源: ETF.com。

证券市场数据表来源于慧甚，均为 2021 年 6 月数据。

中国：上海证券综合指数（SSE）

该指数下，2000 年 1 月投资 100 美元，到 2021 年 6 月将为 508 美元

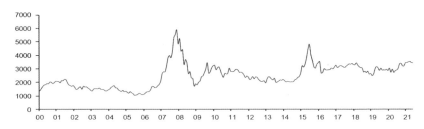

说明：该股市为亚洲最大的股市。该指数于 1991 年启动，包含了所有在上海证券交易所上市满 3 年的股票（A、B 股均包含在内）。该指数内还有若干次级指数，例如上证 50 指数，专门针对 50 强企业。

行业分布

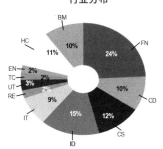

说明：FN= 金融；CD= 非必需消费品；CS= 消费必需品；ID= 工业；IT= 科技；RE= 房地产；UT= 公用事业；TC= 电信；EN= 能源；HC= 医疗；BM= 基本材料

该指数前五的股票：

公司名称	股票代码	净发行量 （十亿美元）	日均交易量 （百万美元）
贵州茅台	600519 CH	370	1 444
中国工商银行	601398 CH	218	232
中国招商银行	600036 CH	173	550
中国农业银行	601288 CH	161	121
平安保险	601318 CH	118	967

说明：日均交易量指过去三个月净发行规模的日交易额。

跟随该指数的最大交易所交易基金

基金名称	编　号	净发行量 （百万美元）
富国上证 ETF	520210 CH	71
国泰上证综指 ETF	510760 CH	57

来源：ETF.com。

证券市场数据表来源于慧甚，均为 2021 年 6 月数据。

指数盈利增长

基于 10 强企业

时间段	2014— 2019	2017— 2019
上海证券综合指数	1%	6%

来源：作者的计算。

中国：深证综合指数（SZ Comp）

该指数下，2000 年 1 月投资 100 美元，到 2021 年 6 月将为 956 美元

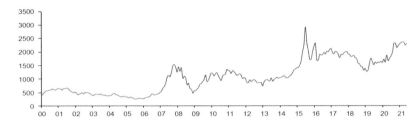

说明：该指数由所有在深圳股票交易所上市的股票构成。该股市科技和医疗板块表现突出。2009 年深圳证交所建立二板市场——创业板。

行业分布

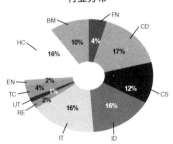

说明：FN= 金融；CD= 非必需消费品；CS= 消费必需品；ID= 工业；IT= 科技；RE= 房地产；UT= 公用事业；TC= 电信；EN= 能源；HC= 医疗；BM= 基本材料

该指数前五的股票：

公司名称	股票代码	净发行量（十亿美元）	日均交易量（百万美元）
宜宾五粮液	000858 CH	164	1 008
宁德时代新能源	300750 CH	132	957
美的集团	000333 CH	82	514
深圳迈瑞医疗	300760 CH	80	307
益海嘉里金龙鱼	300999 CH	62	367

说明：日均交易量指过去三个月净发行规模的日交易额。

跟随该指数的最大交易所交易基金

基金名称	编　号	净发行量（百万美元）
深圳证券交易所成分指数 ETF	159903 CH	47
中国环球深圳证券交易所 300 ETF	159912 CH	15

来源：ETF.com。

证券市场数据表来源于慧甚，均为 2021 年 6 月数据。

指数盈利增长

基于 10 强企业

时间段	2014—2019	2017—2019
深圳证券交易所	2%	6%

来源：作者的计算。

香港：恒生中国企业指数（HSCEI）

该指数下，2000 年 1 月投资 100 美元，到 2021 年 6 月将为 1 150 美元

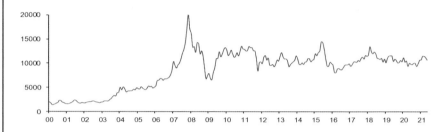

说明： 该指数跟踪在香港上市的中国最大的企业。多年来，中国 H 股已经成为该指数最大板块，共有 50 只股票。

行业分布

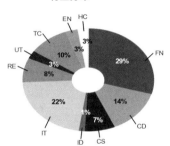

说明：FN= 金融；CD= 非必需消费品；CS= 消费必需品；ID= 工业；IT= 科技；RE= 房地产；UT= 公用事业；TC= 电信；EN= 能源；HC= 医疗

该指数前五的股票：

公司名称	股票代码	净发行量（十亿美元）	日均交易量（百万美元）
腾讯	700 HK	754	2 124
阿里巴巴	9988 HK	619	822
中国建设银行	939 HK	191	268
平安保险	2318 HK	78	411
小米	1810 HK	67	721

说明：日均交易量指过去三个月净发行规模的日交易额。

跟随该指数的最大交易所交易基金

基金名称	编　号	净发行量（百万美元）
恒生国企指数 ETF	2828 HK	2 891
易方达恒生国企指数 ETF	510900 HK	1 567

来源：ETF.com。

证券市场数据表来源于慧甚，均为 2021 年 6 月数据。

指数盈利增长

基于 10 强企业

时间段	2014—2019	2017—2019
恒生国企指数	10%	17%

来源：作者的计算。

香港：恒生指数（HSI）

该指数下，2000 年 1 月投资 100 美元，到 2021 年 6 月将为 353 美元

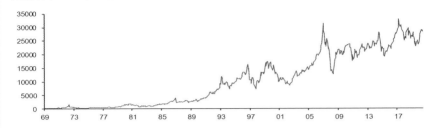

说明： 该指数始于 1969 年，跟踪最大的香港上市企业，共有 55 只股票，各只股票权重限制在 10%。过去该指数一直是银行业和资产公司占主导地位，但现在中国企业占据主导地位。

行业分布

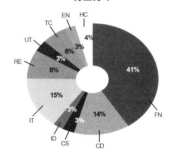

说明: FN= 金融；CD= 非必需消费品；CS= 消费必需品；ID= 工业；IT= 科技；RE= 房地产；UT= 公用事业；TC= 电信；EN= 能源；HC= 医疗

该指数前五的股票：

公司名称	股票代码	净发行量 （十亿美元）	日均交易量 （百万美元）
腾讯	700 HK	741	2 111
阿里巴巴	9988 HK	614	816
中国建设银行	939 HK	193	267
友邦集团	1299 HK	158	270
汇丰控股	5 HK	129	171

说明: 日均交易量指过去三个月净发行规模的日交易额。

跟随该指数的最大交易所交易基金

基金名称	编 号	净发行量 （百万美元）
恒生投资指数基金	2833 HK	7 000
华夏恒生 ETF	159920CH	1 871

来源：ETF.com。
证券市场数据表来源于慧甚，均为 2021 年 6 月数据。

指数盈利增长

基于 10 强企业

时间段	2014— 2019	2017— 2019
恒生指数	6%	10%

来源：作者的计算。

印度：孟买敏感 30 指数（SENSEX）

该指数下，2000 年 1 月投资 100 美元，到 2021 年 6 月将为 864 美元

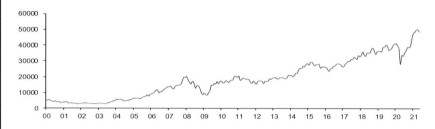

说明： 该指数是由 30 只在孟买上市的股票组成的自由流通市场加权证券交易所指数。它是全亚洲最具多样性的股票市场，对中国和美国股市波动最缺乏敏感性。

行业分布

HC 3%
EN 13%
TC 2%
UT 1%
IT 19%
ID 8%
CS 7%
CD 5%
FN 42%

说明：FN= 金融；CD= 非必需消费品；CS= 消费必需品；ID= 工业；IT= 科技；UT= 公用事业；TC= 电信；EN= 能源；HC= 医疗

该指数前五的股票：

公司名称	股票代码	净发行量（十亿美元）	日均交易量（百万美元）
Reliance Industries	RIL IN	189	246
HDFC Bank	HDFCB IN	114	192
Infosys	INFO IN	81	141
HDFC	HDFC IN	64	129
ICICI Bank	ICICIBC IN	62	190

说明：日均交易量指过去三个月净发行规模的日交易额。

跟随该指数的最大交易所交易基金

基金名称	编　号	净发行量（百万美元）
iShares MSCI India ETF	INDIA SP	5 241
UTI Sensex ETF	UTISENX IN	1 787

来源：ETF.com。
证券市场数据表来源于慧甚，均为 2021 年 6 月数据。

指数盈利增长

基于 10 强企业

时间段	2014—2019	2017—2019
SENSEX	5%	8%

来源：作者的计算。

印度尼西亚：雅加达股市综合指数（JCI）

该指数下，2000 年 1 月投资 100 美元，到 2021 年 6 月将为 616 美元

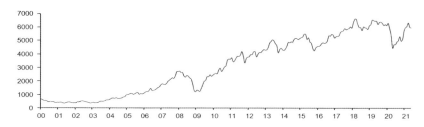

说明： 该指数衡量在印度尼西亚雅加达证交所上市的所有企业的股价表现。该股市是最具内向型的股市之一，因此对中国和美国股市波动缺乏敏感性。

该指数前五的股票：

公司名称	股票代码	净发行量（十亿美元）	日均交易量（百万美元）
Bank Central Asia	BBCA IJ	56	45
Bank Rakyat Indonesia	BBRI IJ	37	40
Telekom Indonesia	TLKM IJ	24	23
Bank Mandiri	BMRI IJ	20	21
Unilever Indonesia	UNVR IJ	15	7

说明：日均交易量指过去三个月净发行规模的日交易额。

跟随该指数的最大交易所交易基金

基金名称	编 号	净发行量（百万美元）
iShares MSCI Indonesia ETF	EIDO US	347
HSBC MSCI Indonesia UCITS ETF	HIDR LN	52

来源：ETF.com。

证券市场数据表来源于慧甚，均为 2021 年 6 月数据。

行业分布

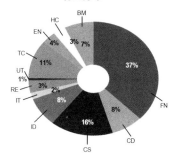

说明：FN= 金融；CD= 非必需消费品；CS= 消费必需品；ID= 工业；IT= 科技；RE= 房地产；UT= 公用事业；TC= 电信；EN= 能源；HC= 医疗；BM= 基本材料

指数盈利增长

基于 10 强企业

时间段	2014—2019	2017—2019
IDX Comp	7%	9%

来源：作者的计算。

日本：东证股价指数（TOPIX）

该指数下，2000 年 1 月投资 100 美元，到 2021 年 6 月将为 154 美元

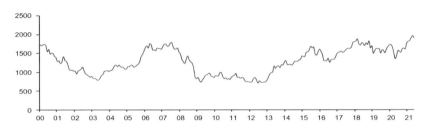

说明：东证股价指数是一个自由浮动的经调整市值加权指数。该股市最大板块是工业。日本的另一股指是日本经济平均指数 225，该指数是亚洲最早的股指。

行业分布

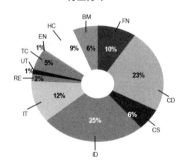

说明：FN= 金融；CD= 非必需消费品；CS= 消费必需品；ID= 工业；IT= 科技；RE= 房地产；UT= 公用事业；TC= 电信；EN= 能源；HC= 医疗；BM= 基本材料

该指数前五的股票：

公司名称	股票代码	净发行量（十亿美元）	日均交易量（百万美元）
丰田汽车	7203 JP	281	487
软银集团	9984 JP	129	1 142
索尼集团	6758 JP	125	469
基恩士	6861 JP	120	305
三菱日联金融集团	8306 JP	78	394

说明：日均交易量指过去三个月净发行规模的日交易额。

跟随该指数的最大交易所交易基金

基金名称	编号	净发行量（百万美元）
Amundi Japan TOPIX UCITS ETF	TPXU LN	1 284
Daiwa ETF-TOPIX	1457 JP	65 750

来源：ETF.com。

证券市场数据表来源于慧甚，均为 2021 年 6 月数据。

指数盈利增长

基于 10 强企业

时间段	2014—2019	2017—2019
TOPIX	6%	11%

来源：作者的计算。

韩国：韩国综合股价指数（KOSPI）

该指数下，2000 年 1 月投资 100 美元，到 2021 年 6 月将为 660 美元

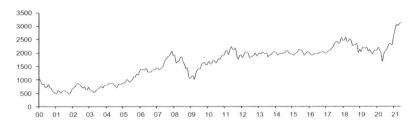

说明： 韩国综合股价指数由韩国证交所上市的所有公司组成。科技股约占股市总价值 39%。与中国台湾股市一样，韩国指数对中美股市波动最为敏感。

行业分布

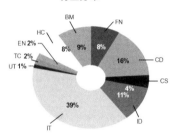

说明：FN= 金融；CD= 非必需消费品；CS= 消费必需品；ID= 工业；IT= 科技；UT= 公用事业；TC= 电信；EN= 能源；HC= 医疗；BM= 基本材料

该指数前五的股票：

公司名称	股票代码	净发行量（十亿美元）	日均交易量（百万美元）
三星电子	005930 KS	435	1 308
海力士	000660 KS	85	506
Naver	035420 KS	55	244
LG 化学	051910 KS	53	306
Kakao	035720 KS	51	326

说明：日均交易量指过去三个月净发行规模的日交易额。

跟随该指数的最大交易所交易基金

基金名称	编号	净发行量（百万美元）
Hanwha ARIRANGE 200 ETF	152100 KS	724
Hanwha ARIRANGE KOSPI TR ETF	328370 KS	156

来源：ETF.com。

证券市场数据表来源于慧甚，均为 2021 年 6 月数据。

指数盈利增长

基于 10 强企业

时间段	2014—2019	2017—2019
KOSPI	1%	5%

来源：作者的计算。

马来西亚：富时马来西亚综合指数（KLCI）

该指数下，2000 年 1 月投资 100 美元，到 2021 年 6 月将为 558 美元

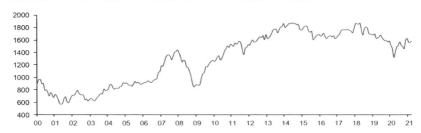

说明： 富时马来西亚综合指数是一个资本加权股市指数，由 30 强企业构成。该股市是该地区波动最小的股市之一，其他市场下行时，该股市往往表现较好。

行业分布

说明： FN= 金融；CD= 非必需消费品；CS= 消费必需品；ID= 工业；UT= 公用事业；TC= 电信；EN= 能源；HC= 医疗；BM= 基本材料

该指数前五的股票：

公司名称	股票代码	净发行量（十亿美元）	日均交易量（百万美元）
Malayan Banking	MAY MK	23	14
Public Bank	PBK MK	20	19
Tenaga Nasional	TNB MK	55	9
Cimb Group Holdings	CIMB MK	53	11
Top Glove Corporation	TOPG MK	51	37

说明：日均交易量指过去三个月净发行规模的日交易额。

跟随该指数的最大交易所交易基金

基金名称	编 号	净发行量（百万美元）
iShares MSCI Malaysia ETF	EWM US	270
Xtrackers MSCI Malaysia UCITS ETF	XCS3 GR	42

来源：ETF.com。

证券市场数据表来源于慧甚，均为 2021 年 6 月数据。

指数盈利增长

基于 10 强企业

时间段	2014—2019	2017—2019
KLCI Index	(2%)	(1%)

来源：作者的计算。

菲律宾：菲律宾股市综合指数（PSEI）

该指数下，2000 年 1 月投资 100 美元，到 2021 年 6 月将为 344 美元

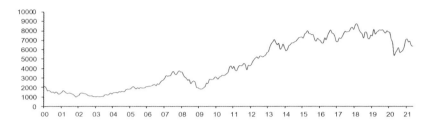

说明：菲律宾股市综合指数，之前通常被称为 PHISIX，现称为 PSEI，是由 30 家公司组成的菲律宾股市指数。

该指数前五的股票：

公司名称	股票代码	净发行量 （十亿美元）	日均交易量 （百万美元）
SM Investments	SM PM	25	6
SM Prime Holdings	SMPH PM	23	5
Ayala Land	ALI PM	11	10
Jg Summit Hdg.	JGS PM	9	2
International Container Terminal Services	ICT PM	6	5

说明：日均交易量指过去三个月净发行规模的日交易额。

跟随该指数的最大交易所交易基金

基金名称	编　号	净发行量 （百万美元）
First Metro Philippine Equity ETF	FMETF PM	39
iShares MSCI Philippines ETF	EPHE US	128

来源：ETF.com。

证券市场数据表来源于慧甚，均为 2021 年 6 月数据。

行业分布

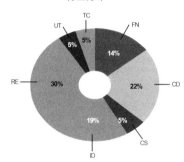

说明：FN= 金融；CD= 非必需消费品；CS= 消费必需品；ID= 工业；RE= 房地产；UT= 公用事业；TC= 电信

指数盈利增长

基于 10 强企业

时间段	2014—2019	2017—2019
PSEI	10%	13%

来源：作者的计算。

新加坡：海峡时报指数（STI）

该指数下，2000 年 1 月投资 100 美元，到 2021 年 6 月将为 315 美元

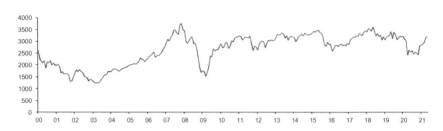

说明： 海峡时报指数由新加坡股市上市的 30 家企业组成。由于其中很多银行，使得该板块对亚洲银行业的走向很敏感。该股市于 1988 年开始交易（最早于 1966 年建立，后中断，1988 年重新启动）

行业分布

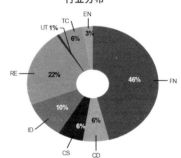

说明：FN= 金融；CD= 非必需消费品；CS= 消费必需品；ID= 工业；RE= 房地产；UT= 公用事业；TC= 电信；EN= 能源

该指数前五的股票：

公司名称	股票代码	净发行量（十亿美元）	日均交易量（百万美元）
星展集团控股公司	DBS SP	58	110
怡和集团	JM SP	46	23
华侨银行	OCBC SP	42	60
大华银行	UOB SP	33	59
新加坡电信	ST SP	30	50

说明：日均交易量指过去三个月净发行规模的日交易额。

跟随该指数的最大交易所交易基金

基金名称	编　号	净发行量（百万美元）
SPOR Seraics Times Index ETF	STTF SP	1 294
iShares MSCI Singapore ETF	EWS US	727

来源：ETF.com。

证券市场数据表来源慧甚，均为 2021 年 6 月数据。

指数盈利增长

基于 10 强企业

时间段	2014—2019	2017—2019
STI	3%	4%

来源：作者的计算。

中国台湾：台湾加权股价指数（TAIEX）

该指数下，2000 年 1 月投资 100 美元，到 2021 年 6 月将为 390 美元

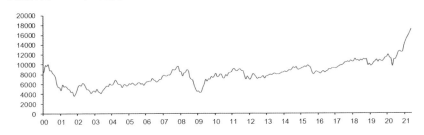

说明： 台湾加权股价指数是亚洲最大的科技主导股市。科技板块占市场总量 57%。该股市是亚洲股市中对中国大陆和美国股市波动最敏感的股市。

行业分布

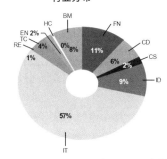

说明：FN= 金融；CD= 非必需消费品；CS= 消费必需品；ID= 工业；IT= 科技；RE= 房地产；TC= 电信；EN= 能源；HC= 医疗；BM= 基本材料

该指数前五的股票：

公司名称	股票代码	净发行量 （十亿美元）	日均交易量 （百万美元）
台湾积体电路制造	2330 TT	561	958
鸿海科技集团	2317 TT	57	280
联发科技	2454 TT	56	370
台塑石化	6505 TT	35	18
中华电信	2412 TT	32	39

说明：日均交易量指过去三个月净发行规模的日交易额。

跟随该指数的最大交易所交易基金

基金名称	编　号	净发行量 （百万美元）
iShares MSCI Taiwan ETF	EWT US	7 328
Yuangta/P-shares Top 50 ETF	0050 TT	4 922

来源：ETF.com。
证券市场数据表来源于慧甚，均为 2021 年 6 月数据。

指数盈利增长

基于 10 强企业		
时间段	2014— 2019	2017— 2019
TAIEX	6%	1%

来源：作者的计算。

泰国：泰国 SET 指数（SET）

该指数下，2000 年 1 月投资 100 美元，到 2021 年 6 月将为 558 美元

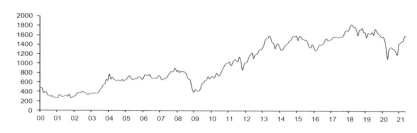

说明：泰国 SET 指数是泰国证券交易所上市股票的资本加权指数。初始日为 1975 年 4 月 30 日，数据设定为 100。最大的一只股票是一家石油企业，因此，该股市是对石油价格波动最为敏感的市场之一。

行业分布

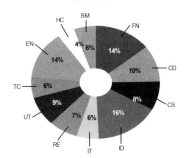

说明：FN= 金融；CD= 非必需消费品；CS= 消费必需品；ID= 工业；IT= 科技；RE= 房地产；UT= 公用事业；TC= 电信；EN= 能源；HC= 医疗；BM= 基本材料

该指数前五的股票：

公司名称	股票代码	净发行量（十亿美元）	日均交易量（百万美元）
Pot	PTT TB	38	81
Airports of Thailand	AOT TB	30	50
Delta Electronics	DELTA TB	23	59
Cp All	CPALL TB	17	66
Siam Cement	SCC TB	17	44

说明：日均交易量指过去三个月净发行规模的日交易额。

跟随该指数的最大交易所交易基金

基金名称	编　号	净发行量（百万美元）
iShares MSCI Thailand ETF	THD US	435
ThaiDEX SET50 ETF	TDEX TB	115

来源：ETF.com。

证券市场数据表来源于慧甚，均为 2021 年 6 月数据。

指数盈利增长

基于 10 强企业		
时间段	2014—2019	2017—2019
SET	1%	(2%)

来源：作者的计算。

越南：越南胡志明股票指数（VN）

该指数下，2000 年 1 月投资 100 美元，到 2021 年 6 月将为 1 238 美元

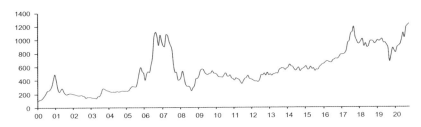

说明： 越南胡志明指数是在胡志明市证券交易所上市的所有股票的资本加权指数。该股市是一个边缘市场，也就是说它不属于亚洲股市的"主队"。越南股市 2007 年经历过一次泡沫。

行业分布

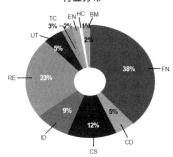

说明：FN= 金融；CD= 非必需消费品；CS= 消费必需品；ID= 工业；RE= 房地产；UT= 公用事业；TC= 电信；EN= 能源；HC= 医疗；BM= 基本材料

该指数前五的股票：

公司名称	股票代码	净发行量（十亿美元）	日交易量（百万美元）
Vingroup Jsc	VIC VN	17	13
Bank For Foreign Trade Jsc	VCB VN	17	13
Vinhomes Jsc	VHM VN	15	23
Vietnam Js Commercial Bank for Industy and Trade	CTG VN	9	40
Bank for Investment and Development of Vietnam	BID VN	9	14

说明：日均交易量指过去三个月净发行规模的日交易额。

跟随该指数的最大交易所交易基金

基金名称	编 号	净发行量（百万美元）
Fubon FTSE Vietnam ETF	00885 TT	356
KIM KINDEX Vietnam VN30 ETF（Synth）	245710 KS	169

来源：ETF.com。

证券市场数据表来源于慧甚，均为 2021 年 6 月数据。

指数盈利增长

基于 10 强企业

时间段	2014—2019	2017—2019
VN	8%	15%

来源：作者的计算。

股票列表（按字母顺序排列）

股票名称	股票代码	国家 / 地区	规模 （百万美元）(*)	日交易量 （百万美元）(*)
Advanced Info Systems (AIS)	ADVANC TB	泰国	16 569	35
爱尔泰克（Airtec）	1590 TT	中国	6 722	26
阿里巴巴（Alibaba）	BABA US	中国	573 320	3 570
爱茉莉太平洋（Amore Pacific）	090430 KS	韩国	14 743	50
安踏（Anta）	2020 HK	中国	56 663	163
Ascendas REIT	AREIT SP	新加坡	9 389	28
雅诗阁（Ascott）	ART SP	新加坡	2 442	3
Asia Paints	APNT IN	印度	39 771	68
阿斯特拉国际（Astra International）	ASII IJ	印度尼西亚	14 614	18
Aurobindo	ARBP IN	印度	7 936	36
Axiom	AXIATA MK	马来西亚	8 733	4
Ayala 集团	AC PM	菲律宾	10 546	3
Ayala Land	ALI PM	菲律宾	11 349	10
百度（Baidu）	BIDU US	中国	65 956	2 165
Bangkok Dusit Medical Services	BDMS TB	泰国	11 686	25
中国银行（香港）	3988 HK	中国	130 956	127
菲律宾群岛银行（Bank of Philippine Islands）	BPI PM	菲律宾	8 093	3
BAT	ROTH MK	马来西亚	1 009	2
霸王集团（Bawang）	1338 HK	中国	44	1
Bentoel	RMBA IJ	印度尼西亚	720	1

续 表

股 票 名 称	股票代码	国家/地区	规模 (百万美元)(*)	日交易量 (百万美元)(*)
巴蒂集团（Bharti）	BHARTI IN	印度	40 607	86
哔哩哔哩（Bilibili）	BILI US	中国	42 979	486
BTS	352820 KS	韩国	9 301	88
康民医院（Bumrungrad）	BH TB	泰国	3 419	7
佳能（Canon）	7751 JP	日本	31 770	92
卡普空（Capcom）	9697 JP	日本	8 143	37
凯德集团（Capita Land）	CAPL SP	新加坡	14 814	31
国泰航空（Cathay Pacific）	293 HK	中国香港	5 797	8
城市发展酒店服务信托 （CDL Hospitality Trust）	CDREIT SP	新加坡	1 184	1
长江实业（Cheung Kong）	1113 HK	中国香港	24 430	57
中国人寿（China Life）	2628 HK	中国	123 085	83
中国移动（China Mobile）	941 HK	中国香港	126 615	185
中国联通（China Unicom）	762 HK	中国香港	16 556	31
致茂电子（Chroma ATE）	2360 TT	中国台湾	3 028	8
Ciola	CIPLA IN	印度	10 659	84
中信证券（Citic Securities）	600030 CH	中国	46 688	351
高露洁（Colgate）	GLGT IN	印度	6 349	14
中海油服（COSL）	2883 HK	中国	8 762	19
韩国大林（Daelim）	000210 KS	韩国	1 526	23
大新金融 （Dah Sing Financial）	440 HK	中国香港	994	1
大金（Daikin）	6367 JP	日本	54 446	143
星展银行（DBS）	DBS SP	新加坡	58 038	95
Delta	DELTA TB	泰国	21 951	60
Dr Treddy's	DRRD IN	印度	12 266	80

续　表

股　票　名　称	股票代码	国家 / 地区	规模 （百万美元）(*)	日交易量 （百万美元）(*)
新奥能源（ENN Energy）	2688 HK	中国	21 082	36
发那科（Fanuc）	6954 JP	日本	49 808	172
富士康（Foxconn）	2354 TT	中国台湾	3 326	26
Fraser & Neave	FNN SP	新加坡	1 586	0
富士胶片（Fujifilm）	4901 JP	日本	36 826	100
银河娱乐（Galaxy）	27 HK	中国香港	34 679	94
捷安特（Giant）	9921 TT	中国台湾	4 295	15
Globe Telcom	GLO PM	菲律宾	5 251	2
金光农业（Golden Agri）	GGR SP	新加坡	2 151	5
金风科技（Goldwind）	002202 CH	中国	7 600	110
Grameenphone	GRAM BD	孟加拉国	5 480	1
格力电器（Gree）	000651 CH	中国	51 998	350
GS Retail	007070 KS	韩国	2 613	14
盐仓集团（Gudang Garam）	GGRM IJ	印度尼西亚	4 680	3
海底捞（Haidilao）	6862 HK	中国	26 731	71
HDFC Bank	HDFCB IN	印度	112 076	185
恒立液压（Hengli Hydraulic）	601100 CH	中国	15 346	112
Hero Corp	HMCL IN	印度	8 188	38
印度斯坦联合利华有限公司 （Hindustan Unilever Ltd）	HUVR IN	印度	76 597	63
上银科技（Hiwin）	2049 TT	中国台湾	4 577	26
Homepro	HMPRO TB	泰国	6 124	10
鸿海（Hon Hai）	2317 TT	中国台湾	56 674	248
本田汽车（Honda）	7267 JP	日本	59 926	132
宏发股份（Hongfa）	600885 CH	中国	6 336	53
汇丰银行（HSBC）	5 HK	中国香港	124 599	129

股 票 名 称	股票代码	国家 / 地区	规模 (百万美元)(*)	日交易量 (百万美元)(*)
现代百货 （Hyundai Department Stores）	069960 KS	韩国	1 852	16
海力士（Hynix）	000660 KS	韩国	83 663	429
现代重工 （Hyundai Heavy Industries）	009540 KS	韩国	8 640	62
现代汽车（Hyundai Motor）	005380 KS	韩国	45 288	210
中国工商银行（ICBC）	1398 HK	中国	272 857	152
印度工业信贷投资银行 （ICICI Bank）	ICICIBC IN	印度	60 894	177
Idea	IDEA IN	印度	3 799	27
印孚瑟斯（Infosys）	INFO IN	印度	85 597	144
Jardine Cycle and Carriage	JCNC SP	新加坡	6 463	8
京东（JD.com）	JD US	中国	110 236	836
杰瑞股份（Jereh）	002353 CH	中国	5 891	57
Kakao	035720 KS	韩国	57 369	346
吉宝集团（Keppel Corp.）	KEP SP	新加坡	7 182	14
基恩士（Keyence）	6861 JP	日本	125 491	267
科乐美（Konami）	9766 JP	日本	9 435	30
快手（Kuaishou）	1024 HK	中国	110 265	192
贵州茅台 （Kweichau Moutai）	600519 CH	中国	430 048	1 123
Land and Houses	LH TB	泰国	3 204	14
大立光（Largan）	3008 TT	中国台湾	14 656	58
Larsen & Toubro	LT IN	印度	28 922	63
拉斯维加斯金沙集团 （Las Vegas Sands）	LVS US	美国	41 238	299
李宁（Li Ning）	2331 HK	中国	24 642	123

股 票 名 称	股票代码	国家 / 地区	规模 （百万美元）(*)	日交易量 （百万美元）(*)
领展房地产投资信托基金 （Link REIT）	823 HK	中国香港	20 410	49
乐天百货 （Lotte Department Stores）	023530 KS	韩国	3 061	14
Lupin	LPC IN	印度	7 338	45
文华酒店（Mandarin Hotels）	MAND SP	中国香港	2 564	1
马尼拉水务公司 （Manila Water）	MWC PM	菲律宾	717	1
丰树集团（Mapletree）	MINT SP	新加坡	5 415	15
Matahari	MPPA IJ	印度尼西亚	607	6
联发科（Mediatek）	2454 TT	中国台湾	56 899	352
美团（Meituan）	3690 HK	中国	238 074	1 054
Mercari	4385 JP	日本	7 879	47
美律（Merry）	2439 TT	中国台湾	806	7
美高梅（MGM）	MGM US	美国	20 732	314
三菱地所 （Mitsubishi Real Estate）	3481 JP	日本	1 700	5
国电南瑞（Nari Tech）	600406 CH	中国	20 763	73
Naver	035420 KS	韩国	56 852	227
印度雀巢（Nestle India）	NEST IN	印度	23 239	21
网易（Netease）	NTES US	中国	74 432	205
尼得科（Nidec）	6594 JP	日本	67 875	211
任天堂（Nintendo）	7974 JP	日本	77 803	512
蔚来汽车（Nio）	NIO US	中国	74 127	2 962
立邦涂料（Nippon Paint）	4612 JP	日本	36 875	36
日产（Nissan）	7201 JP	日本	21 579	79

续　表

股　票　名　称	股票代码	国家／地区	规模 （百万美元）(*)	日交易量 （百万美元）(*)
日东电工（Nitto Denko）	6988 JP	日本	11 519	52
奥兰（Olam）	OLAM SP	新加坡	4 327	2
松下（Panasonic）	6752 JP	日本	28 219	81
和硕（Pegatron）	4938 TT	中国台湾	7 033	37
中国石油（PetroChina）	601857 CH	中国	141 848	89
贝亲（Pigeon）	7956 JP	日本	3 646	27
拼多多（Pinduoduo）	PDD US	中国	154 368	979
中国平安（Ping An）	2318 HK	中国	189 886	345
浦项钢铁（Posco）	005490 KS	韩国	26 667	164
统一超商 （President Chain Stores）	2912 TT	中国台湾	9 854	13
PTT Global Chemical	PTTGC TB	泰国	8 536	41
PTTEP	PTTEP TB	泰国	15 234	35
Puregold	PGOLD PM	菲律宾	2 383	3
乐天（Rakuten）	4755 JP	日本	18 795	158
Ramayana	RALS IJ	印度尼西亚	353	2
信实工业 （Reliance Industries）	RIL IN	印度	200 879	250
雾芯科技（RLX）	RLX US	中国	14 765	99
Sampoerna	HMSP IJ	印度尼西亚	9 621	4
三星电子 （Samsung Electronics）	005930 KS	韩国	431 920	1 224
三一重工（Sany Heavy）	600031 CH	中国	37 221	636
Sea Ltd	SE US	新加坡	142 955	879
世嘉飒美控股 （Sega-sammy）	6460 JP	日本	3 648	22

续　表

股 票 名 称	股票代码	国家／地区	规模 （百万美元）(*)	日交易量 （百万美元）(*)
上海机电 （Shanghai Mechanical & Electric Corp）	600835 CH	中国	2 322	22
新世界百货（Shinsegae）	004170 KS	韩国	2 650	30
新加坡证券交易所 （Singapore Exchanges）	SGX SP	新加坡	8 842	19
中国石化（Sinopec）	600028 CH	中国	83 453	97
澳博控股（SJM Holdings）	880 HK	中国香港	6 360	15
中芯国际（SMIC）	688981 CH	中国	34 578	169
软银（Softbank）	9984 JP	日本	125 826	1 026
Sohgu Security Services	2331 JP	日本	4 837	9
索尼（Sony）	6758 JP	日本	126 140	426
Square Pharma	SQUARE BD	孟加拉国	2 223	1
Steady Safe	SAFE IJ	印度尼西亚	8	1
新鸿基地产 （Sun Hung Kai）	16 HK	中国香港	45 134	49
Sun Pharma	SUNP IN	印度	22 014	70
舜宇光学科技 （Sunny Optical）	2382 HK	中国	28 219	148
Suntec	SUN SP	新加坡	3 233	20
三得利（Suntory）	2587 JP	日本	11 996	21
泰姬陵酒店（Taj Hotels）	IH IN	印度	2 212	7
塔塔咨询服务 （Tata Consultancy）	TCS IN	印度	164 491	124
塔塔电力（Tata Power）	TPWR IN	印度	5 320	88
泰科源（Techtronics）	669 HK	中国香港	32 075	69
印尼电信公司 （Telkom Indonesia）	TLKM IJ	印度尼西亚	23 887	20

续 表

股 票 名 称	股票代码	国家 / 地区	规模 （百万美元）(∗)	日交易量 （百万美元）(∗)
腾讯（Tencent）	700 HK	中国	741 678	1 784
Titan	TTAN IN	印度	20 853	44
通威股份（Tongwei）	600438 CH	中国	25 122	446
东芝（Toshiba）	6502 JP	日本	19 432	159
丰田汽车（Toyota Motors）	7203 JP	日本	298 535	521
青岛啤酒 （Tsingtao Brewery）	168 HK	中国	19 258	44
台积电（TSMC）	2330 TT	中国台湾	571 311	799
联华电子（UMC）	UMC US	中国台湾	24 012	57
Walton	WALTONHI BD	孟加拉国	4 760	1
丰益（Wilmar）	WIL SP	新加坡	22 425	29
威普罗（Wipro）	WPRO IN	印度	41 662	88
五粮液（Wuliangye）	000858 CH	中国	181 334	793
永利度假村 （Wynn Resorts）	WYNN US	美国	14 419	279
小米（Xiaomi）	1810 HK	中国	90 921	576
信义玻璃（Xinyi Glass）	868 HK	中国香港	16 105	29
许继电气（Xuji）	000400 CH	中国	1 982	38
裕元集团（Yue Yuen）	551 HK	中国香港	3 984	5
百胜中国（Yum China）	9987 HK	中国	28 772	8
Zozo Town	3092 JP	日本	10 499	28

(∗) 数据截至 2021 年 6 月。日交易量为 2021 年 4 月至 6 月间以百万美元计的平均日交易量。

参考资料

Acemoglu, Daron, and James A. Robinson. *Why Nations Fail: The Origins of Power, Prosperity, and Poverty*. Illustrated Edition. New York: Currency, 2013.

Addicot, David A.C. "The Rise and Fall of the Zaibatsu: Japan's Industrial and Economic Modernization." *Global Tides* 11, no. 1 (2017): Article 5.

Agarwal, Sumit, Shashwat Alok, Pulak Ghosh, Soumya Ghosh, Tomasz Piskorski, and Amit Seru. "Banking the Unbanked: What Do 255 Million New Bank Accounts Reveal about Financial Access." Columbia Business School Research Paper No. 17–12, Georgetown McDonough School of Business Research Paper No. 2906523, HKUST Finance Symposium 2017, Indian School of Business WP 2906523, 26 October 2017. ttp://dx.doi.org/10.2139/ssrn.2906523.

Amenc, Noel, and Veronique Le Sourd. "The Performance of Socially Responsible Investment and Sustainable Development in France: An Update after the Financial Crisis." EDHEC Business School, September 2010. file:///Users/herald/Downloads/edhec_position_paper_-_the_performance_of_sri_0.pdf.

Anderson, T. D. "Revolution without Ideology: Demographic Transition in East Asia." *Philippine Geographical Journal* 24, no. 1 (March 1980): 33–44.

Anett, John, and Guanghua Wan. "Determinants of Urbanization." Asian Development Bank, July 2013. https://papers.ssrn.com/sol3/papers.cfm?abstract_id=2295736.

"ASEAN Needs Smart Regulation to Boost Financial Inclusion." Nikkei Asian Review. Accessed 22 September 2020. https://asia.nikkei.com/Opinion/ASEAN-needs-smart-regulation-to-boost-financial-inclusion.

Associated Press. "20 years on, scars from Asian financial meltdown linger." *Bangkok Post*, 29 June 2017. https://www.bangkokpost.com/business/1277891/20-years-on-scars-from-asian-financial-meltdown-linger.

"Automobile Industry in India." Indian Brand Equity Foundation. 21 October 2020. https://www.ibef.org/industry/india-automobiles.aspx.

Baird, Vanessa. *The No-Nonsense Guide to World Population*. New Internationalist, 2011.

Banerji, Gunjan. "Why Is the Stock Market Rallying When the Economy Is So Bad?" *Wall Street Journal*, 8 May 2020. https://www.wsj.com/articles/why-is-the-stock-market-rallying-when-the-economy-is-so-bad-11588974327.

Bank of England – History. Accessed 12 January 2021. https://www.bankofengland.co.uk/about/history.

Barquin, Sonia, Guillaume de Gantès, HV Vinayak, and Duhita Shrikhande. "Digital

Banking in Indonesia: Building Loyalty and Generating Growth." McKinsey & Company, February 2019. https://www.mckinsey.com/id/-/media/McKinsey/ Industries/Financial%20Services/Our%20Insights/Digital%20banking%20in%20 Indonesia%20Building%20loyalty%20and%20generating%20growth/Digital-banking-in-Indonesia-final.pdf.

Bauer, Michael D., and Glenn D Rudebusch. "Why Are Long-Term Interest Rates So Low?" FRBSF Economic Letter. Federal Reserve Bank of San Fransisco, 5 December 2016. https://www.frbsf.org/economic-research/publications/economic-letter/2016/ december/why-are-long-term-interest-rates-so-low/.

Benartzi, Shlomo, and Richard H. Thaler. "Heuristics and Biases in Retirement Savings Behavior." *Journal of Economic Perspectives* (2007) 21(3): 81–104. https://doi. org/10.1257/jep.21.3.81.

Berg, Florian, Julian Kölbel, and Roberto Rigobon. "Aggregate Confusion: The Divergence of ESG Ratings." 17 May 2020. Available at SSRN: https://ssrn.com/ abstract=3438533 or http://dx.doi.org/10.2139/ssrn.3438533.

Berlin, Isaiah. *The Hedgehog & The Fox.* Revised Edition. London: Weidenfeld & Nicolson, 2014.

Bland, Ben. *Man of Contradictions.* Australia, Victoria: Penguin, 2020.

"Bombay Stock Exchange – History." Gulaq, 6 January 2020. Accessed 11 October 2020. https://medium.com/@gulaqfintech/bombay-stock-exchange-history-217e984d2.

Bonabeau, Eric. "Don't Trust Your Gut." *Harvard Business Review*, May 2003. https:// hbr.org/2003/05/dont-trust-your-gut.

Bowen, H.V. "'The Pests of Human Society': Stockbrokers, Jobbers and Speculators in Mid-Eighteenth-Century Britain." *History* 78, no. 252 (1993): 38–53.

Bratton, William. *China's Rise, Asia's Decline: Asia's Difficult Outlook under China's Shadow.* Singapore: Marshall Cavendish Editions, 2021.

Brau, James C., Bill Francis, and Ninon Kohers. "The Choice of IPO versus Takeover: Empirical Evidence." *The Journal of Business* 76, no. 4 (2003): 583–612. https://doi. org/10.1086/377032.

Bray, Francesca. *The Rice Economies: Technology and Development in Asian Societies.* Berkeley: University of California Press, 1994.

Bringhurst, Newell G. "Samuel Brannan and His Forgotten Final Years." *Southern California Quarterly* 79, no. 2 (1997): 139–160. https://doi.org/10.2307/41171850.

Bruijn, J.R. "Schepen van de VOC En Een Vergelijking Met de Vaart Op Azië Door Andere Compagnieën." *BMGN – Low Countries Historical Review* 1, no. 99 (1984): 1–20. https://doi.org/10.18352/bmgn-lchr.2450.

Burgess, Robert. "The Daily Prophet: Carville Was Right About the Bond Market." *Bloomberg Businessweek*, 30 January 2018. https://www.bloomberg.com/news/ articles/2018-01-29/the-daily-prophet-carville-was-right-about-the-bond-marketjd0q9r1w.

Byun, Suk Joon, Sonya S. Lim, and Sang Hyun Yun. "Continuing Overreaction and Stock Return Predictability." *The Journal of Financial and Quantitative Analysis* 51, no. 6 (2016): 2015–2046.

Cabinet Office, Government of Japan (2019). "Annual Report on the Ageing Society [Summary] FY 2019." June 2019. https://www8.cao.go.jp/kourei/english/annualreport/2019/pdf/2019.pdf.

Carvalho, Carlos, Andrea Ferrero, and Fernanda Nechio. "Demographic Transition and Low U.S. Interest Rates." *FRBSF Economic Letter*, Federal Reserve Bank of San Fransisco, no. 2017–2027 (25 September 2017). https://www.frbsf.org/economic-research/publications/economic-letter/2017/september/demographic-transition.

CFA Institute. *ESG Integration in Asia Pacific: Markets, Practices, and Data*. CFA Institute and PRI, 2019. https://www.cfainstitute.org/-/media/documents/survey/esg-integration-apac.ashx.

Chan, Hing Lin. "Chinese Investment in Hong Kong: Issues and Problems." *Asian Survey* 35, no. 10 (1995): 941–954. https://doi.org/10.2307/2645568.

Chan, Tara Francis. "South Korea has limited a working week to 52 hours, in order to stop overwork." World Economic Forum, 3 July 2018. Accessed 19 September 2020. https://www.weforum.org/agenda/2018/07/south-korea-is-trying-to-stop-overwork-by-limiting-the-maximum-workweek-to-52-hours/.

Chapman, Colin. *How the Stock Markets Work: A Guide to the International Markets*. London: Century, 1994.

Chattopadhyay, Akash, Matthew D. Shaffeer, and Charles C.Y. Wang. "Governance through Shame and Aspiration: Index Creation and Corporate Behavior." Harvard Business School, 1 November 2018. http://dx.doi.org/10.2139/ssrn.3010188.

Chavez, Chris. "Jurgen Klopp Fires Back on Coronavirus Question from Reporter." *Sports Illustrated*. 4 March 2020. https://www.si.com/soccer/2020/03/04/jurgen-klopp-coronavirus-question-reporter-liverpool.

Chavis, Jason. "The History of China's Stock Market." Bizfluent, 26 September 2017. https://bizfluent.com/about-5070399-history-chinas-stock-market.html.

"China is the world's largest producer of hydroelectricity." Country profile – China, International Hydropower Association. Accessed 15 September 2020. https://www.hydropower.org/country-profiles/china.

China Labour Bulletin. "Migrant Workers and Their Children." 11 May 2020. https://clb.org.hk/content/migrant-workers-and-their-children.

China National Renewable Energy Centre. "The Energy System for Beautiful China 2050," n.d. http://boostre.cnrec.org.cn/wp-content/uploads/2018/04/Beautiful-China-2050-EN.pdf.

"China's New Consumer." Global Demographics. Accessed 18 September 2020. https://www.globaldemographics.com/china-new-consumer.

"Chow Tai Fook 2020/2021 Interim Results Presentation." Chow Tai Fook Jewellery Group, 19 December 2020. http://ir.ctfjewellerygroup.com/pre201124_en.pdf.

Chuang, Wen-I, Bong-Soo Lee, and Kai-Li Wang. "US and Domestic Market Gains and Asian Investors' Overconfident Trading Behavior." *Financial Management* 43, no. 1 (2014): 113–148.

Chung, Sungchul. "Excelsior: The Korean Innovation Story." *Issues in Science and Technology* XXIV, no. 1 (Fall 2007). https://issues.org/chung/.

Claessens, Stijn, and Po-Hung Fan. "Corporate Governance in Asia: A Survey." *International Review of Finance* 3 (1 February 2002): 71–103. https://doi. org/10.2139/ssrn.386481.

Conover, C. Mitchell, Gerald R. Jensen, and Robert R. Johnson. "Emerging Markets: When Are They Worth It?" *Financial Analysts Journal* 58, no. 2 (1 March 2002): 86–95. https://doi.org/10.2469/faj.v58.n2.2525.

Cornell, Bradford, and Aswath Damodaran. "The Big Market Delusion: Valuation and Investment Implications," 10 December 2019. http://dx.doi.org/10.2139/ ssrn.3501688.

Cruz, Bayana S. "Investors, Asset Managers Using ETFs to Boost Responsible Investments." Theasset.com, 6 July 2020. https://theasset.com/article-esg/40923/ investors-asset-managers-using-etfs-to-boost-responsible-investments.

Custodio, Yuri. "An Introduction to Esports: What Are Esports?" ESTNN, 23 November 2020. https://estnn.com/an-introduction-to-esports/.

Damodaran, Aswath. *Investment Valuation: Tools and Techniques for Determining the Value of Any Asset*. Third edition. Hoboken, NJ: John Wiley & Sons, 2012.

———. *Narrative and Numbers: The Value of Stories in Business*. New York: Columbia Business School Publishing, 2017.

———. *The Little Book of Valuation: How to Value a Company, Pick a Stock, and Profit*. Hoboken, NJ: John Wiley & Sons, 2011.

Davidi, Einat. "Penso de La Vega and the Question of Jewish Baroque." In *Religious Changes and Cultural Transformations in the Early Modern Western Sephardic Communities*, edited by Yosef Kaplan, 54:469–484. Brill, 2019. https://doi. org/10.1163/j.ctvrzgvqk.25.

Davies, Roger J., and Osamu Ikeno, eds. *The Japanese Mind: Understanding Contemporary Japanese Culture*. Boston: Tuttle Publishing, 2002.

Daw, James. "Responsible Investing: Weighing the Impact." *Corporate Knights* 10, no. 4 (2012): 20–21.

De Bondt, Werner F. M., and Richard H. Thaler. "Financial Decision-Making in Markets and Firms: A Behavioral Perspective." NBRE Working Paper No. 4777, June 1994. https://doi.org/10.3386/w4777.

Dennett, D. C. *From Bacteria to Bach and Back: The Evolution of Minds*. First edition. New York: W. W. Norton & Co, 2017.

———. *Intuition Pumps and Other Tools for Thinking*. First Edition. New York: W. W. Norton & Co, 2013.

Dian, Septiari. "Jokowi's 'hatred' of Foreign Products Raises Eyebrows." *The Jakarta Post*, 6 March 2021. https://www.thejakartapost.com/news/2021/03/06/jokowis-hatred-of-foreign-products-raises-eyebrows.html.

Dimson, Elroy, Paul Marsh, and Mike Staunton. *Triumph of the Optimists: 101 Years of Global Investment Returns*. Princeton, NJ: Princeton University Press, 2002.

Dorbolo, Jon. "Intuition Pumps and Augmentation of Learning," 164–167, 2012. https://doi.org/10.1007/978-1-4419-1428-6_827.

Dorling, Daniel, and Stuart Gietel-Basten. *Why Demography Matters*. Medford, MA: Polity Press, 2018.

Dunne, Timothy, Milja Kurki, and Steve Smith, eds. *International Relations Theories: Discipline and Diversity*. Third edition. Oxford: Oxford University Press, 2013.

Elton, Edwin J., Martin J. Gruber, and Andre de Souza. "Are Passive Funds Really Superior Investments? An Investor Perspective." *Financial Analysts Journal* 75, no. 3 (1 July 2019): 7–19. https://doi.org/10.1080/0015198X.2019.1618097.

Enoch, Charles, Barbara Baldwin, Oliver Frecout, and Arto Kovanen. "Indonesia: Anatomy of a Banking Crisis – Two Years of Living Dangerously 1997–1999." International Monetary Fund, May 2001. https://www.imf.org/external/pubs/ft/wp/2001/wp0152.pdf.

Fabozzi, Frank J., and H. Markowitz, eds. *Equity Valuation and Portfolio Management*. The Frank J. Fabozzi Series. Hoboken, NJ: John Wiley & Sons, 2011.

Fama, Eugene, Laurence Fisher, Michael C. Jensen, and Richard W. Roll. "The Adjustment of Stock Prices to New Information." *International Economic Review* 10 (15 February 1969): 28. Https://Ssrn.Com/Abstract=321524 or Http://Dx.Doi.Org/10.2139/Ssrn.321524.

Feddes, Fred. *1000 Jaar Amsterdam: Ruimtelijke Geschiedenis van Een Wonderbaarlijke Stad*. Bussum: Uitgeverij Thoth, 2012.

Feenstra, Robert, Gary Hamilton, and Eun Lim. "Chaebol and Catastrophe: A New View of the Korean Business Groups and Their Role in the Financial Crisis*." *Asian Economic Papers* 1 (1 May 2002): 1–45. https://doi.org/10.1162/15353510260187373.

Feng, Rebecca. "Taiwan Fund Managers Rush to Roll out Sustainable ETFs." *Financial Times*, 4 May 2021. https://www.ft.com/content/42c40636-a003-4661-8645-318476d63cec.

Fisher, Stanley. "Why Are Interest Rates So Low? Causes and Implications." Board of Governors of the Federal Reserve System, 17 October 2016. https://www.federalreserve.gov/newsevents/speech/fischer20161017a.htm.

"For Asia, the path to prosperity starts with land reform." *The Economist*, 12 October 2017. https://www.economist.com/asia/2017/10/12/for-asia-the-path-to-prosperitystarts-with-land-reform.

Frederick, William H. "Rhoma Irama and the Dangdut Style: Aspects of Contemporary Indonesian Popular Culture." *Indonesia* 34 (1982): 103–130. https://doi.org/10.2307/3350952.

Fukuda, Shin-Ichi. "The Impacts of Japan's Negative Interest Rate Policy on Asian Financial Markets." Tokyo: Asian Development Bank Institute, 2017.

Gagnon, Etienne, Benjamin K. Johannsen, and Lopez-Salid David. "Understanding the New Normal: The Role of Demographics." Finance and Economics Discussion Series 2016-08. Washington DC: Board of Governors of the Federal Reserve System, 2016. http://dx.doi.org/10.17016/FEDS.2016.080.

"Game Changers: Women and the Future of Work in Asia and The Pacific." International Labour Organization, 2018. https://www.ilo.org/wcmsp5/groups/public/---asia/---ro-bangkok/---sro-bangkok/documents/publication/wcms_645601.pdf.

Geanakoplos, John, Michael Magill, and Martine Quinzii. "Demography and the Long-Run Predictability of the Stock Market." *Brookings Papers on Economic Activity* 2004, no. 1 (2004): 241–325. https://doi.org/10.1353/eca.2004.0010.

Ghosh, Abantika. "MP Shyama Charan Gupta Who Said Nothing Wrong with Beedis Flaunts His Beedi Empire." *Indian Express*, 2 April 2015. https://indianexpress.com/article/india/india-others/mp-shyama-charan-gupta-who-said-nothing-wrong-with-beedis-flaunts-his-beedi-empire/.

Giant Bicycles official website. Accessed 26 October 2020. https://www.giant-bicycles.com/global/about-us.

Gietel-Basten, Stuart. "Aging Need Not Be a Threat to China's Future." *China Daily*, 14 November 2020. http://global.chinadaily.com.cn/a/202011/14/WS5faf2e34a31024ad0ba94043.html.

Goetzmann, William, and Dasol Kim. "Negative Bubbles: What Happens After a Crash." National Bureau of Economic Research, Working Paper 23830 (September 2017). https://doi.org/10.3386/w23830.

Gordon, Robert J. *The Rise and Fall of American Growth: The U.S. Standard of Living since the Civil War*. The Princeton Economic History of the Western World. Princeton: Princeton University Press, 2016.

Greber, Jacob. "Trump's Trade War Is about to Test Market Complacency." Australian Financial Review, 4 December 2019. https://www.afr.com/world/north-america/trump-s-trade-war-is-about-to-test-market-complacency-20191204-p53gr5.

Greenwood, John. *Hong Kong's Link to the US Dollar*. Hong Kong: Hong Kong University Press, 2016.

Hanusz, Mark. *Kretek: The Culture and Heritage of Indonesia's Clove Cigarettes*. Jakarta: Equinox Publishing, 2000.

HDFC Bank official website. "Overview." Accessed 22 September 2020. https://www.

hdfcbank.com/personal/about-us/overview.

Hill, Peter. "Heisei Yakuza: Burst Bubble and Bôtaihô." *Social Sciences Japan Journal* 6, no. 1 (2003): 1–18.

Hindustan Lever. "Annual Report 2019–20." https://www.hul.co.in/investor-relations/annual-reports/.

Hirsch, Jeffrey A. *The Little Book of Stock Market Cycles: How to Take Advantage of Time-Proven Market Patterns*. Little Book Big Profits Series. Hoboken, NJ: John Wiley & Sons, 2012.

History.com Editors. "Kiichiro Toyoda, Founder of the Toyota Motor Corporation, Dies." History, 13 November 2009 (updated 24 March 2021). https://www.history.com/this-day-in-history/toyota-founder-dies.

HKEX official website. Accessed 7 September 2020. https://www.hkex.com.hk/?sc_lang=en.

———. "Hong Kong Stock Market Historical Events." 29 December 2020. https://www.hkex.com.hk/-/media/hkex-market/news/news-release/2006/060116news/30.

———. "Shanghai Connect, Shenzhen Connect; Information Book for Investors." Hong Kong, August 2020. https://www.hkex.com.hk/-/media/HKEX-Market/Mutual-Market/Stock-Connect/Getting-Started/Information-Booklet-and-FAQ/Information-Book-for-Investors/Investor_Book_En.pdf.

———. "Stock Connect." Accessed 14 September 2020. https://www.hkex.com.hk/Mutual-Market/Stock-Connect?sc_lang=en.

Ho, Johnny, Felix Poh, Jia Zhou, and Daniel Zipser. "China consumer report 2020: The many faces of the Chinese consumer." McKinsey & Co, December 2019. https://www.mckinsey.com/~/media/McKinsey/Featured%20Insights/China/China%20consumer%20report%202020%20The%20many%20faces%20of%20the%20Chinese%20consumer/China-consumer-report-2020-vF.pdf.

Hoepner, Andreas G. F., Ioannis Oikonomou, Zacharias Sautner, Laura T. Starks, and Xiaoyan Zhou. "ESG Shareholder Engagement and Downside Risk." *SSRN Electronic Journal*, 2016. https://doi.org/10.2139/ssrn.2874252.

Horner, Rory. "The World Needs Pharmaceuticals from China and India to Beat Coronavirus." Medical Xpress, 25 May 2020. https://medicalxpress.com/news/2020-05-world-pharmaceuticals-china-india-coronavirus.html.

Hoshi, Takeo, and Anil K. Kashyap. "Will the U.S. and Europe Avoid a Lost Decade? Lessons from Japan's Postcrisis Experience." *IMF Economic Review* 63, no. 1 (2015): 110–163.

Houlder, Vanessa. "Richard Thaler's Advice: Be a Lazy Investor – Buy and Forget." 22 December 2017. https://www.ft.com/content/90d1289e-daa9-11e7-a039-c64b1c09b482.

Housel, Morgan. *The Psychology of Money: Timeless Lessons on Wealth, Greed, and Happiness*. Hampshire: Harriman House, 2020.

Hruska, Joel. "14nm, 7nm, 5nm: How low can CMOS go? It depends if you ask the engineers or the economists ..." Extreme Tech, 23 June 2014. Accessed 17 September 2020. https://www.extremetech.com/computing/184946-14nm-7nm-5nm-how-low-can-cmos-go-it-depends-if-you-ask-the-engineers-or-the-economists.

ICICI Bank official website. "About Us." Accessed 22 September 2020. https://www.icicibank.com/aboutus/about-us.page.

International Monetary Fund, Asia and Pacific Department. "Japan: 2017 Article IV Consultation – Press Release; Staff Report; and Statement by the Executive Director for Japan." IMF Staff Country Reports (31 July 2017). https://www.imf.org/en/Publications/CR/Issues/2017/07/31/Japan-2017-Article-IV-Consultation-Press-Release-Staff-Report-and-Statement-by-the-Executive-45149.

"In bleak times for banks, India's digital-payments system wins praise." The Economist, 9 May 2020. https://www.economist.com/finance-and-economics/2020/05/09/in-bleak-times-for-banks-indias-digital-payments-system-wins-praise.

Ingber, Sasha. "Japan's Population Is In Rapid Decline." NPR.org, 21 December 2018. https://www.npr.org/2018/12/21/679103541/japans-population-is-in-rapid-decline.

Jao, Y. C. "The Rise of Hong Kong as a Financial Center." Asian Survey 19, no. 7 (1979): 674–694. https://doi.org/10.2307/2643989.

Japan Exchange Group corporate site. "History." Accessed 20 October 2020. https://www.jpx.co.jp/english/corporate/about-jpx/history/01-02.html.

Jeong, May. "How Carlos Ghosn Escaped Japan, According to the Ex-Green Beret Who Snuck Him Out." Vanity Fair, July/August 2020 (23 July 2020). https://www.vanityfair.com/news/2020/07/how-carlos-ghosn-escaped-japan.

Jia, Jin, Qian Sun, and Wilson H. S. Tong. "Privatization through an Overseas Listing: Evidence from China's H-Share Firms." Financial Management 34, no. 3 (2005): 5–30.

Jin, Byoungho, and Junghwa Son. "Indian Consumers: Are They the Same across Regions?" International Journal of Emerging Markets 8 (18 January 2013). https://doi.org/10.1108/17468801311297255.

Jones, Randall S., and Myungkyoo Kim. "Enhancing Dynamism and Innovation in Japan's Business Sector." OECD Economics Department Working Papers, no. 1261 (2 September 2015). OECD iLibrary. https://doi.org/10.1787/5jrtpbtkbhs1-en.

Jorda, Oscar, Sanjay R. Singh, and Alan M. Taylor. "Longer-Run Economic Consequences of Pandemics." Federal Reserve Bank of San Francisco, Economic Research Working Papers, 30 June 2020. https://www.frbsf.org/economic-research/publications/working-papers/2020/09/.

Kahneman, Daniel. Thinking, Fast and Slow. First edition paperback. New York: Farrar, Straus and Giroux, 2013.

Kaplan, Robert D. "Why John J. Mearsheimer Is Right (About Some Things)." The Atlantic, January/February 2012. Accessed 8 September 2020. https://www.

theatlantic.com/magazine/archive/2012/01/why-john-j-mearsheimer-is-right-about-some-things/308839/.

Kennedy, Paul M. *The Rise of the Anglo-German Antagonism, 1860–1914*. London-Boston-Sydney: George Allen & Unwin, 1980.

Kindleberger, Charles P., and Robert Z. Aliber. *Manias, Panics, and Crashes: A History of Financial Crises*. Fifth edition. Wiley Investment Classics. Hoboken, NJ: John Wiley & Sons, 2005.

Klement, Joachim. "What's Growth Got to Do With It? Equity Returns and Economic Growth." *The Journal of Investing* 24 (1 May 2015): 74–78. https://doi.org/10.3905/joi.2015.24.2.074.

Kobler, Daniel, and Sven Probst. "The Deloitte International Wealth Management Centre Ranking 2018: The Winding Road to Future Value Creation." Deloitte Centre for Financial Services, 2018. https://www2.deloitte.com/cn/en/pages/financial-services/articles/the-deloitte-wealth-management-centre-ranking-2018.html.

Komenkul, Kulabutr, and Santi Kiranand. "Aftermarket Performance of Health Care and Biopharmaceutical IPOs." *Inquiry* 54 (2017): 1–11. https://doi.org/10.2307/26369684.

Kung, James J., and Wing-Keung Wong. "Profitability of Technical Analysis in the Singapore Stock Market: Before and after the Asian Financial Crisis." *Journal of Economic Integration* 24, no. 1 (2009): 135–150.

Kurtz, Lloyd, and Dan diBartolomeo. "The Long-Term Performance of a Social Investment Universe." *The Journal of Investing* 20, no. 3 (31 August 2011): 95. https://doi.org/10.3905/joi.2011.20.3.095.

Kwan, Stanley S. K., and Nicole Kwan. *The Dragon and the Crown: Hong Kong Memoirs*. Hong Kong: Hong Kong University Press, 2011.

Kwatra, Nikita. "Can India Replace China as the World's Factory?" *Mint*, 5 October 2020. https://www.livemint.com/news/india/can-india-replace-china-as-the-world-s-factory-11601691617840.html.

Lach, Donald Frederick. *Asia in the Making of Europe*. Asia in the Making of Europe. Chicago: University of Chicago Press, 1994.

Lardy, Nicholas R. "Issues in China's WTO Accession." *Brookings* (blog), 2001. https://www.brookings.edu/testimonies/issues-in-chinas-wto-accession/.

Latoja, Ma. Concepcion G. "Remittances to Asia in 2018: Sources and Costs." Asia Regional Integration Center. Accessed 22 September 2020. https://aric.adb.org/blog/remittances-to-asia-in-2018-sources-and-costs.

Laurent, Clinton R. *Tomorrow's World: A Look at the Demographic and Socio-Economic Structure of the World in 2032*. Singapore: John Wiley & Sons, 2013.

Lee, Sang-Hyop, Andrew Mason, and Donghyun Park. "Why Does Population Aging Matter So Much for Asia? Population Aging, Economic Growth, and Economic Security in Asia." ADB Economics Working Paper Series, No. 284. October 2011.

https://www.econstor.eu/bitstream/10419/109416/1/ewp-284.pdf.

Lee, Sang-Hyop, Cheol-Kon Park, and Andrew Mason. "Better Work Opportunities for Older Adults Would Benefit the South Korean Economy." E3G, 2020. JSTOR. https://doi.org/10.2307/resrep24947.

Lewis, Michael. *Boomerang: The Biggest Bust.* London: Penguin, 2011.

Li, Mengnan, Haiyi Ye, Xiawei Liao, Junping Ji, and Xiaoming Ma. "How Shenzhen, China pioneered the widespread adoption of electric vehicles in a major city: Implications for global implementation." *WIREs Energy and Environment* 9, no. 4 (July/August 2020): e373. https://doi.org/10.1002/wene.373.

Li, Shi. "The Economic Situation of Rural Migrant Workers in China." *China Perspectives* 2010, no. 4 (15 December 2010). https://doi.org/10.4000/chinaperspectives.5332.

Lim, Stanley, and Cheong Mun Hong. *Value Investing in Asia: The Definitive Guide to Investing in Asia.* Hoboken, NJ: John Wiley & Sons, 2017.

London Stock Exchange official website. "Homepage | London Stock Exchange." Accessed 7 September 2020. https://www.londonstockexchange.com/.

Louche, Celine, Daniel Arenas, and Kathinka C. van Cranenburgh. "From Preaching to Investing: Attitudes of Religious Organisations Towards Responsible Investment." *Journal of Business Ethics* 110, no. 3 (5 January 2012): 301–320. https://doi.org/10.1007/s10551-011-1155-8.

Maddison, Angus. *The World Economy: A Millennial Perspective.* Paris: OECD, 2001.

Mak, Geert. *Amsterdam a Brief Life of a City.* London: Harvill Press, 2001.

Malmendier, Ulrike, and Timothy Taylor. "On the Verges of Overconfidence." *The Journal of Economic Perspectives* 29, no. 4 (2015): 3–7.

Margolis, Joshua D., Hillary A. Elfenbein, and James P. Walsh. "Does It Pay to Be Good … And Does It Matter? A Meta-Analysis of the Relationship between Corporate Social and Financial Performance." 1 March 2009. http://dx.doi.org/10.2139/ssrn.1866371.

Maroney, Neal, Atsuyuki Naka, and Theresia Wansi. "Changing Risk, Return, and Leverage: The 1997 Asian Financial Crisis." *The Journal of Financial and Quantitative Analysis* 39, no. 1 (2004): 143–166.

Mason, Andrew, and Tomoko Kinugasa. "East Asian Economic Development: Two Demographic Dividends." *Journal of Asian Economics* 19, no. 5–6 (November–December 2008): 389–399. https://doi.org/10.1016/j.asieco.2008.09.006.

Mason, Andrew, Ronald Lee, Michael Abrigo, and Sang-Hyop Lee. "Support Ratios and Demographic Dividends: Estimates for the World." Technical Paper No. 2017/1. New York: United Nations Department of Economic and Social Affairs, Population Division, 2017. https://www.un.org/en/development/desa/population/publications/pdf/technical/TP2017-1.pdf.

Mccauley, Robert, John Cairns, and Corrinne Ho. "Exchange Rates and Global

Volatility: Implications for Asia-Pacific Currencies." *BIS Quarterly Review*, 1 January 2007.

McCloskey, Deirdre N. "Measured, unmeasured, mismeasured, and unjustified pessimism: a review essay of Thomas Piketty's capital in the twenty-first century." *Erasmus Journal of Philosophy and Economics* 7, no. 2 (1 December 2014): 73–115. https://doi.org/10.23941/ejpe.v7i2.170.

McMorrow, Ryan, and Sun Yu. "The vanishing billionaire: how jack ma fell foul of Xi Jinping." *Financial Times*, 15 April 2021. https://www.ft.com/content/1fe0559f-de6d-490e-b312-abba0181da1f.

Mearsheimer, John J. *The Great Delusion: Liberal Dreams and International Realities.* The Henry l. Stimson Lectures Series. New Haven, CT: Yale University Press, 2018.

———. *The Tragedy of Great Power Politics.* Updated Edition. New York: W. W. Norton & Co, 2014.

Meng, Wang, and Kohlbacher Florian. "The Chinese 'Dama' as Consumer Cohort." *China Economic Review* (blog), 1 June 2015. https://chinaeconomicreview.com/op-ed-chinese-dama-consumer-cohort/.

Mladina, Peter, and Steve Germani. "The Enigma of Economic Growth and Stock Market Returns." Northern Trust, October 2016. https://cdn.northerntrust.com/pws/documents/commentary/investment-commentary/the-enigma-economic-growth-and-stock-market-returns.pdf.

Mobron, Jaap-Jan, and The History Team of Museum Bank Mandiri. *The Factorij: Bank, Museum, Monument*, 2011.

Mohanty, Ranjan Kumar, and N.R Bhanumurthy. "Assessing Public Expenditure Efficiency at Indian States." NIPFP Working Paper. New Delhi: National Institute of Public Finance and Policy, 19 March 2018. https://www.nipfp.org.in/media/medialibrary/2018/03/WP_2018_225.pdf.

Morris, Jan. *Hong Kong: Epilogue to an Empire.* Vintage Departures ed. New York: Vintage Departures, 1997.

Moss, David A., and Eugene Kintgen. "The Dojima Rice Market and the Origins of Futures Trading." *Harvard Business School Case 709-044*, January 2009.

MSCI AC Asia ex Japan Index (USD). "MSCI.Com." 31 May 2021. https://www.msci.com/documents/10199/43000c0b-7078-4d82-a59d-9a23792cc21e.

"Mutually Assured Existence | Special Report." *The Economist*, 15 May 2010. Accessed 21 September 2020. https://www.economist.com/special-report/2010/05/15/mutually-assured-existence?story_id=16078466%3B.

Naipaul, V. S. *India: a Million Mutinies Now.* First Vintage International edtion. New York: Vintage Books, 2011.

Nakagawa, Keiichirō, and Henry Rosovsky. "The Case of the Dying Kimono: The Influence of Changing Fashions on the Development of the Japanese Woolen Industry." *The Business History Review* 37, no. 1–2 (1963): 59–80. https://doi.

org/10.2307/3112093.

Negara, Siwage Dharma. "Dutch Commerce and Chinese Merchants in Java: Colonial Relationships in Trade and Finance, 1800–1942." *Bulletin of Indonesian Economic Studies* 50, no. 3 (2 September 2014): 498–500. https://doi.org/10.1080/00074918.2014.980390.

Neuburger, Hugh, and Houston H. Stokes. "The Anglo-German Trade Rivalry, 1887–1913: A Counterfactual Outcome and Its Implications." *Social Science History* 3, no. 2 (Winter, 1979): 187–201. https://doi.org/10.2307/1171200.

Nison, Steve. *Japanese Candlestick Charting Techniques: A Contemporary Guide to the Ancient Investment Techniques of the Far East.* Second edition. New York: New York Institute of Finance, 2001.

OECD. "OECD Employment Outlook 2020." https://www.oecd-ilibrary.org/content/publication/1686c758-en.

———. "Pensions at a Glance 2017: OECD and G20 Indicators." Accessed 19 September 2020. https://www.oecd-ilibrary.org/social-issues-migration-health/pensions-at-a-glance-2017_pension_glance-2017-en.

———. *PISA 2018 Results (Volume I): What Students Know and Can Do.* PISA. OECD, 2019. https://doi.org/10.1787/5f07c754-en.

———. "'The Potential for Blockchain Technology in Public Equity Markets in Asia.'" OECD Capital Markets Series. OECD, 2018. https://www.oecd.org/daf/ca/The-Potential-for-Blockchain-in-Public-Equity-Markets-in-Asia.pdf.

Park, Young Jin. "The Rise of One-Person Households and Their Recent Characteristics in Korea." *Korea Journal of Population and Development* 23, no. 1 (1994): 117–129.

Partridge, Matthew. "Great frauds in history: the Bre-X gold-mining scandal." *Moneyweek*, 20 February 2019. https://moneyweek.com/502188/great-frauds-in-history-the-bre-x-gold-mining-scandal.

Patnam, Manasa, and Weijia Yao. "The Real Effects of Mobile Money: Evidence from a Large-Scale Fintech Expansion." International Monetary Fund Working Paper, 2020.

"Paytm Targets 1.5 Billion Merchant Payments During Festive Season." *Businessworld*, 24 September 2019. http://www.businessworld.in/article/Paytm-Targets-1-5-Billion-Merchant-Payments-During-Festive-Season/24-09-2019-176636/.

Perilli, David. "Update on Indonesia in 2019." Global Cement, 6 November 2019. <https://www.globalcement.com/news/item/10055-update-on-indonesia-in-2019>.

Persson, Karl Gunnar. *An Economic History of Europe: Knowledge, Institutions and Growth, 600 to the Present.* Second edition. New Approaches to Economic and Social History. Cambridge-New York: Cambridge University Press, 2015.

Petram, Lodewijk. *The World's First Stock Exchange.* New York: Columbia Business School Publishing, 2014.

———. "What was the return on VOC shares?" 1 October 2020. VOC dividends: mace and cloves, n.d. https://www.worldsfirststockexchange.com/2020/10/01/whatwas-the-return-on-voc-shares/.

———. "The world's first stock exchange: how the Amsterdam market for Dutch East India Company shares became a modern securities market, 1602-1700." PhD thesis, University of Amsterdam, 2011. https://pure.uva.nl/ws/files/1427391/85961_thesis.pdf.

Pomerleano, Michael. *The East Asia Crisis and Corporate Finances: The Untold Micro Story.* The World Bank, 1999.

PwC Experience Centre. "The Rise of China's Silicon Dragon," May 2016. https://www.pwc.com/sg/en/publications/assets/rise-of-china-silicon-dragon.pdf.

"Rakesh Jhunjhunwala." Forbes Lists, Billionaires 2021 and India's Richest 2020. https://www.forbes.com/profile/rakesh-jhunjhunwala/?sh=61cde14a174b.

Rasmussen, Dan, John Klinger, Georgi Koreli, Nick Schmitz, and Igor Vasilachi. "Emerging Markets Crisis Investing." Verdad. Accessed 1 March 2021. https://static1.squarespace.com/static/5db0a1cf5426707c71b54450/t/601da88946f6aa3a2d177c28/1612556446187/Emerging+Markets+Crisis+Investing.pdf.

Ray, Saon, and Smita Miglani. "India's GVC integration: An analysis of upgrading efforts and facilitation of lead firms." Indian Council for Research on International Economic Relations, Working Paper 386, February 2020. http://icrier.org/pdf/Working_Paper_386.pdf.

Reuters Staff. "Toyota pumps $1 billion in Grab in auto industry's biggest ride-hailing bet." 13 June 2018. https://www.reuters.com/article/us-grab-toyota-investment-idUSKBN1J907E.

Roegholt, Richter, ed. *A Short History of Amsterdam.* Second edition. Amersfoort: Bekking & Blitz, 2006.

Rosling, Hans, Ola Rosling, and Anna Rosling Rönnlund. *Factfulness: Ten Reasons We're Wrong about the World and Why Things Are Better than You Think.* London: Sceptre, 2018.

Rude, Jana. "Half the World's New Single Person Households to Emerge in Asia Pacific." *Market Research Blog* (blog), 26 August 2020. https://blog.euromonitor.com/half-the-worlds-new-single-person-households-to-emerge-in-asia-pacific/.

Sahgal, Sujit. *A Wall Street View of Rural India.* S.l.: Olympia Publishers, 2020.

Sass, Steven A., and Jorge D. Ramos-Mercado. "Are Americans of All Ages and Income Levels Shortsighted About Their Finances?" *Centre for Retirement Research* 15, no. 9 (May 2015): 1–10.

"SBI Annual Report 2019–20." State Bank of India, 2020. https://www.sbi.co.in/documents/17826/35696/23062020_SBI+AR+2019-20+%28Time+16_3b11%29.pdf/a358b5ec-1d32-a093-d9ac-13071fda9ff6?t=1592911831224.

Schalk, Ruben, and Jan Bruin. "Leven, Werk En Financiën van Pieter Harmensz, de Eigenaar van Het Oudste Aandeel Ter Wereld." *Steevast* Schalk, R. (2011). Leven, werk en financiën van Pieter Harmensz, de eigenaar van het oudste aandeel ter wereld. *Steevast* 2011 (74–104). Enkhuizen, Met Jan de Bruin (Westfries Archief,

Hoorn). (1 January 2011): 74–104.

Schlingemann, Frederik P., and Rene M. Stultz. "Have Exchange-Listed Firms Become Less Important for the Economy?" National Bureau of Economic Research, Working Paper 27942, October 2020. https://doi.org/10.3386/w27942.

Schmeltzing, Paul. "Eight centuries of global real interest rates, R-G, and the 'suprasecular' decline, 1311–2018." Bank of England. Staff Working Paper 845, January 2020. https://www.bankofengland.co.uk/-/media/boe/files/working-paper/2020/eight-centuries-of-global-real-interest-rates-r-g-and-the-suprasecular-decline-1311-2018.pdf?la=en&hash=5197703E8834998B56DD8121C0B64BFB09FF4881.

Schmidt, Hilary. "Singapore's Shrinking Stock Market." *International Banker*, 2 April 2019. https://internationalbanker.com/brokerage/singapores-shrinking-stock-market/.

Schuenemann, Jan-Hendrik, Natalia Ribberink, and Natallia Katenka. "Japanese and Chinese Stock Market Behaviour in Comparison – an Analysis of Dynamic Networks." *Asia Pacific Management Review* 25, no. 2 (1 June 2020): 99–110. https://doi.org/10.1016/j.apmrv.2019.10.002.

Seven Dollar Millionaire, ed. *Happy Ever After: Financial Freedom Isn't a Fairy Tale.* Chichester, UK: John Wiley & Sons, 2021.

Shabarisha, N. "Heuristic and Biases Related to Financial Investment and the Role of Behavioral Finance in Investment Decisions – A Study." *ZENITH International Journal of Business Economics & Management Research* 5, no. 12 (December 2015): 82–101.

Sahni, Urvashi. "Primary Education in India: Progress and Challenges." Brookings Institution India Centre, 20 January 2015. https://www.brookings.edu/research/primary-education-in-india-progress-and-challenges/.

Shin, Inseok. "Evolution of the KOSDAQ Stock Market: Evaluation and Policy Issues." Korea Development Research Institute. AT10 Research Conference, 7–8 March 2002. https://www.nomurafoundation.or.jp/en/wordpress/wp-content/uploads/2014/09/20020307-08_Inseok_Shin.pdf.

Shor, Russell. "New York Stock Exchange (NYSE)." FXCM Markets, 11 December 2014. Accessed 6 September 2020. https://www.fxcm.com/markets/insights/new-york-stock-exchange-nyse/.

Shorto, Russell, Otto Biersma, and Luud Dorresteyn. *Amsterdam: geschiedenis van de meest vrijzinnige stad ter wereld.* Amsterdam: Ambo, 2013.

SIFMA. "2020 Capital Markets Fact Book." September 2020. https://www.sifma.org/wp-content/uploads/2020/09/US-Fact-Book-2020-SIFMA.pdf.

Singapore Exchange (SGX) official website. Accessed 7 September 2020. https://www.sgx.com/.

Singh, Pratima. "You Don't Need an 'India Strategy' — You Need a Strategy for Each State in India." *Harvard Business Review*, 15 December 2017. https://hbr.

org/2017/12/you-dont-need-an-india-strategy-you-need-a-strategy-for-each-state-in-india.

"Single households new market for businesses." *Taipei Times*, 4 April 2017. https://www.taipeitimes.com/News/taiwan/archives/2017/04/04/2003668047.

Song, Ligang. "State-owned enterprise Peform in China: past, present and prospects." In *China's 40 Years of Reform and Development: 1978–2018*, edited by Ligang Song, Ross Garnaut, and Cai Fang, 345–374. China Update Series. ANU Press, 2018. http://www.jstor.org/stable/j.ctv5cgbnk.27.

Spierdijk, Laura, Jacob A. Bikker, and Pieter van den Hoek. "Mean Reversion in International Stock Markets: An Empirical Analysis of the 20th Century." De Nederlandsche Bank Working Paper No. 247 (1 April 2010). http://dx.doi.org/10.2139/ssrn.1947305.

Sravanth, K. Reddy Sai, N. Sundaram, and Desti Kannaiah. "PEST Analysis of Present Indian Telecom Sector." *International Journal of Innovative Technology and Exploring Engineering* 9, 2 (December 2019): 4938–4942. https://doi.org/10.35940/ijitee.B6384.129219.

Srivinas, Val, and Urval Goradia. "The future of wealth in the United States: Mapping trends in generational wealth." Deloitte Center for Financial Services research report. Deloitte University Press, 2015. https://www2.deloitte.com/content/dam/insights/us/articles/us-generational-wealth-trends/DUP_1371_Future-wealth-in-America_MASTER.pdf.

Stanley, Leonardo E. "India." In *Emerging Market Economies and Financial Globalization: Argentina, Brazil, China, India and South Korea*, 163–184. London-New York: Anthem Press, 2018. https://doi.org/10.2307/j.ctt216683k.13.

Studwell, Joe. *How Asia Works*. Grove Press, 2014. http://www.vlebooks.com/vleweb/product/openreader?id=none&isbn=9780802193476.

Sugawara, Sandra. "Gangsters Aggravating Japanese Banking Crisis." *The Washington Post*, 15 December 1995. https://www.washingtonpost.com/archive/politics/1995/12/15/gangsters-aggravating-japanese-banking-crisis/7fb1c379-1391-4ecb-8dd9-ff620c91206b/.

Svenson, Ola. "Are we all less risky and more skillful than our fellow drivers?" *Acta Psychologica* 47, 2 (February 1981): 143–148. https://doi.org/10.1016/0001-6918(81)90005-6.

Taleb, Nassim N., and Constantine Sandis. "The Skin In The Game Heuristic for Protection Against Tail Events." *Review of Behavioral Economics* 1, no. 1–2 (2014): 115–135. https://doi.org/10.1561/105.00000006.

Taylor, Bryan. "A Century of Chinese Stocks and Bonds." Global Financial Data, 4 January 2019. http://www.globalfinancialdata.com/a-century-of-chinese-stocks-and-bonds/.

Tetlock, Philip E., and Dan Gardner. *Superforecasting: The Art and Science of Prediction*.

First edition. New York: Crown Publishers, 2015.

Thaler, Richard H. *Misbehaving: The Making of Behavioural Economics.* London-New York: W. W. Norton & Co, 2016.

"The Battle of the Business World – Human vs Data." Summit & Friends, 5 December 2019. https://summitandfriends.com/blog/the-battle-of-the-business-world/.

"The History of Bombay Stock Exchange." Video. BSE India, 11 September 2014. https://www.youtube.com/watch?v=oDkiJcRWvRQ.

"The journey of Rakesh Jhunjhunwala." Interview with *The Economic Times*, 23 October 2009. https://economictimes.indiatimes.com/opinion/interviews/the-journey-of-rakesh-jhunjhunwala/articleshow/5145756.cms?utm_source=contentofinterest&utm_medium=text&utm_campaign=cppst.

The Stock Exchange of Thailand official website. "History of the Stock Exchange of Thailand." Accessed 13 November 2020. https://www.set.or.th/en/about/overview/history_p1.html.

Thuy, Ngoc. "Samsung committed to long-term business in Vietnam." *Hanoi Times*, 21 December 2018. http://hanoitimes.vn/samsung-committed-to-long-term-business-in-vietnam-385.html.

Titan Company corporate website. "Titan Company Limited: Earnings Presentation – Q2 FY '21 and H1 FY '21." 28 October 2020. https://www.titancompany.in/sites/default/files/Earnings%20Presentation%20-%20%2028th%20Oct%20-%20Final.pdf.

Toshikuni, Murai, and Muraoka Keiichi. "Order in the Court: Explaining Japan's 99.9% Conviction Rate." Nippon.com, Society, 18 January 2019. https://www.nippon.com/en/japan-topics/c05401/order-in-the-court-explaining-japan's-99-9-conviction-rate.html.

Tsuchida, Akihiko. "Symbolic 'Juliana's Tokyo' disco reborn in Osaka." *The Mainichi*, 27 October 2018. https://mainichi.jp/english/articles/20181027/p2a/00m/0na/020000c.

Tuk, Mirjam A., Debra Trampe, and Luk Warlop. "Inhibitory Spillover: Increased Urination Urgency Facilitates Impulse Control in Unrelated Domains." 2010. http://dx.doi.org/10.2139/ssrn.1720956.

Tyagi, Rachna. "Tata Group History Is Also the History of Indian Industry." *The Week*, 14 October 2018.

United Nations, Department of Economic and Social Affairs, Population Division. *World Urbanization Prospects 2018: Highlights* (ST/ESA/SER.A/421). 2019.

United Nations and Economic and Social Commission for Asia and the Pacific. *The Future of Asian & Pacific Cities Transformative Pathways towards Sustainable Urban Development.* 2019.

"US foolishly fed the rise of China: Famed international relations expert John Mearsheimer." *India Today*, 20 June 2020. https://www.indiatoday.in/india/

story/us-foolishly-fed-rise-of-china-international-relations-expert-john-mearsheimer-1691051-2020-06-20.

Uzsoki, David. "Drivers of Sustainable Investing." International Institute for Sustainable Development. 2020. https://doi.org/10.2307/resrep22000.5.

Vaitilingam, Romesh. *The Financial Times Guide to Using the Financial Pages*. Fourth edition. London: Financial Times/Prentice Hall, 2001.

van der Linde, Herald. *Jakarta: History of a misunderstood city*. Singapore: Marshall Cavendish Editions, 2020.

Vasal, V. K. "Corporate Social Responsibility & Shareholder Returns – Evidence from the Indian Capital Market." *Indian Journal of Industrial Relations* 44, no. 3 (2009): 376–385.

Vaswani, Karishma. "Indonesia's love affair with social media." BBC News, 16 February 2012. https://www.bbc.com/news/world-asia-17054056.

Veer, Gerrit de. *A True Description of Three Voyages by the North-East towards Cathay and China: Undertaken by the Dutch in the Years 1594, 1595 and 1596*. Translated by William Phillip. Edited by Charles T Beke.Cambridge: Cambridge University Press, 2010. https://doi.org/10.1017/CBO9780511696022.

Vega, Josseph de la. *Confusion de Confusiones* (1688). Translated by Herman Kellenbenz. Boston: Harvard Graduate School of Business Administration, 1957.

———. *Confusion de Confusiones* (1688). Edited by M. F. J. Smith. Den Haag: Martinus Nijhoff, 1939. https://www.dbnl.org/tekst/vega002conf01_01/.

Vijayaraghavan, Nandini, and Umesh Desai. *The Singapore Blue Chips: The Rewards & Risks of Investing in Singapore's Largest Corporates*. New Jersey: World Scientific, 2017.

Wahyudi, Reza. "Indonesia, Pengguna Facebook Terbanyak ke-4 di Dunia." Kompas. com, 2 March 2018. https://tekno.kompas.com/read/2018/03/02/08181617/indonesia-pengguna-facebook-terbanyak-ke-4-di-dunia.

Wang, Levin. "The homecoming of China concept stocks." – DotDotNews, Business, 18 August 2020. Accessed 17 November 2020. https://english.dotdotnews.com/a/202008/18/AP5f3b7733e4b0d6297fa5a897.html.

Wang, Wallis. "Bank's luck will change, say feng shui masters." *The Standard*, 23 October 2020.

Wei, Lingling. "China Blocked Jack Ma's Ant IPO After Investigation Revealed Likely Beneficiaries." *The Wall Street Journal*, 16 February 2021. https://www.wsj.com/articles/china-blocked-jack-mas-ant-ipo-after-an-investigation-revealed-who-stood-to-gain-11613491292.

Weintraub, Andrew N. *Dangdut Stories: A Social and Musical History of Indonesia's Most Popular Music*. New York: Oxford University Press, 2010.

Wielenga, Friso. *Geschiedenis van Nederland: Van de Opstand Tot Heden*. Amsterdam: Boom, 2012.

William III, 1696–1697. An Act to restrain the Number and ill Practice of Brokers and Stock-Jobbers. [Chapter XXXII. Rot. Parl. 8 & 9 Gul. III. p.11.nu.1.]. Statutes of the Realm: Volume 7, 1695–1701. Edited by John Raithby. http://www.british-history.ac.uk/statutes-realm/vol7/pp285-287.

Woetzel, Jonathan, Oliver Tonby, Fraser Thomson, Penny Burtt, and Gillian Lee. "Southeast Asia at the crossroads: Three paths to prosperity." McKinsey Global Institute, November 2014. https://www.mckinsey.com/~/media/McKinsey/Featured%20Insights/Asia%20Pacific/Three%20paths%20to%20sustained%20economic%20growth%20in%20Southeast%20Asia/MGI%20SE%20Asia_Executive%20summary_November%202014.pdf.

Wolff, Edward N. "Household Wealth Trends in the United States, 1962 to 2016: Has Middle Class Weath Recovered?" National Bureau of Economic Research, Working Paper 24085. November 2017. https://doi.org/10.3386/w24085.

———. "Who Owns Stock in American Corporations?" *Proceedings of the American Philosophical Society* 158, no. 4 (2014): 372–391.

World Bank, Development Research Center of the State Council, the People's Republic of China. "China 2030: Building a Modern, Harmonious, and Creative Society." Washington DC: World Bank. © *World Bank* 2013. https://openknowledge.worldbank.org/handle/10986/12925.

"World's most polluted cities 2019." IQAir.com, 2019. https://www.iqair.com/us/world-most-polluted-cities.

Wynand Fockink corporate website. "Our History." Accessed 6 September 2020. https://wynand-fockink.nl/history.

Yeung, Henry Wai-chung. *Strategic Coupling: East Asian Industrial Transformation in the New Global Economy.* Cornell Studies in Political Economy. Ithaca-London: Cornell University Press, 2016.

Yi, Fuxian. "Worse than Japan: how China's looming demographic crisis will doom its economic dream" *South China Morning Post*, 4 January 2019. https://www.scmp.com/comment/insight-opinion/asia/article/2180421/worse-japan-how-chinas-looming-demographic-crisis-will.

Yoon, Gene, and Ki-soo Eun. "Understanding Aging in Korea." *Korea Journal of Population and Development* 24, no. 2 (1995): 301–317.

Zee, Saskia C. van der, Paul H. Fischer, and Gerard Hoek. "Air Pollution in Perspective: Health Risks of Air Pollution Expressed in Equivalent Numbers of Passively Smoked Cigarettes." *Environmental Research* 148 (1 July 2016): 475–483. https://doi.org/10.1016/j.envres.2016.04.001.

致 谢

"写作是对自身定力的一种考验。"一天清晨，我的好友兼同事乔恩·马什（Jon Marsh）在香港汇丰银行总部与几位同事喝完咖啡后对我如是说道。他引用了多萝西·帕克（Dorothy Parker）的话，帕克是 20 世纪 30 年代美国的一位讽刺作家。他的意思很明确——如果我想写一本关于亚洲股市的书，最好静下心来伏案工作。时值 2020 年伊始，我在下个周六便开始了本书的写作。在这个过程中，乔恩提供了不少的建议、想法和批评，并对整个手稿进行了彻底的校订。我非常感激乔恩的帮助。乔恩在周末帮助我润色手稿，我也要感谢他的妻子安妮（Annie）。

我在阿姆斯特丹的叔叔迪南（Dinand）校对了本书的早期手稿（同时接受了一系列重大的牙科手术）。我要感谢他所有的建议和想法。鉴于迪南叔叔对本书的贡献，下次回到荷兰时，我一定要陪他一同参观阿姆斯特丹的威南德福京克酒厂。

本书中的不少想法是与股票市场策略师团队讨论的结果，该团队包括：德文德拉·乔希（Devendra Joshi）、巴拉克·胡维茨（Barak Hurvitz）、普莉娜·加格（Prerna Garg）、尼舒·辛格拉（Nishu Singla）和雷蒙·刘（Raymond Liu）。有这样的同事和朋友实属我的幸运。

还有其他人直接或间接为本书提供了想法，我对此表示感谢。迪利普·沙哈尼（Dilip Shahani）从不怯于表达他对股市的看法（他研究亚洲信贷市场，我研究亚洲股票市场），我还有其他的"陪练"伙伴：艾略特·坎普利森（Eliot Camplisson）、弗雷德里克·纽曼（Frederic Neuman）、保罗·梅克尔（Paul Mackel）、帕拉什·争（Parash Jain）、埃文·李（Evan Li）、卡伦·崔（Karen Choi）、瑞奇·塞（Ricky See）、安努格·达亚尔（Anurag Dayal）、阿米特·萨赫德瓦（Amit Sachdeva）、海伦·黄（Helen Huang）、乔伊·周（Joey Chew）、王菊（Ju Wang）、马登·雷迪（Madan Reddy）、杰克·李（Jake Lee）、德里克·哈米尔顿（Derek Hamilton）、米歇尔·郭（Michelle Kwok）、史蒂文·孙（Steven Sun）、约翰·洛马克斯（John Lomax）、安德烈·德席尔瓦（Andre de Silva）、尼尔·安德森（Neale Anderson）、海伦·方（Helen Fang）、佩桑·周（Peisan Chow）、卡尔·雷德蒙（Karl Redmond）以及亚洲研究团队的其他成员。

魏宏兆（Garry Evans）是研究日本股市的老手——自 20 世纪 80 年代以来，他一直在关注这个市场——感谢他拨冗阅读本书中的日本章节。同样感谢瑟伦·阿迪克斯（Soeren Addicks），他曾长期在富达（Fidelity）管理日本投资基金（我和他都是葡萄酒爱好者）。在阅读本书中的日本章节后，瑟伦向我提供了一些反馈。因此，我期待在下次见面时与他一起开怀畅饮。

我还要感谢尼克·汤姆森（Nick Thompson）和拉里娜·王（Lareina Wang），在本书写作的起步阶段，他们阅读了一些早期的手稿并提出了相关的反馈。后来，汇丰银行的维尼·乔普拉（Vinay Chopra）和孔丽翁（Khoon Li Ong）从合规的角度审视了本书手稿。在本书写作结束时，伦敦的皮尔斯·巴特勒（Piers Butler），凭借着丰富的金融知识，在本书的上市出版上提出了不少想法。感谢你们所有人。

多年来，我的前同事以及身边的朋友帮助我塑造了对亚洲和亚洲股市的看法。我的老板，雅加达的里克·卢（Rick Loo）和詹姆斯·布鲁伊斯（James Brewis）是我职业生涯的领路人，而且里克向我展示了其中的窍门。我还要感谢詹姆斯对整本书的详细校对，感谢罗兰·哈斯（Roland Haas）孜孜不倦地讨论印尼股市问题，特别要感谢斯图尔特·吉特尔·巴斯滕（Stuart Gietel Basten）在亚洲地区人口问题上的独到见解。我还要感谢我的朋友、前同事、客户、匿名作家和金融知识倡导者迈克尔·吉尔莫（Michael Gilmore）。迈克尔是我的好朋友，我们相识已超过30年。在与他的各种交谈中，我了解了许多关于亚洲股票市场的知识。

我还要感谢一群"忧郁的光照派"，他们定期碰面小酌几杯，谈论亚洲问题——西蒙·奥格斯（Simon Ogus）、菲利普·怀亚特（Philip Wyatt）、马克·麦克法兰（Mark MacFarland）、许思涛（Sitao Xu）、瑞安·曼努埃尔（Ryan Manuel）、迈克·库尔茨（Michael Kurtz）和尊敬的杰夫（Geoff）。迈克·库尔茨（某种程度上）帮助提供了本书中的一些表格数据。我曾与徒步旅行伙伴和经验丰富的投资者迈克·戈德斯通（Mike Goldstone）交流看法，我对他表示感谢。我要特别感谢利奥（Leo）、米奇（Mitch）、迈克（Mike）和保罗（Paul），感谢他们对亚洲问题的"超凡"见解，感谢他们的精神支持。

慧甚（Factset）的米歇尔·吴（Michelle Ng）同意我使用他们庞大的数据库，制图师布伦丹·怀特（Brendan Whyte）（以闪电般的速度）帮助设计了地图，心灵手巧的迈克·麦基弗（Mike McKeever）提供了拔河插图。谢谢你们！

我也要感谢一些意想不到的人。首先是桂林机场附近的一个中国人，在我经历了一次轻微的飞机事故后，他递给了我一碗热气腾腾的面条。他当时可能没有意识到，是他的好意让我决定继续这趟中国之旅。

还有雅加达南部的马斯·雅迪（Mas Yadi）、他的妻子亚提（Ati）以及他们的孩子米曼（Miman）和法蒂玛（Fatma）。1990年，当我首次来到印尼这片土地，走入他们的家庭时，他们表现出了极大的热情。我和他们同住了几个月，他们教我学习印尼的文化，教我说印度尼西亚语，我们一起享受辛辣的仁当牛肉。法蒂玛，一个七岁的孩子，牵着我的手穿过了周日市场的狭窄小巷。几年后，我在写关于印尼央行的硕士论文时，再次与他们相见。

安妮塔·特奥（Anita Teo）、梅尔文·尼奥（Melvin Neo）和马歇尔·卡文迪什国际（Marshall Cavendish International）（亚洲）团队在本书出版过程中提供了非常大的帮助，高效地解决了相关的技术问题。事实上，在完成了我的第一本图书《雅加达：一座被误解之城的历史》后，是安妮塔让我萌生了创作本书的想法。她还建议，不要把这本书写成一份专业的投资者报告，而要把读者当作"吧台上一起喝酒聊天的朋友"。我始终牢记并努力做到了这一点。非常感谢他们。

然后，一如既往，我还要感谢我的妻子泰尼（Teni）。我的无数个周末和夜晚都在笔记本电脑前度过，她对此表现得十分大度。但她也会适时拍拍我的肩膀说道"今天就到此为止吧"，然后邀我出门共进晚餐。我一直很感激她。

最后，我要感谢我的父母，感谢他们允许我在 1990 年背着背包徒步旅行出发去亚洲。即使知道我要背井离乡，他们也十分支持我。

谨以此书献给我的父母。

赫勒尔德·范德林德